全国高等院校应用人才培养规划教材·经济管理系列

纳税基础与实务

主　编　段贵珠　康琳婕
副主编　南振梅　李亚红

北京大学出版社
PEKING UNIVERSITY PRESS

内容简介

本书根据高等职业教育的培养目标和要求，结合开放教育、成人教育学生特点，注重以技能培养为主线，以我国现行的税收法律为依据，以实用性为目的，以必需、够用为原则，在有选择地阐述税收基本理论的基础上，着重讲述了我国现行税收制度中各个税种的构成要素、计算方法和各个税种在不同情形下的会计处理方法等；同时还介绍了我国税制改革方面的最新内容。

图书在版编目(CIP)数据

纳税基础与实务/段贵珠，康琳婕主编. —北京：北京大学出版社，2013.10
(全国高等院校应用人才培养规划教材·经济管理系列)
ISBN 978-7-301-23254-5

Ⅰ.①纳… Ⅱ.①段… ②康… Ⅲ.①纳税－中国－高等职业教育－教材 Ⅳ.①F812.42

中国版本图书馆 CIP 数据核字(2013)第 225873 号

书　　名：纳税基础与实务
著作责任者：段贵珠　康琳婕　主编
责 任 编 辑：吴坤娟　王国珍
标 准 书 号：ISBN 978-7-301-23254-5/F·3755
出 版 发 行：北京大学出版社
地　　址：北京市海淀区成府路 205 号　100871
网　　址：http://www.pup.cn　新浪官方微博：@北京大学出版社
电 子 信 箱：zyjy@pup.cn
电　　话：邮购部 62752015　发行部 62750672　编辑部 62756923　出版部 62754962
印　刷　者：北京富生印刷厂
经　销　者：新华书店
787 毫米×1092 毫米　16 开本　18.5 印张　439 千字
2013 年 10 月第 1 版　2018 年 8 月第 3 次印刷
定　　价：37.00 元

前　　言

税收是国家财政收入的最主要来源，是国家用以加强宏观调控的重要经济杠杆，又是企业经营管理和会计核算时需要重点考虑的问题。征税对经济和社会发展具有十分重要的影响，与每个企业、每个公民的利益息息相关。因此，无论是从事生产经营活动的企业从业人员和管理人员，还是制定或执行经济政策、经济法律法规的政府管理部门和人员，都越来越重视税收理论和实务的学习。

本教材以高等职业教育的培养目标和要求为依据，结合开放教育、成人教育学生特点，注重以技能培养为主线，以我国现行的税收法律为依据，以实用性为目的，以必需、够用为原则，在有选择地阐述税收基本理论的基础上，着重讲述了我国现行税收制度中各个税种的构成要素、计算方法和各个税种在不同情形下的会计处理方法等。同时，介绍了我国税制改革方面的最新内容。本教材在编写上力求简明扼要、重点突出、条理清晰、具体务实、体系结构严谨、内容新颖，并通过大量的例题训练加强学生对理论知识的理解和掌握，强化学生应用能力的培养，突出应用性特点，可作为高等院校经济学和工商管理学大类各专业学生的教材，也可作为相关专业在职人员的培训教材和自学参考用书。

本教材由段贵珠、康琳婕主编，负责全书的大纲拟定、内容规划和定稿工作；副主编李亚红协助主编做了很多工作；副主编南振梅负责统稿及审稿。教材编写分工如下：段贵珠编写第一章；康琳婕编写第二章；王月华编写第三章；李丽英编写第四章；李亚红编写第五章；刘沫行编写第六章；南振梅编写第七章；于增波编写第八章第一节、段贵珠编写第二节和第三节；于增波编写第九章第一节、康琳婕编写第二节、马凌编写第三节和第四节；康琳婕编写第十章第一节、马凌编写第二节。

受编者水平与时间的限制，书中难免存在不妥之处，真诚希望专家、同行和读者不吝指正。

编　者
2013年5月

目　录

第一章　企业纳税基础 ……………………………… (1)

第一节　税法概述 ……………………………… (1)

第二节　税收法律关系 ……………………………… (6)

第三节　我国现行税法体系 ……………………………… (9)

第四节　企业纳税工作流程 ……………………………… (16)

综合练习 ……………………………… (24)

第二章　增值税纳税实务 ……………………………… (29)

第一节　增值税的基本规定 ……………………………… (29)

第二节　一般纳税人应纳税额的计算 ……………………………… (36)

第三节　增值税的会计处理 ……………………………… (43)

第四节　增值税的申报与缴纳 ……………………………… (61)

第五节　增值税专用发票 ……………………………… (65)

综合练习 ……………………………… (68)

第三章　消费税纳税实务 ……………………………… (77)

第一节　消费税的基本规定 ……………………………… (77)

第二节　消费税的计算 ……………………………… (85)

第三节　消费税的会计处理 ……………………………… (92)

第四节　消费税的申报与缴纳 ……………………………… (98)

综合练习 ……………………………… (100)

第四章　营业税纳税实务 ……………………………… (107)

第一节　营业税的基本规定 ……………………………… (107)

第二节　营业税的计算 ……………………………… (111)

第三节　营业税的会计处理 ……………………………… (119)

第四节　营业税的申报与缴纳 ……………………………… (121)

综合练习 ……………………………… (124)

第五章　关税纳税实务 ……………………………… (130)

第一节　关税的基本规定 ……………………………… (130)

第二节　关税的计算 ……………………………… (137)

第三节　关税的会计处理 ……………………………… (144)

第四节　关税的申报与缴纳 ……………………………… (147)

综合练习 ……………………………… (150)

第六章　企业所得税纳税实务 …………………………………… (153)
第一节　企业所得税的基本规定 ………………………………… (153)
第二节　应纳税所得额的确定 …………………………………… (158)
第三节　企业所得税的计算 ……………………………………… (163)
第四节　资产的税务处理 ………………………………………… (166)
第五节　企业所得税的会计处理 ………………………………… (169)
第六节　企业所得税的申报与缴纳 ……………………………… (175)
综合练习 ………………………………………………………… (178)
第七章　个人所得税纳税实务 …………………………………… (186)
第一节　个人所得税的基本规定 ………………………………… (186)
第二节　个人所得税应纳税额的计算 …………………………… (193)
第三节　个人所得税的会计处理 ………………………………… (205)
第四节　个人所得税的缴纳与征收 ……………………………… (206)
综合练习 ………………………………………………………… (209)
第八章　资源税类纳税实务 ……………………………………… (215)
第一节　资源税纳税实务 ………………………………………… (215)
第二节　土地增值税纳税实务 …………………………………… (221)
第三节　城镇土地使用税纳税实务 ……………………………… (228)
综合练习 ………………………………………………………… (232)
第九章　财产行为税类纳税实务 ………………………………… (237)
第一节　房产税纳税实务 ………………………………………… (237)
第二节　车船税纳税实务 ………………………………………… (241)
第三节　印花税纳税实务 ………………………………………… (245)
第四节　契税纳税实务 …………………………………………… (251)
综合练习 ………………………………………………………… (254)
第十章　特定目的税类纳税实务 ………………………………… (260)
第一节　城市维护建设税纳税实务 ……………………………… (260)
第二节　车辆购置税纳税实务 …………………………………… (265)
综合练习 ………………………………………………………… (269)
综合练习参考答案 ………………………………………………… (274)
参考文献 …………………………………………………………… (290)

第一章　企业纳税基础

知识目标

要求学生掌握税收的相关概念、税收法律关系的构成要素、税法构成要素、税收征管范围和纳税人纳税实务操作流程。

能力目标

通过学习本章，要求学生能掌握税法的基本内容，掌握企业纳税工作流程。

第一节　税法概述

一、税收的概念与特点

（一）税收的概念

税收是国家为满足社会公共需要，凭借政治权力，按照法律所规定的标准和程序，参与国民收入分配，强制地、无偿地取得财政收入的一种形式。

理解税收的内涵需要从税收的分配关系本质、国家税权和税收目的三个方面来把握。

1. 税收是国家取得财政收入的一种重要工具，其本质是一种分配关系

国家要行使职能必须有一定的财政收入作为保障。取得财政收入的手段多种多样，如税收、发行货币、发行国债、收费、罚没等，其中税收是大部分国家取得财政收入的主要形式。我国自1994年税制改革以来，税收收入占财政收入的比重基本都维持在90%左右。在社会再生产过程中，分配是连接生产与消费的必要环节，在市场经济条件下，分配主要是对社会产品价值的分割。税收解决的是分配问题，是国家参与社会产品价值分配的法定形式，它体现的是一种分配关系。

2. 国家征税的依据是政治权力，有别于按生产要素进行的分配

国家通过征税，将一部分社会产品由纳税人所有转变为国家所有，因此征税的过程实际上是国家参与社会产品的分配过程。国家与纳税人之间形成的这种分配关系与社会再生产

中的一般分配关系不同。分配涉及两个基本问题：一是分配的主体；二是分配的依据。税收分配是以国家为主体进行的分配，而一般分配则是以各生产要素的所有者为主体进行的分配；税收分配是国家凭借政治权力进行的分配，而一般分配则是基于生产要素进行的分配。

3. 国家征税的目的是满足国家社会公共需要

国家在履行其公共职能的过程中必然要有一定的公共支出。公共产品提供的特殊性决定了公共支出一般情况下不可能由个人、企业采取自愿出价的方式，而只能采用由国家（政府）强制征税的方式，由经济组织、单位和个人来负担。国家征税的目的是满足提供社会公共产品的需要，以及弥补市场失灵、促进公平分配等的需要。

（二） 税收的特点

与其他财政收入形式相比，税收具有强制性、无偿性和固定性的特点。

1. 强制性

税收的强制性是指国家凭借政治权力依法征税，并非是自愿缴纳，纳税人必须依法纳税，否则将受到法律制裁。强制性是国家取得财政收入的基本前提，也是国家满足社会公共需要的保证。

2. 无偿性

税收的无偿性是指国家征税以后纳税人交纳的实物或货币随之就转变为国家所有，既不需要返还给纳税人，也不需要对纳税人支付任何报酬。税收的无偿性是至关重要的，体现了财政分配的本质，它是税收三个基本特征的核心。

3. 固定性

税收的固定性是指国家在征税之前就通过法律形式，预先规定了征税范围和征收比例，便于征纳双方共同遵守。税收的固定性包括时间上的连续性，又包括征税比例的限定性。

税收的固定性既是对国家的约束，也是对纳税人的约束。国家以法律形式规定征税范围和比例，在一定时期内相对稳定，纳税人就要依法履行纳税义务，不能自行减免和降低标准，这表明国家与纳税人的根本关系具有固定性。税收通过法律规定了征收比例，使其具有限度性。

税收的“三性”是由税收的本质决定的，是税收本质属性的外在表现，是区别税与非税的外在尺度和标志。其中无偿性是核心，强制性是保障，固定性是对强制性和无偿性的一种规范和约束。

二、税法的概念与特点

（一） 税法的概念

税法是国家制定的用以调整国家与纳税人之间在征、纳税方面的权利及义务关系的法律规范的总称。税法是以宪法为依据，是国家及纳税人依法征税、依法纳税的行为准则，其目的是保障国家利益和纳税人的合法权益，维护正常的税收秩序，保证国家的财政收入。

（二） 税法的特点

税法具有以下特点：

1. 制定法

从立法过程看，税法属于制定法，而不属于习惯法。即税法是由国家制定的，而不是由习惯做法或司法判例而认可的。

2. 义务性法规

从法律性质看，税法属于义务性法规，而不属于授权法规。即税法以规定纳税人的义务为主，并不是指税法没有规定纳税人的权利，而是指纳税人的权利是建立在其纳税义务的基础之上，处于从属地位。税法属于义务性规范是由税收的无偿性和强制性特点所决定的。

3. 综合性法规

从内容看，税法具有综合性。税法不是单一的法律，而是由实体法、程序法、争讼法等构成的综合法律体系。

（三） 税收与税法的区别与联系

税收属于经济学概念，侧重解决分配关系。而税法则属于法学概念，侧重解决权利义务关系。

税法与税收存在着密切的联系，税收活动必须严格依照税法的规定进行，税法是税收的法律依据和法律保障。税收以税法为依据和保障，而税法又必须以保障税收活动的有序进行为其存在的理由和依据。此外，税收作为一种经济活动，属于经济基础范畴；而税法则是一种法律制度，属于上层建筑范畴。国家和社会对税收与税收活动的客观需要，决定了与税收相对应的税法的存在；而税法则对税收的有序进行和税收目的的有效实现起着重要的法律保障作用。

三、税法的作用

由于税法调整的对象涉及社会经济活动的各个方面，与国家的整体利益及企业、单位、个人的直接利益有着密切的关系，并且在建立和发展我国社会主义市场经济体制中，国家将通过制定实施税法加强对国民经济的宏观调控，因此，税法的地位越来越重要，在我国社会主义市场经济发展中的作用越来越重要。

（一） 税法是国家组织财政收入的法律保障

为了保证税收组织财政收入职能的发挥，必须通过制定税法，以法律的形式确定企业、单位和个人履行纳税义务的具体项目、数额和纳税程序，惩治偷逃税款的行为，防止税款流失，保证国家依法征税，及时足额地取得税收收入。这样就使税收的强制性上升为法律的强制性，并且税收的强制性在诸法律中，仅次于刑法，成为取得财政收入的根本保证。在国际上，税收在多数国家财政收入中的比重都超过了90%，财政收入占GDP比例为40%。据财政部公布数据显示，2012年我国公共财政收入117 210亿，其中税收收入100 601亿元，不包括政府性基金收入在内财政收入占GDP比例为23%。针对我国税费并存(政府收费)的宏观分配格局，今后一段时期，我国实施税制改革，一个重要的目的就是要逐步提高税收占国民生产总值的比重，保障国家及时、稳定取得财政收入。

(二) 税法是国家宏观调控经济的法律手段

税收作为国家宏观调控的重要手段，采用法律的形式，可以将税收的经济优势与法律优势结合起来，使税收杠杆在宏观经济调控中更为灵敏、有力。其一，市场经济是法制经济，税收采用法律的形式，可以为调控宏观经济提供最具权威性的规则和效力最高的保证体系，使调节的力度与预期一致，防止税收杠杆的软化。其二，法律具有评价、预测和教育作用，税收借助法律的这些作用，可以增强税收杠杆的导向性，使其对宏观经济的调控更为灵敏。

(三) 税法对维护经济秩序有重要的作用

由于税法的贯彻执行，涉及从事生产经营活动的每个单位和个人，一切经营单位和个人通过办理税务登记、建账建制、纳税申报，其各项经营活动都将纳入税法的规范制约和管理范围，都将较全面地反映出纳税人的生产经营情况。这样税法就确定了一个规范有效的纳税秩序和经济秩序，监督经营单位和个人依法经营，加强经济核算，提高经营管理水平；同时，税务机关按照税法规定对纳税人进行税务检查，严肃查处偷逃税款及其他违反税法规定的行为，也将有效地打击各种违法经营活动，为国民经济的健康发展创造一个良好、稳定的环境秩序。

(四) 税法能有效地保护纳税人的合法权益

由于国家征税直接涉及纳税人的切身利益，如果税务机关随意征税，就会侵犯纳税人的合法权益，影响纳税人的正常经营，这是法律所不允许的。因此，税法在确定税务机关征税权力和纳税人履行纳税义务的同时，相应规定了税务机关必尽的义务和纳税人享有的权利，如纳税人享有延期纳税权、申请减税免税权、多缴税款要求退还权、不服税务机关的处理决定申请复议或提起诉讼权等；税法还严格规定了对税务机关执法行为的监督制约制度，如进行税收征收管理必须按照法定的权限和程序行事，造成纳税人合法权益损失的要负赔偿责任等。所以说，税法不仅是税务机关征税的法律依据，同时也是纳税人保护自身合法权益的重要法律依据。

(五) 税法是维护国家权益，促进国际经济交往的可靠保证

在国际经济交往中，任何国家对在本国境内从事生产、经营的外国企业或个人都拥有税收管辖权，这是国家权益的具体体现。我国自1979年实行对外开放以来，在平等互利的基础上，不断扩大和发展同各国、各地区的经济交流与合作，利用外资、引进技术的规模、渠道和形式都有了很大发展。我国在建立和完善涉外税法的同时，还同80多个国家签订了避免双重征税的协定。这些税法规定既维护了国家的权益，又为鼓励外商投资，保

护国外企业或个人在华合法经营，发展国家间平等互利的经济技术合作关系，提供了可靠的法律保障。

四、税法与其他法律的关系

税收与法律密不可分，有税必有法，无法不成税。税收活动涉及社会经济生活的各个层面，作为调节税收关系的税法与我国其他部门法具有密切的关系。

（一）税法与宪法的关系

宪法是我国的根本大法，代表着法律的最高权威，主要是调整与规范国家和社会生活中带根本性、全面性的问题，属于母法，是制定所有法律法规的依据。税法依据宪法的原则制定，主要规范国家税务机关依法征税和纳税人依法纳税的法律。税法属于部门法，其位阶低于宪法。

（二）税法与民法的关系

民法是调整平等主体之间（公民之间、法人之间、公民与法人之间）财产关系和人身关系的法律关系。民法调整方法的特点是平等、等价和有偿；税法是调整国家和纳税人之间征纳关系的法律规范的总称。税法调整方法的特点是命令、服从。

税法的某些规范同民法规范基本相同时，税法一般援引民法条款。当涉及税收征纳关系的问题时，一般以税法的规范为准则。即便符合民法中的规定，但违反税法规定的，应按税法的规定对该条款做出调整。

（三）税法与刑法的关系

刑法是关于犯罪、刑事责任与刑罚的法律规范的总和。刑法与税法调整范围不同，但两者对违反税法都规定了处罚条款。违反税法不一定是犯罪，区别在于：情节是否严重，轻者行政处罚，重者刑事处罚。刑法中有关涉税犯罪的规定，是税法顺利执行的有利保证。

（四）税法与行政法的关系

1. 联系

税法具有行政法的一般特性：

(1) 调整国家机关之间、国家机关与法人或自然人之间的法律关系。

(2) 法律关系中居于领导地位的一方总是国家。

(3) 体现国家单方面的意志，不需要双方意思表示一致。

(4) 对法律关系中的争议，一般都按照行政复议程序和行政诉讼程序进行。

2. 区别

(1) 税法具有经济分配的性质，是经济利益由纳税人向国家的无偿单向转移，这是一般行政法不具备的。

(2) 税法与社会再生产，特别是物质资料再生产的全过程密切相连，不论是生产、交换、分配,还是消费,都有税法参与调节,其联系的深度和广度是一般行政法所无法相比的。

(3) 税法是一种义务性法规,并且是以货币收益转移的数额作为纳税人所尽义务的基本度量,而行政法大多为授权性法规,少数义务性法规也不涉及货币收益的转移。

第二节　税收法律关系

一、税收法律关系的构成

税收法律关系是税法所确认和调整的国家与纳税人之间、国家与国家之间以及各级政府之间在税收分配过程中形成的权利与义务关系。税收法律关系是由税收法律关系的主体、客体和法律关系内容三方面构成的。

(一) 税收法律关系的主体

税收法律关系的主体,即税法主体,是指税收法律关系中享有权利和承担义务的当事人。在税收法律关系中,最重要的主体是征税主体和纳税主体。

1. 征税主体

征税主体是指参加税收法律关系,享有国家税收征管权力和履行国家税收征管职能,依法对纳税主体进行税收征收管理的国家机关。从严格意义上讲,只有国家才是征税主体,但是国家征税的权力总是通过立法授权具体的国家职能机关来行使。在具体的税收征纳法律关系中,行使征税权的征税主体包括:各级税务机关、财政机关和海关。

2. 纳税主体

纳税主体就是通常所说的纳税人,是指法律、行政法规规定负有纳税义务的单位和个人。包括法人、自然人和其他组织,在华的外国企业、组织、外籍人、无国籍人,以及在华虽然没有机构、场所但有来源于中国境内所得的外国企业或组织。

(二) 税收法律关系的客体

法律关系的客体是指税收法律关系主体的权利、义务所共同指向的对象。税收法律关系的客体主要包括税收权力(权益)、物和行为,也就是征税对象。例如,所得税法律关系客体就是生产经营所得和其他所得,财产税法律关系客体即是财产,流转税法律关系客体就是货物销售收入或劳务收入。

(三) 税收法律关系的内容

税收法律关系的内容就是权利主体所享有的权利和所应承担的义务。这是税收法律关系中最实质的东西,也是税法的灵魂。它规定权利主体可以有什么行为,不可以有什么行为,若违反了这些规定,须承担相应的法律责任。

1. 征税主体的权力和义务

税务机关的权力与义务更多地体现为税务机关的职权和职责，包括税务机关及其工作人员在税收征收管理中的实体法与程序法方面的权力与义务。为了代表国家行使征税权，发挥好税收筹集收入和调控经济、调节分配的职能，法律必然要赋予征税主体在税收征收管理中的具体权力，例如税收行政立法权、税务管理权、税务检查权、税收优先权、税务处罚权等。税务机关行使的征税权是国家行政权力的有机组成部分，具有强制力和程序性，并非仅仅是一种权利资格，这种权力不能由行使机关自由放弃或转让。同时，有权力必有义务和责任，征税主体在享有法律赋予的权力时，还必须履行法律所规定的义务和职责。其义务主要是向纳税人宣传、咨询、辅导税法；必须依法征收税款，不得违反法律、法规的规定开征、停征、多征或者少征税款、提前征收、延缓征收或者摊派税款；必须严格按照法定权限和程序实施税收征管，不得违反法律、法规的规定滥用权力，不得侵害纳税人的合法权益。职权与职责必须对等，征税主体的权力是税法有效实施的保障，征税主体的义务是其实施权力的必然要求，也是纳税主体行使权利和履行义务的重要保证，征税主体在享有国家权力的同时必须履行义务，承担相应的责任。

2. 纳税主体的权利和义务

纳税主体的权利主要有知情权，保密权，税收监督权，纳税申报方式选择权，申请延期申报权，申请延期缴纳税款权，申请退还多缴税款权，依法享受税收优惠权，委托税务代理权，陈述与申辩权，对未出示税务检查证和税务检查通知书的拒绝检查权，税收法律救济权，依法要求听证的权利，索取有关税收凭证的权利等。我国税法规定，纳税主体在享有法律赋予的权利的同时，也必须履行义务，主要是依法进行税务登记的义务，依法设置账簿、保管账簿和有关资料以及依法开具、使用，取得和保管发票的义务，财务会计制度和会计核算软件备案的义务，按照规定安装、使用税控装置的义务，按时、如实申报的义务，按时缴纳税款的义务，代扣、代收税款的义务，接受依法检查的义务，及时提供信息的义务，报告其他涉税信息的义务等。

二、税收法律关系的产生、变更与消灭

与其他社会关系一样，税收法律关系也是处于不断发展变化之中的，这一发展变化过程可以概括为税收法律关系的产生、变更、消灭。

（一）产生

税收法律关系的产生是指在税收法律关系主体之间形成权利义务关系。由于税法属于义务性法规，税收法律关系的产生应以引起纳税义务成立的法律事实为基础和标志。而纳税义务产生的标志应当是纳税主体进行的应当课税的行为，如销售货物、取得应税收入等，不应当是征税主体或其他主体的行为。国家颁布新税法、出现新的纳税主体都可能引发新的纳税行为出现，但其本身并不直接产生纳税义务，税收法律关系的产生只能以纳税主体应税行为的出现为标志。

（二） 变更

税收法律关系的变更是指由于某一法律事实的发生，使税收法律关系的主体、内容和客体发生变化。引起税收法律关系变更的原因是多方面的，归纳起来，主要有以下几点。

(1) 由于纳税人自身的组织状况发生变化。例如：纳税人发生改组、分设、合并、联营、迁移等情况，需要向税务机关申报办理变更登记或重新登记，从而引起税收法律关系的变更。

(2) 由于纳税人的经营或财产情况发生变化。例如：某企业由工业生产变为非商品经营，则由缴纳增值税改为缴纳营业税，税收法律关系因此而变更。

(3) 由于税务机关组织结构或管理方式的变化。例如：国家税务局、地方税务局分设后，某些纳税人需要变更税务登记；申报大厅的设立，也会带来税收法律关系的某些变更。

(4) 由于税法的修订或调整。例如：1994 年实行新税制以后，原有的许多个案减免税取消，纳税人由享受一定的减免税照顾变为依法纳税，类似的税法修订或调整，都使税收法律关系发生量或质的变更。

(5) 因不可抗拒力造成的破坏。例如：由于自然灾害等不可抗拒的原因，纳税人往往遭受重大财产损失，被迫停产、减产。纳税人向主管税务机关申请减税得到批准的，税收法律关系发生变更。

（三） 消灭

税收法律关系的消灭是指这一法律关系的终止，即其主体间权利义务关系的终止。税收法律关系消灭的原因主要有以下几个方面：

(1) 纳税人履行纳税义务。这是最常见的税收法律关系消灭原因，它包括纳税人依法如期履行纳税义务和税务机关采取必要的法律手段，使纳税义务强制地履行这两类情况。

(2) 纳税义务因超过期限而消灭。我国《税法》规定，未征、少征税款的一般追缴期限为 3 年。超过 3 年，除法定的特殊情况外，即使纳税人没有履行纳税义务，税务机关也不能再追缴税款，税收法律关系因而消灭。

(3) 纳税义务的免除。即纳税人符合免税条件，并经税务机关审核确认后，纳税义务免除，税收法律关系消灭。

(4) 某些税法的废止。例如：1994 年我国实行新税法后，原有的“烧油特别税”废止，由此产生的税收法律关系归于消灭。

(5) 纳税主体的消失。没有纳税主体，纳税无法进行，税收法律关系因此而消灭。

三、税收法律关系的保护

税收法律关系是同国家利益及企业和个人的权益相联系的。保护税收法律关系，实质上就是保护国家正常的经济秩序，保障国家财政收入，维护纳税人的合法权益。税收法律关系的保护对权利主体双方是对等的，不能只对一方保护，而对另一方不予保护，对权利享有者的保护就是对义务承担者的制约。税收法律关系的保护形式和方法是很多的，税法中关于限期纳税、征收滞纳金和罚款的规定，《中华人民共和国刑法》（以下简称《刑法》）对构成偷税、抗税罪给予刑罚的规定，以及税法中对纳税人不服税务机关征税处理决定，可以申请复议或提出诉讼的规定等都是对税收法律关系的直接保护。

第三节 我国现行税法体系

一、税法体系概述

税法体系是指一个国家在一定时期内、一定体制下以法定形式规定的各种税收法律、法规的总和。从税收工作的角度来讲，税法体系往往被称之为税收制度。即一个国家的税收制度是指在既定的管理体制下设置的税种以及与这些税种的征收、管理有关的，具有法律效力的各级成文法律、行政法规、部门规章等的总和。我国现行税法体系由税收实体法和税收征收管理法律制度构成。

二、税法分类

（一）按征税对象性质分类

按征税对象的性质，可将税收分为流转税、所得税、资源税、财产和行为税、特定目的税五大税类。

(1) 流转税。流转税是以商品销售额和非商品营业额为征税对象的各个税种的统称，包括增值税、营业税、消费税和关税，主要在生产、流通和服务领域中发挥调节作用。

(2) 所得税。所得税是以单位和个人在一定时期的所得额为征税对象的各个税种的统称，包括企业所得税和个人所得税，主要对生产经营者的利润和个人的纯收入发挥调节作用。

(3) 资源税。资源税是对在我国境内从事自然资源开发及使用土地或耕地的单位和个人，以资源绝对收益和级差收益为征税对象的各个税种的统称，包括资源税、土地增值税、城镇土地使用税、耕地占用税，主要对因资源条件差异形成的资源级差收入发挥调节作用。

(4) 财产和行为税。财产和行为税是以单位和个人某些财产和行为为征税对象的各个税种的统称，包括房产税、车船税、印花税等，主要对特定财产和行为发挥调节作用。

(5) 特定目的税。特定目的税是将经济活动中某些特定对象和特定行为作为征税对象的各个税种的统称，包括城市维护建设税、车辆购置税等，主要是为了特定目的，对特定对象发挥调节作用。

（二）按管理和使用权限分类

按管理和使用权限，可将税收分为中央税、地方税、中央与地方共享税。

(1) 中央税。中央税是指属于中央政府管理，收入归中央财政固定收入的税种，主要包括关税、消费税、车辆购置税、海关代征的进口货物增值税和消费税等。

（2）地方税。地方税是指由地方政府管理、税款属于地方财政收入的各种税，主要包括房产税、契税、土地增值税、城镇土地使用税、耕地占用税等。

（3）中央与地方共享税。中央与地方共享税是指那些税款收入属于中央和地方共同享有的税种。主要包括以下几种：

① 增值税（不含进口环节海关代征的部分）。增值税的分享比例是中央75%，地方25%。

② 营业税。铁道部、各银行总行、各保险总公司集中缴纳的部分归中央，其余归地方。

③ 企业所得税。铁道部、各银行总行及海洋石油企业缴纳的归中央，其余部分中央与地方按比例分享，分享的比例是中央60%，地方40%。

④ 个人所得税。其中对储蓄存款利息征收的个人所得税归中央，其余部分中央与地方按比例分享，分享的比例也是中央60%，地方40%。

⑤ 资源税。海洋石油企业缴纳的资源税归中央，其余归地方。

⑥ 城市维护建设税。铁道部、各银行总行、各保险总公司集中缴纳的部分归中央，其余归地方。

⑦ 印花税。证券交易印花税收入的97%归中央，其余的3%和其他印花税归地方。

（三） 按计税依据分类

按计税依据，可将税收分为从价税和从量税两类。

（1）从价税。从价税是以作为征税对象的商品、财产或所得的价值（或价格）为依据，按一定比例计算征收的各种税的统称，如增值税、营业税、企业所得税、个人所得税等。

（2）从量税。从量税是以作为征税对象的重量、数量、体积、面积等为依据，按单位税额计算征收的各种税的统称，如城镇土地使用税、耕地占用税、车船使用税等。此外，某些税种里的个别项目也实行从量计税，如消费税中的啤酒、黄酒等，印花税中的权利许可证照等。

（四） 按税收与价格的关系分类

按税收与价格的关系，可将税收分为价内税和价外税两类。

（1）价内税。价内税是指税金作为商品价格的构成要素，计入价格的各个税种的统称。如消费税、营业税、关税等。

（2）价外税。价外税是指税金不计入商品的价格而作为价格的附加部分的税种。增值税是典型的价外税。

（五） 按税收负担能否转嫁分类

按税收负担能否转嫁，可将税收分为直接税和间接税两类。

（1）直接税。直接税是指税负由纳税人自己承担，不能发生转嫁关系的各种税。如所得税、财产税。

（2）间接税。间接税是指纳税人可以将已纳税款全部或部分地转嫁给他人负担的各种税。流转税类属于间接税，如增值税、消费税、营业税。

三、税收实体法体系

我国现有税种除企业所得税、个人所得税是以国家法律的形式发布实施外，其他税种都是经全国人大授权立法，由国务院以暂行条例的形式发布实施。目前，我国的税收实体法体系由 19 个税收法律、法规组成，它们按性质作用分五类，详见表 1-1。

表 1-1　我国税收实体法体系(按性质作用分类)

主体税	流转税类(间接税)	包括增值税、消费税、营业税、关税
	所得税类(直接税)	包括企业所得税、个人所得税
非主体税	资源税类	包括资源税、土地增值税、城镇土地使用税、耕地占用税
	财产和行为税类	包括房产税、车船税、印花税、契税
	特定目的税类	包括城市维护建设税、车辆购置税

四、税法构成要素

税法构成要素，是指构成税收法规的组成要素。税收实体法构成要素一般包括总则、纳税义务人、征税对象、税目、税率、纳税环节、纳税期限、纳税地点、减税免税、罚则、附则等项目，其中纳税义务人、征税对象、税率是最基本的三项要素。重点讲述以下项目。

(一) 纳税义务人

1. 概念

纳税义务人，简称纳税人，又称为纳税主体，是税法规定的直接负有纳税义务的单位和个人。纳税人一般分为自然人和法人两种。

自然人，是指依法享有民事权利，并承担民事义务的公民个人，是以血统和生命为存在特征的单个人。法人是依法成立，能够独立支配财产，依法独立享有民事权利和承担民事义务的社会组织。企业法人也称法人企业，与非企业法人是相对应的一组概念，二者都是法人，但二者设立的目的和活动的内容不同。企业法人是以赢利为目的，从事生产经营活动。企业法人包括国有企业法人、集体企业法人、私人企业法人等。非企业法人包括机关法人、事业单位法人、社会团体法人等。

2. 与纳税人相关的概念

需要注意的是，实际纳税过程中与纳税人紧密联系的两个概念。

(1) 负税人

纳税人是指直接负有纳税义务的单位和个人，负税人是指在经济上实际负担税款的单位和个人。纳税人不一定是税款的实际承担者，即纳税人不一定就是负税人。当纳税人所缴的税款是由自己负担时，纳税人与负税人是一致的。当纳税人通过一定的途径将税款转嫁给他人负担时，纳税人就不是负税人。一般来说，所得税和财产税的税负很难转嫁，纳税人同时又是负税人；而对商品和劳务的课税，容易使税收负担由生产者或销售者转移到消费者或购买者的身上，在这种情况下，负税人与纳税人往往不一致。

（2）扣缴义务人

扣缴义务人是指法律、行政法规规定负有代扣代缴、代收代缴税款义务的单位和个人。扣缴义务人既可以是各种类型的企业，也可以是机关、社会团体、民办非企业单位、部队、学校和其他单位，或者是个体工商户、个人合伙经营者和其他自然人。举例来说，公司有代扣代缴员工个人所得税的义务和责任，公司为员工缴纳个人所得税，公司就是扣缴义务人。

扣缴义务人又可以分为代扣代缴义务人和代收代缴义务人。代扣代缴义务人是指负有代扣代缴义务，代替税务机关向纳税人扣缴应纳税款的纳税主体；代收代缴义务人是指负有代收代缴义务，代替税务机关向纳税人收缴税款的纳税主体。

（二） 征税对象

1．概念

征税对象又叫课税对象、征税客体，指税法规定对什么征税，是征纳税双方权利义务共同指向的客体或标的物，是区别一种税与另一种税的重要标志，体现不同税种课税的基本范围和界限，税法其他要素的内容一般都是以征税对象为基础确定的，是税收分类的主要依据。

课税对象是一个税种区别于另一个税种的主要标志，每一种税都必须明确规定对什么征税，体现着税收范围的广度。一般来说，不同的税种有着不同的课税对象，不同的课税对象决定着税种所应有的不同性质，如消费税是对消费品征税，其征税对象就是消费品（具体如烟、酒都是消费税的征税对象）；房产税是对房屋征税，其征税对象就是房屋。征税对象是税制最基本的要素之一。因为它规定了征税与否的最基本界限，凡是列入某一税种的征税对象，就在这种税的征收范围，就要征税；而没有列入征税对象的，就不在这种税的征收范围，就不征这种税。国家为了筹措财政资金和调节经济的需要，可以根据客观经济状况选择课税对象。正确选择课税对象，是实现税制优化的关键。

2．与课税对象相关的概念

（1）税目

税目是在税法中对征税对象分类规定的具体的征税项目，反映具体的征税范围，是对课税对象质的界定，代表征税的广度。从大多数税种来看，一般课税对象都比较复杂，且税种内部不同课税对象之间又需要采取不同的税率档次进行调节。这样就需要对课税对象做进一步的划分，做出具体的界定，这个规定的界限范围，就是税目。

划分税目的主要作用：一是为了明确具体的征税范围，体现征税的广度，凡是列入税目的都征税，未列入的不征税；二是为了对不同的征税项目加以区分归类，并根据归类确定高低不同的税率。

（2）计税依据

计税依据，又称税基，是据以计算征税对象应纳税款的直接数量依据，解决对征税对象课税的计算问题，是对课税对象的量的规定。按照计量单位的性质划分，有价值形态和物理形态两种基本形态。其中价值形态包括应纳税所得额、销售收入等，物理形态包括面积、体积、容积、重量等。以价值形态作为税基，又称从价计征；以物理形态作为税基，又称从量计征。

课税对象与计税依据的关系是：课税对象是征税的目的物，计税依据则是在目的物已经确定的前提下，对目的物据以计算税款的依据或标准；课税对象是从质的方面对征税所作的规定，而计税依据则是从量的方面对征税所作的规定，是课税对象量的表现。

(3) 税源

税源是指税收的最终来源，也即税收的最终归宿。在税务实际工作中所说的税源是指各个税种确定的课税对象，具体指与各个税种征税对象有密切联系的生产、销售、利润等一定时期内的数量状况。

税源与课税对象虽有密切联系，但不是同一概念。征税对象是指对什么东西征税，而税源则是指税收的价值源泉，两者是有明显区别的。有的税种税源与课税对象一致，比如个人所得税的课税对象和税源都是个人所得。但也有很多税种税源与课税对象不一致的情况，例如，房产税的课税对象是房产，税源则是房产收益或房产所有人的收入。可见，只是在少数情况下，税源和征税对象是一致的；多数情况下，税源和征税对象是不一致的。课税对象是据以征税的依据，税源则表明纳税人的负担能力。

(三) 税率

1. 概念

税率是应纳税额与课税对象之间的比例。税率是税法的核心要素，是计算税额的尺度，代表课税的深度，是衡量税负轻重与否的重要标志。

各税种的职能作用，主要是通过税率来体现的，因此，税率是整个税收范畴和税收制度的核心要素，是计算税额的依据和标准。在课税对象既定的前提下，国家征税的数量与纳税人的微观税收负担水平主要取决于税率，国家一定时期的税收政策导向也在很大程度上体现在税率方面。因此，科学合理地设计税率是税收负担在政策上能否真正公平、高效、合理分配的关键。

2. 形式

我国现行税制适用的税率有比例税率、累进税率、定额税率。

(1) 比例税率

比例税率是对同一征税对象或税目，不论其数额大小，都规定按同一比例计算应纳税额的税率。我国现行增值税、营业税、企业所得税等采用的都是比例税率。实行比例税率，同一征税对象中不同的纳税人税负相同，具有负担稳定、计算简便、利于征管的优点。

(2) 累进税率

累进税率是指对同一征税对象随着其数量的增加，征收比例也随之升高的税率。具体形式是将征税对象按数额大小划分为若干等级，对不同等级规定由低到高的不同税率。累进税率分为全额累进税率、超额累进税率、全率累进税率和超率累进税率。

(3) 定额税率

定额税率又称固定税额，是根据征税对象计量单位直接规定固定的征税数额。如城镇土地使用税、耕地占用税分别以平方米和亩为计量单位，消费税中成品油等以升为计量单位等。

(四) 纳税环节

1. 概念

税法规定的征税对象在从生产到消费的流转过程中应当缴纳税款的环节。任何税种都要确定纳税环节,有的比较明确、固定,有的则需要在许多流转环节中选择确定。确定纳税环节,是流转课税的一个重要问题。它关系到税制结构和税种的布局,关系到税款能否及时足额入库,关系到地区间税收收入的分配,同时关系到企业的经济核算和是否便利纳税人缴纳税款等问题。

2. 纳税环节的类型

纳税环节一般有以下两种类型:单环节征税和多环节征税。

(1) 单环节征税是指对征税对象从生产到消费流转过程中的某一特定环节征税。如:我国现行消费税实行出厂销售单环节征税。

(2) 多环节征税是指对征税对象从生产到消费流转过程中的,两个或两个以上的环节征税。如:我国现行增值税实行对每一环节的增值额征税。

(五) 纳税期限

1. 概念

纳税期限指税法规定的关于税款缴纳时间方面的限定。规定纳税期限,有利于保证税收收入及时均衡的入库和便利征纳双方共同遵守。

我国税制中的纳税期限,大致分为以下两种情况。

(1) 按期纳税

按期纳税即以纳税人发生纳税义务后的一定时期作为纳税期限。例如企业所得税,按年计征,按季或者按月预缴,年终汇算清缴,多退少补。

(2) 按次纳税

按次纳税即以纳税人纳税行为发生的次数作为纳税期限,它一般实行按次征收,税款在纳税义务发生后当即入库。如车辆购置税税款于纳税人办理纳税申报时一次缴清。

纳税人在规定的纳税期限内不能按期计算缴纳税款的,税务机关要依法给予处罚。

2. 与纳税期限相关的三个概念如表 1-2 所示

表 1-2 与纳税期限相关的概念

概　念	界　定
(1) 纳税义务发生时间	应税行为发生的时间
(2) 纳税期限	每隔固定时间汇总一次纳税义务的时间
(3) 缴库期限	税法规定的纳税期满后,纳税人将应纳税款缴入国库的期限

需要注意的是,纳税申报的最后一日是法定节假日的,以休假日期满的次日为期限的最后一日;在期限内有连续 3 日(含 3 日)以上法定休假日的,按休假日天数顺延。

【例 1-1】某公司 2013 年 3 月 15 日,销售货物开具发票。说明:该公司纳税期限。

解答:

纳税期限:3 月 15 日,销售货物开具发票,纳税义务发生了。若以一个月为一个纳税期,则纳税期限为 3 月份。

缴库期限：如月份结束后 15 日内申报纳税，即 4 月 15 日为缴库期限。

（六）纳税地点

纳税地点是指缴纳税款的场所。纳税地点关系到税收管辖权和是否便利纳税等问题，在税法中明确规定纳税地点有助于防止漏征或重复征税。

我国对纳税地点规定的总原则是纳税人在其所在地就地申报纳税。同时考虑到某些纳税人生产经营和财务核算的不同情况，对纳税地点也做了不同规定。主要方式有以下几种。

(1) 企业所在地纳税。如增值税、营业税及各种国内企业所得税等。

(2) 营业行为所在地纳税。主要适用于跨地区经营和临时经营的纳税人。

(3) 集中纳税。对少数中央部、局实行统一核算的生产经营单位，由主管部、局集中纳税。

(4) 口岸纳税。主要适用于关税，纳税人向进出境地海关申报。

（七）减税免税

1. 概念

减税免税主要是对某些纳税人和征税对象采取减少征税或者免予征税的特殊规定。设置减税免税，可以把税收的严肃性和必要的灵活性结合起来，体现因地制宜和因事制宜的原则，更好地贯彻税收政策。

减税免税是税收优惠的重要形式之一，是国家根据经济发展的需要，以法律的形式规定的对某些征税对象和纳税人的税收优惠措施。非经法律规定，任何单位和个人都不能擅自减免税收。

2. 减税免税的类型

(1) 从性质上划分

税收减免从性质上可以划分为政策性减免、困难性减免和一般性减免。政策性减免是指配合国家有关政策（如鼓励科技创新）所给予的减税、免税；困难性减免是指纳税人因特殊情况（如遭遇自然灾害）纳税有困难而给予的减税、免税；一般性减免是指其他一般性的减税、免税。

(2) 从时间上划分

税收减免从时间上可以划分为定期减免和不定期减免。定期减免限于在规定的期限以内减税、免税；不定期减免是对特定的纳税人和征税对象在一定范围以内减税、免税，没有固定的时间限制。

3. 与减免税有直接关系的两个要素

起征点与免征额是不同的两个概念，是与减免税有直接关系的两个要素，不能混用，否则无法区分税法中的一些规定。

(1) 起征点

所谓起征点是指税法规定对征税对象开始征税的数额，当征税对象的数额未达到起征点时不征税，达到或超过起征点时，则全数额依率征税，它体现了税收的重点照顾政策，如现行税制中的增值税、营业税等。

（2）免征额

所谓免征额是指税法规定在征税对象总额中免予征税的数额。它是按照一定标准从征税对象总额中预先减除的数额。免征额部分不征税，只对超过免征额部分征税，它体现了税收的普遍优惠政策，如现行个人所得税的工资薪金所得项目等。现行的 3 500 元个人所得税的工资薪金所得项目的扣除限额叫作“免征额”，而不应称作“起征点”。

【例 1-2】假如张某的收入是 3 900 元，起征点和免税额都是 3 500 元，所得税税率 5%。试说明起征点与免征额二者的区别。

解答：

（1）起征点 3 500 这表明张某的收入达到了起征点了，那么需要交纳的所得税是 3 900 乘以 5%等于 195 元。

（2）免税额 3 500 这表明张某收入的 3 500 部分可以免税，那么需要交纳的所得税是（3 900－3 500）乘以 5%等于 20 元。

（八）罚则

罚则主要是指对纳税人违反税法的行为采取的处罚措施。制定并严格执行税务罚则对于严肃税收法纪、保证税收政策、法令、制度的贯彻执行具有重要意义。《中华人民共和国税收征收管理法》（以下简称《税收征收管理法》）规定的税务罚则的主要内容包括：

（1）罚款；

（2）补税并加收滞纳金；

（3）补税并罚款；

（4）强制执行措施；

（5）对纳税人严重违反税收法规并构成犯罪的，提请司法机关追究刑事责任。

第四节　企业纳税工作流程

一、税务登记

税务登记是整个税收征收管理的首要环节，是税务机关对纳税人的基本情况及生产经营项目进行登记管理的一项基本制度，也是纳税人已经纳入税务机关监督管理的一项证明。凡经过国家工商行政管理机关批准，从事生产经营活动的纳税义务人，包括企业，企业在外地设立的分支机构和从事生产、经营的场所，个体工商户和从事生产经营的机关团体、部队、学校和其他事业单位，均应当按照规定向当地税务机关办理税务登记。

税务登记的基本类型：开业登记、变更登记、停业复业登记、注销登记等。

（一）开业登记

1. 办理开业登记的时间

从事生产、经营的纳税人应当自领取营业执照之日起 30 日内向所在地税务机关申请办理税务登记。税务机关应当自收到申报之日起 30 日内完成审核并发给税务登记证件。

2．办理开业登记的地点

（1）纳税企业向所在地税务机关申请办理税务登记。

（2）纳税企业跨县（市）区设立的分支机构和从事生产经营的场所，除总机构向当地主管国家税务机关申报办理税务登记外，分支机构还应当向其所在地主管国家税务机关申报办理纳税登记。

3．办理开业登记的程序

办理开业登记的程序如下所示。

（1）纳税人提出书面申请报告，并提供下列有关证件和资料

营业执照或其他核准执业证件；有关合同、章程、协议书；银行账号证明；法定代表人或业主居民身份证、护照或者其他证明身份的合法证件；组织机构统一代码证书。

属于享受税收优惠政策的企业，应当提供相应的证明、资料。

其他需要提供的有关证件、资料，由省、自治区、直辖市税务机关确定。

（2）填写税务登记表

纳税人领取税务登记表或注册登记表后，按照规定的内容逐项填写，并加盖企业印章，经法定代表人签字后将税务登记表报送主管国家税务机关。

纳税人填写税务登记表的主要内容有：企业名称、经营地点、生产经营范围、经营方式、从业人数、注册资本、投资总额、批准开业证照文件情况、开户银行名称、银行账号、使用品种、税务代理、所属独立核算的分支机构、法人代表、财务负责人、办税人员等。

（3）领取税务登记证件

纳税人报送的税务登记表和提供的有关证件、资料，经主管国家税务机关审核后，报有关国家税务机关批准予以登记的，应当按照规定的期限到主管国家税务机关领取税务登记证及其副本，并按规定缴纳工本管理费。

（二）变更登记

变更税务登记是指纳税人办理设立税务登记后，因税务登记内容发生变化，如改变纳税人名称、法定代表人、改变登记注册类型、注册地址、经营范围、纳税人识别号等，向税务机关申请将税务登记内容重新调整为与实际情况一致的一种税务登记管理制度。办理变更登记的程序如下。

1．提出书面申请，并提供相关资料

纳税人税务登记项目发生变更时，在发生变更后30日内，到主管税务机关税务登记管理岗位领取、填写和提交如下申请资料。

因变更工商登记而需变更税务登记的：

（1）变更登记申请书；

（2）工商变更登记表和工商执照（注册登记执照）及复印件；

（3）纳税人变更税务登记内容的决议及有关证明资料；

（4）税务机关发放的原税务登记资料（登记证正、副本和登记表等）；

（5）《税务登记变更表》；

(6)《纳税人税种登记表》(涉及税种变更的);

(7) 其他有关资料。

非工商登记变更因素而变更税务登记内容的:

(1) 变更登记申请书;

(2) 纳税人变更税务登记内容的决议及有关证明资料;

(3) 税务机关发放的原税务登记资料(登记证正、副本和登记表等)

(4)《税务登记变更表》;

(5)《纳税人税种登记表》(涉及税种变更的);

(6) 其他有关资料。

2. 税务机关受理和审核

税务登记管理岗位审阅纳税人填报的表格是否符合要求,附送的资料是否齐全,符合条件的,予以受理,并进行如下审核。

(1) 对纳税人报送的变更登记表及附列资料进行核对,检查填写内容是否准确,有无漏缺项目。

(2) 对变更法人代表的,利用法定代表人居民身份证号码进行审核比对,检查是否有在案的未履行纳税义务的记录。

3. 证件制作和发放

税务机关应当自受理之日起 30 日内完成审核办理变更税务登记。纳税人税务登记表和税务登记证中的内容都发生变更的,税务机关按变更后的内容重新核发税务登记证件;纳税人税务登记表的内容发生变更而税务登记证中的内容未发生变更的,税务机关不重新核发税务登记证件。

(三) 停业、复业登记

(1) 实行定期定额征收方式的纳税人需要停业的,应在停业前 7 个工作日内向主管地方税务机关提出停业申请,并如实填写《停业申请登记表》,说明停业理由、停业期限(不得超过一年、连续停业不得超过 3 个月)、停业前的纳税情况和发票的领、用、存情况,并结清应纳税款、滞纳金、罚款。

(2) 主管地方税务机关经过审核(必要时可实地审查),对已结清应纳税款、滞纳金、罚款并交回税务登记证件及副本、发票领购簿、未使用完的发票和其他税务证件的申请停业纳税人,即时办理停业登记,发放《核准停业通知书》。

(3) 纳税人停业期满或提前恢复营业,应在恢复生产、经营前 5 个工作日内,向主管地方税务机关申报办理复业登记,如实填写《停、复业报告书》,税务机关确认后,制作《复业单证领取表》,纳税人确认签章后即时领回并启用税务登记证件、发票领购簿及其停业前领购的发票,纳入正常管理。

(4) 纳税人停业期满不能及时恢复生产、经营的,应当在停业期满前填写《延期复业申请审批表》,向主管地方税务机关提出延长停业登记申请,如实填写《停、复业报告书》,主管地方税务机关核准后发放《核准延期复业通知书》,方可延期。

(5) 纳税人停业期满未按期复业又不申请延长停业的,主管地方税务机关视为已恢复营业，实施正常的税收征收管理。纳税人在停业期间发生纳税义务的，应当按照税收法律、行政法规的规定申报缴纳税款。

（四）注销登记

1. 注销登记的对象和时间

（1）纳税人发生解散、破产、撤销以及其他情形，依法终止纳税义务的，应当在向工商行政管理机关办理注销登记前，向纳税人主管税务机关申报办理注销税务登记，税务机关受理申请后将进行税务清缴处理。按规定不需要在工商行政管理机关或者其他机关办理注册登记的，应当自有关机关批准或者宣告终止之日起 15 日内，持有关证件和资料向原税务登记机关申报办理注销税务登记。

（2）纳税人被工商行政管理机关吊销营业执照或者被其他机关予以撤销登记的，应当自营业执照被吊销或者被撤销登记之日起 15 日内，向原税务登记机关申报办理注销税务登记。

2. 注销税务登记的要求

纳税人在办理注销税务登记前，应当向原税务登记机关缴清应纳税额、滞纳金、罚款，缴销原税务登记机关核发的税务登记证及其副本、注册税务登记证及其副本、未使用的发票、发票领购簿、发票专用章以及税收缴款书和税务机关核发的其他证件。

3. 注销登记的手续

纳税人办理注销登记时，应当向原税务登记机关领取注销税务登记申请表，如实填写《注销税务登记申请表》各项目内容，连同有关资料、证件报送税务登记机关。经税务登记机关对纳税人实施注销税务稽查（核准），报主管税务机关批准予以注销。

二、账证管理

（一）账簿的设置

从事生产、经营的纳税人应当自领取营业执照之日起 15 日内设置账簿；扣缴义务人应当自税收法律、行政法规规定的扣缴义务发生之日起 10 日内，按照所代扣、代收的税种设置代扣代缴、代收代缴税款账簿。同时从事生产、经营的纳税人应当自领取税务登记证件之日起 15 日内，将其财务、会计制度报送税务机关备案。

生产经营规模小又确无建账能力的纳税人，可以聘请经批准从事会计代理记账业务的专业机构或者经税务机关认可的财会人员代为建账和办理账务；聘请上述机构或者人员确有实际困难的，经县以上税务机关批准，可以按照税务机关的规定，建立收支凭证粘贴簿、进货销货登记簿或者使用税控装置。

（二）账簿的登记

（1）纳税人、扣缴义务人必须根据合法、有效凭证记账，进行核算。

（2）从事生产、经营的纳税人的财务、会计制度或者财务、会计处理方法和会计核算软件,应当报送税务机关备案。

纳税人、扣缴义务人的财务、会计制度或者财务、会计处理办法与国务院或者国务院财政、税务主管部门有关税收的规定抵触的,须依照国务院或者国务院财政、税务主管部门有关税收的规定计算应纳税款、代扣代缴和代收代缴税款。

(三) 发票的使用和管理

发票是购销商品、提供或接受劳务以及从事其他经营活动中,开具、收取的收付款凭证。它是会计核算的原始依据,也是审计机关、税务机关执法检查的重要依据。目前,我国有 2011 年 2 月 1 日起施行的《中华人民共和国发票管理办法》(以下简称《发票管理办法》)和 2013 年 4 月 1 日起施行的《网络发票管理办法》。这里重点讲述《发票管理办法》的有关内容。

1. 发票的领购

需要领购发票的单位和个人,应当持税务登记证件、经办人身份证明,按照国务院税务主管部门规定式样制作的发票专用章的印模,向主管税务机关办理发票领购手续。主管税务机关根据领购单位和个人的经营范围和规模,确认领购发票的种类、数量以及领购方式,在 5 个工作日内发给发票领购簿。

需要临时使用发票的单位和个人,可以凭购销商品、提供或者接受服务以及从事其他经营活动的书面证明、经办人身份证明,直接向经营地税务机关申请代开发票。

临时到本省、自治区、直辖市从事经营活动的单位或者个人,应当凭所在地税务机关的证明,向经营地税务机关申请领购经营地的发票。临时在本省、自治区、直辖市以内跨市、县从事经营活动领购发票的办法,由省、自治区、直辖市税务机关规定。

2. 发票的开具与保管

(1) 发票的开具

① 销售商品、提供服务以及从事其他经营活动的单位和个人,对外发生经营业务收取款项,收款方应当向付款方开具发票;特殊情况下,由付款方向收款方开具发票。

② 所有单位和从事生产、经营活动的个人在购买商品、接受服务以及从事其他经营活动支付款项,应当向收款方取得发票。取得发票时,不得要求变更品名和金额。

③ 假的发票,不得作为财务报销凭证,任何单位和个人有权拒收。

④ 开具发票应当按照规定时限、顺序,逐栏全部联次一次性如实开具,并加盖单位财务印章或者发票专用章。

任何单位和个人不得有下列虚开发票行为:为他人、为自己开具与实际经营业务情况不符的发票;让他人为自己开具与实际经营业务情况不符的发票;介绍他人开具与实际经营业务情况不符的发票。

⑤ 安装税控装置的单位和个人,应当按照规定使用税控装置开具发票,并按期向主管税务机关报送开具发票的数据。

非税控电子器具开具发票的,应当将非税控电子器具使用的软件程序说明资料报主管税务机关备案,并按照规定保存、报送开具发票的数据。

(2) 发票的使用保管

① 任何单位和个人应当按照发票管理规定使用发票,不得有下列行为:转借、转让、介

绍他人转让发票、发票监制章和发票防伪专用品；知道或者应当知道是私自印制、伪造、变造、非法取得或者废止的发票而受让、开具、存放、携带、邮寄、运输；拆本使用发票；扩大发票使用范围；以其他凭证代替发票使用。

② 开具发票的单位和个人应当建立发票使用登记制度，设置发票登记簿，并定期向主管税务机关报告发票使用情况。

③ 开具发票的单位和个人应当在办理变更或者注销税务登记的同时，办理发票和发票领购簿的变更、缴销手续。

④ 开具发票的单位和个人应当按照税务机关的规定存放和保管发票，不得擅自损毁。已经开具的发票存根联和发票登记簿，应当保存 5 年。保存期满，报经税务机关查验后销毁。

3. 发票的缴销

(1) 用票单位和个人已使用的发票存根联保存期满后，应向主管税务机关申请缴销。

(2) 用票单位和个人发生合并、联营、分设、迁移、停业、歇业等事项时应当在申报办理变更税务登记、注销税务登记的同时，对原来印制、购买的发票向税务机关申请缴销。

(3) 税务机关在统一实行发票换版、更换发票监制章等事项时，原来的发票使用期满以后，用票单位和个人应当将其登记造册，集中送税务机关缴销。

三、纳税申报

纳税申报是纳税程序的中心环节。它是纳税人在发生纳税义务后，按照税务机关规定的内容和期限，向主管税务机关以书面报表的形式申明有关纳税事项及应纳税款所履行的法定手续，也是基层税务机关核定应纳税额和填开纳税凭证的主要依据。

(一) 纳税申报的对象

下列纳税人或者扣缴义务人、代征人应当按期向主管国家税务机关办理纳税申报或者代扣代缴、代收代缴税款报告、委托代征税款报告。

(1) 依法已向国家税务机关办理税务登记的纳税人。这里的纳税人包括：① 各项收入均应当纳税的纳税人；② 全部或部分产品、项目或者税种享受减税、免税照顾的纳税人；③ 当期营业额未达起征点或没有营业收入的纳税人；④ 实行定期定额纳税的纳税人；⑤ 应当向国家税务机关缴纳企业所得税以及其他税种的纳税人。

(2) 按规定不需向国家税务机关办理税务登记，以及应当办理而未办理税务登记的纳税人。

(3) 扣缴义务人和国家税务机关确定的委托代征人。

(二) 纳税申报方式

经税务机关批准，纳税人、扣缴义务人亦可以采取邮寄、数据电文方式办理纳税申报或者报送代扣代缴、代收代缴税款报告表。另外，实行定期定额缴纳税款的纳税人，可以实行简易申报、简并征期等申报纳税方式。

(1) 上门申报。纳税人、扣缴义务人、代征人应当在纳税申报期限内到主管国家税务机关办理纳税申报、代扣代缴、代收代缴税款或委托代征税款报告。

(2) 邮寄申报。纳税人采取邮寄方式办理纳税申报的，应当使用统一的纳税申报专用信封，并以邮政部门收据作为申报凭据。邮寄申报以寄出的邮戳日期为实际申报日期。

(3) 数据电文申报。数据电文申报是指税务机关确定的电话语音、电子数据交换和网络传输等电子方式。纳税人采取电子方式办理纳税申报的，应当按照税务机关规定的期限和要求保存有关资料，并定期书面报送主管税务机关。

(4) 现场申报。对临时取得应税收入以及在市场内从事经营的纳税个人，经主管国家税务机关批准，可以在经营现场口头向主管国家税务机关(人员)申报。

四、税款缴纳

税款缴纳是指纳税人、扣缴义务人依照国家法律、行政法规的规定实现的税款依法通过不同方式缴纳入库的过程。它是纳税义务人完成纳税义务的体现，是纳税活动的中心环节。根据《税收征管法》实施细则规定，我国税款征收主要有以下几种方式。

(1) 查账征收。查账征收是由纳税人依据账簿记载，先自行计算缴纳，事后经税务机关查账核实，如有不符时，可多退少补。这种征收方式主要适用于已建立会计账册，财务、会计制度健全，会计记录完整的纳税人。

(2) 查定征收。查定征收是由税务机关根据纳税人的生产设备等情况，以及在正常条件下的生产销售情况，对其生产的应税产品查定产量和销售额，然后依率征收的一种方式。这种方式主要适用于生产、经营不固定，账册不健全的纳税人。

(3) 查验征收。查验征收是由税务机关派员对纳税申报人的应税产品进行查验，并贴上完税证、查验证或盖查验戳，凭证运销的方式。这种方式主要适用于生产和经营零星、分散的高税率工业产品的纳税人。

(4) 定期定额征收。定期定额征收是税务机关依照有关法律、法规，按照规定程序，核定纳税人在一定经营时期内的应纳税经营额(收益额)，并以此为计税依据，确定其纳税额(包括增值税税额、消费税额、所得税额等)的一种征收方式。税务机关核定定额应依照以下程序办理：业户自报、典型调查、定额核定、下达定额。这种方式适用于生产经营规模小，又确无建账能力，经主管税务机关审核，县级以上(含县级)税务机关批准可以不设置账簿或暂缓建账的小型纳税人。

(5) 其他征收方式。其他征收方式主要包括代扣代缴、代收代缴、委托代征、邮寄申报纳税等。

五、税务检查

(一) 税务检查概述

税务检查制度是税务机关根据国家税法和财务会计制度的规定，对纳税人履行纳税义务的情况进行的监督、审查制度。税务检查是税收征收管理的重要内容，也是税务监督的重要组成部分。搞好税务检查，对于加强依法治税，保证国家财政收入，有着十分重要的意义。

（二） 税务检查的内容

税务检查主要包括以下几个方面：

(1) 检查纳税人执行国家税收政策和税收法规的情况；

(2) 检查纳税人遵守财经纪律和财会制度的情况；

(3) 检查纳税人的生产经营管理和经济核算情况；

(4) 检查纳税人遵守和执行税收征收管理制度的情况，检查其有无不按纳税程序办事和违反征管制度的问题。

（三） 税务检查中征纳双方的权利与义务

根据《税收征收管理法》的规定，税务机关有权进行下列税务检查：

(1) 检查纳税人的账簿、记账凭证、报表和有关资料；检查扣缴义务人代扣代缴、代收代缴税款账簿、记账凭证和有关资料。税务机关在检查上述纳税资料时，可以在纳税人、扣缴义务人的业务场所进行，必要时经县以上税务局（分局）局长批准，也可以将纳税人、扣缴义务人以前年度的账簿、凭证、报表以及其他有关资料调出检查，但须向纳税人、扣缴义务人开付清单，并在 3 个月内完整归还。

(2) 到纳税人的生产、经营场所和货物存放地检查纳税人应纳税的商品、货物或其他财产；检查扣缴义务人与代扣代缴、代收代缴税款有关的经营情况。

(3) 责成纳税人、扣缴义务人提供与纳税或者代扣代缴、代收代缴税款有关的文件、证明材料和有关资料。

(4) 询问纳税人、扣缴义务人与纳税或者代扣代缴、代收代缴税款有关的问题和情况。

(5) 到车站、码头、机场、邮政企业及其分支机构检查纳税人托运、邮寄应纳税的商品、货物或者其他财产的有关单据、凭证和有关资料。

(6) 经县以上税务局（分局）局长批准，凭全国统一格式的检查存款账户许可证明，查询从事生产、经营的纳税人、扣缴义务人在银行或其他金融机构的存款账户。税务机关在调查税收违法案件时，经该区的市、自治州以上税务局（分局）局长批准，可以查询案件涉嫌人员的储蓄存款。税务机关查询所获得的资料，不得用于税收以外的用途。

税务机关对从事生产、经营的纳税人以前纳税期的纳税情况依法进行税务检查时，发现纳税人有逃避纳税义务行为，有明显的转移、隐匿其纳税的商品、货物以及其他财产或者应纳税的收入迹象的，可以按照《税收征收管理法》规定的批准权限采取税收保全措施或者强制执行措施。赋予税务机关在税务检查中依法采取税收保全措施或强制执行措施的权力，有利于加强税收征管，提高税务检查的效力。

税务机关依法进行上述税务检查时，纳税人、扣缴义务人必须接受检查，如实反映情况，提供有关资料，不得拒绝、隐瞒；税务机关有权向有关单位和个人调查纳税人、扣缴义务人和其他当事人与纳税或者代扣代缴、代收代缴税款有关情况，有关部门和个人有义务向税务机关如实提供有关材料及证明材料。税务机关调查税务违法案件时，对与案件有关的情况和资料，可以进行记录、录音、录像、照相和复制。但是，税务人员在进行税务检查时，必须出示税务检查证，并有责任为被检查人保守秘密；未出示税务检查证和税务检查通知书的，纳税人、扣缴义务人及其他当事人有权拒绝检查。

六、税务代理

税务代理是指税务代理人在国家法律规定的代理范围内，以代理机构的名义，接受纳税人、扣缴义务人的委托，依据国家税收法律和行政法规的规定，代其办理涉税事宜的各项民事法律行为的总称。税务代理的范围主要包括：

(1) 办理税务登记、变更税务登记和注销税务登记手续；

(2) 办理纳税、退税和减免税申报；

(3) 建账建制，办理账务；

(4) 办理除增值税专用发票外的发票领购手续；

(5) 办理纳税申报或扣缴税款报告；

(6) 制作涉税文书；

(7) 开展税务咨询(顾问)、税收筹划、涉税培训等涉税服务业务；

(8) 税务行政复议手续；

(9) 审查纳税情况；

(10) 办理增值税一般纳税人资格认定申请；

(11) 利用主机共享服务系统为增值税一般纳税人代开增值税专用发票；

(12) 国家税务总局规定的其他业务。

综合练习

一、单项选择题

1. 下列法律中，明确确定“中华人民共和国公民有依照法律纳税的义务”的是(　　)。

A.《中华人民共和国宪法》　　B.《中华人民共和国民法通则》

C.《中华人民共和国个人所得税法》　　D.《中华人民共和国税收征收管理法》

2. 下列关于税收法律关系的表述中，正确的是(　　)。

A. 税法是引起法律关系的前提条件，税法可以产生具体的税收法律关系

B. 税收法律关系中权利主体双方法律地位并不平等，双方的权利义务也不对等

C. 代表国家行使征税职责的各级国家税务机关是税收法律关系中的权利主体之一

D. 税收法律关系总体上与其他法律关系一样，都是由权利主体、权利客体两方面构成

3. 税收法律关系产生的标志是(　　)。

A. 纳税人办理或重新办理税务登记　　B. 征税主体与纳税主体的同时存在

C. 引起纳税义务成立的法律事实　　D. 征、纳双方权利与义务关系的形成

4. 关于税收法律关系的特点，下列表述正确的是(　　)。

A. 作为纳税主体的一方只能是征税机关

B. 税收法律关系的成立、变更等以主体双方意思表示一致为要件

C. 权利义务关系具有对等性

D. 具有财产所有权单向转移的性质

5. 采用超率累进税率征收的税种是(　　)。

A. 资源税　　B. 土地增值税

C. 个人所得税　　D. 企业所得税

6. 按课税对象的单位直接规定固定征税数额的税率是(　　)。

A. 比例税率　　B. 累进税率

C. 定额税率　　D. 幅度税率

7. 下列各项税收法律法规中,属于部门规章的是(　　)。

A.《中华人民共和国个人所得税法》

B.《中华人民共和国消费税暂行条例》

C.《中华人民共和国企业所得税法实行条例》

D.《中华人民共和国消费税暂行条例实施细则》

8. 下列有关我国税收执法权的表述中,正确的是(　　)。

A. 经济特区有权自行制定涉外税收的优惠措施

B. 除少数民族自治地区和经济特区外,各地不得擅自停征全国性的地方税种

C. 按税种划分中央和地方的收入,中央和地方共享税原则上由地方税务机构负责征收

D. 各省级人民政府及其税收主管部门可自行调整当地涉外税收的优惠措施,但应报国务院及其税务主管部门备案

9. 按照税法征收对象的不同,关税应属于(　　)。

A. 流转税税法　　B. 所得税税法

C. 财产、行为税税法　　D. 资源税税法

10. 下列税种中由地税局系统征收管理的有(　　)。

A. 个体户的增值税　　B. 进口环节的消费税

C. 中央企业的房产税　　D. 2008 年注册的地方企业的企业所得税

11. 税收法律是指由全国人大及其常委会制定的有关税收分配活动的法律制度。有关税收法律立法程序的表述,正确的有(　　)。

A. 必须经财政部向全国人大及其常委会提出税收法律案

B. 交由国务院审议

C. 税收法律案的通过采取表决方式进行

D. 由全国人大常委会委员长签署公布

12. 下列选项中,不属于税收立法主体的是(　　)。

A. 全国人大及其常委会　　B. 国务院

C. 直辖市的人大及其常委会　　D. 省级人民政府

13. 下列各项中,属于税收法律的是(　　)。

A.《个人所得税法》　　B.《营业税暂行条例》

C.《税收征管法实施细则》　　D.《企业所得税暂行条例》

14. 下列与纳税义务人相关的表述中,正确的是(　　)。

A. 纳税人就是负税人

B. 在代扣代缴关系中,代扣人是真正的纳税人

C. 在代收代缴关系中,代收人是真正的纳税人

D. 纳税人与负税人有时候一致，有时候不一致

15. 税收行政法规由(　　)制定。

A. 全国人民代表大会及常务委员会　　B. 地方人民代表大会及常务委员会

C. 财政部和国家税务总局　　D. 国务院

二、多项选择题

1. 关于税收和税法的规定，下列说法正确的是(　　)。

A. 税法的本质是调整纳税人之间的权利与义务关系

B. 税收是凭借政治权力，强制地、有偿地取得财政收入的一种形式

C. 税收的本质是社会产品分配关系

D. 税法是税收制度的法律表现形式

2. 关于税收法律关系的特点，下列表述正确的有(　　)。

A. 具有财产所有权单向转移的性质

B. 主体的一方只能是国家

C. 权利义务关系具有不对等性

D. 税收法律关系的变更以主体双方意思表示一致为要件

3. 下列关于税收实体法构成要素的说法中，正确的有(　　)。

A. 纳税义务发生时间是指应税行为发生的时间

B. 税目是据以计算征税对象应纳税款的直接数量依据，解决对征税对象课税的计算问题

C. 税率是对征税对象的征收比例或征收额度，是计算税额的尺度

D. 纳税人就是负税人

4. 下列各项中，属于间接税的有(　　)。

A. 增值税　　B. 消费税

C. 营业税　　D. 个人所得税

5. 以下税种属国家税务局系统征收范围的有(　　)。

A. 消费税　　B. 增值税

C. 保险总公司集中缴纳的营业税　　D. 中央企业缴纳的房产税

6. 下列税种，全部属于中央政府固定收入的有(　　)。

A. 消费税　　B. 增值税

C. 车辆购置税　　D. 关税

7. 税收征管法属于我国税法体系中的(　　)。

A. 税收基本法　　B. 税收实体法

C. 税收程序法　　D. 国内税法

8. 下列税种中，由国家税务局系统负责征收和管理的有(　　)。

A. 国内增值税　　B. 消费税

C. 中央企业所得税　　D. 印花税

9. 计税依据按照计量单位来划分，有以下几种类型(　　)。

A. 实物计征　　B. 复合计征

C. 从价计征　　D. 从量计征

10. 下列关于我国税收法律级次的表述中，正确的有(　　)。

A.《税收征收管理法实施细则》属于税收规章

B.《中华人民共和国企业所得税法实施条例》属于税收行政法规

C.《中华人民共和国企业所得税法》属于全国人大制定的税收法律

D.《中华人民共和国增值税暂行条例》属于全国人大常委会制定的税收法律

11. 我国目前的税收征收机关有(　　)。

A. 财政机关　　B. 工商机关

C. 税务机关　　D. 海关

12. 课税对象构成了税收实体法诸要素中的基础性要素，主要因为(　　)。

A. 课税对象是一种税区别于另一种税的最主要标志

B. 课税对象明确了各税种的征税范围

C. 课税对象规定着计算各种应征税款的依据

D. 税制要素中的其他要素一般都是以课税对象为基础确定的

13. 下列各项中，属于税收确定程序的有(　　)。

A. 税款征税　　B. 税务登记

C. 账簿、凭证　　D. 纳税申报

14. 纳税人进行纳税申报时，可以采取的申报方式有(　　)。

A. 上门申报　　B. 邮寄申报

C. 现场申报　　D. 数据电文申报

15. 下列说法正确的是(　　)。

A. 征税对象是衡量税负轻重与否的重要标志

B. 税目是在税法中对征税对象分类规定的具体征税项目

C. 税法的总则主要包括立法依据、立法目的、适用原则等

D. 纳税义务人是税法规定的直接负有纳税义务的单位

三、判断题

1. 税法是调整税务机关与纳税人关系的法律规范，其本质是税务机关依据国家的行政权力向公民进行课税。(　　)

2. 在税收法律关系中，征纳双方法律地位的平等主要体现为双方权利与义务的对等。(　　)

3. 省、自治区、直辖市以及省、自治区的人民政府所在地的市和国务院批准的较大的市的人民政府，可以根据本地区的经济发展情况制定地方性税收规章。(　　)

4. 税收法律关系的权利主体是指代表国家行使征税职责的税务机关。(　　)

5. 税率是税法的核心要素，是计算税额的尺度，是衡量税负轻重与否的重要标志。(　　)

6. 增值税属中央地方共享税，所以所有的增值税收入75%归中央财政收入，25%归地方财政收入。(　　)

7. 负税人是最终承担税收负担的单位和个人，它与纳税人既有联系，又有区别。(　　)

8. 中华人民共和国现行税法体系是由税收实体法构成的。(　　)

9. 查定征收方式主要适用于已建立会计账册，财务、会计制度健全，会计记录完整的纳税人。（　）

10. 纳税人在停业期间发生纳税义务的，应当按照税收法律、行政法规的规定申报缴纳税款。（　）

四、案例分析

【案例 1】甲公司 2011 年 1 月份应当向王某支付 5 000 元的工资，王某依法应当缴纳的个人所得税税额为 325 元，但并非由王某直接向主管税务机关申报缴纳，而是由甲公司在向王某支付工资时，从所支付的工资中依法直接扣收税款并代为缴纳，如不考虑保险等其他的费用，甲公司应当实际支付给王某 5 000－325＝4 675(元)。通过分析，明确指出本案例中的纳税义务人和代扣代缴义务人。

【案例 2】A 企业在 2013 年 2 月份开始营业，但没有发生任何业务。3 月初办理了营业执照，月底也尚未到税务机关去落户，也没有进行电子申报。试分析：A 企业办理税务登记和申报纳税方面是否有问题。

第二章　增值税纳税实务

知识目标

要求学生掌握增值税的基本规定，增值税应纳税额的确定、税额计算、会计处理、税收优惠和申报缴纳的相关规定，了解增值税专用发票的使用和管理相关规定。

能力目标

通过本章的学习，要求学会对增值税纳税人身份的识别，学会对纳税人发生业务适用税率的判断，学会对进项税额是否准予从销项税额中抵扣的判断，根据纳税人所发生的业务能够正确计算增值税应纳税额。

第一节　增值税的基本规定

一、增值税的概念和特点

我国现行的增值税法律规范是在 2008 年 11 月 5 日经国务院第 34 次常务会议审议通过的，11 月 10 日以国务院令第 538 号公布的《中华人民共和国增值税暂行条例》(以下简称《增值税暂行条例》)，于 2009 年 1 月 1 日起施行，自此我国的生产型增值税转为消费型增值税。

2011 年年底，国家决定在上海试点营业税改征增值税的工作。为了贯彻落实国务院关于先在上海市交通运输业和部分现代服务业开展改革试点的决定，根据经国务院同意的《营业税改征增值税试点方案》，财政部、国家税务总局印发了《交通运输业和部分现代服务业营业税改征增值税试点实施办法》、《交通运输业和部分现代服务业营业税改征增值税试点有关事项的规定》和《交通运输业和部分现代服务业营业税改征增值税试点过渡政策的规定》等文件，自 2012 年 1 月 1 日起施行。

(一) 增值税的概念

增值税是对在我国境内从事销售货物或者提供加工、修理修配劳务以及从事进口货物的单位和个人，以其货物销售或提供劳务的增值额和货物进口金额为计税依据而课征的一种流转税。

增值额是企业或者个人在生产经营过程中新创造的价值或者商品附加值。在实际操作中，新创造的价值或者商品附加值在商品流通过程中难以准确计算，为准确、简便、科学地计算增值额，我国现行增值税采用间接计税法中的购进扣税法，即不直接根据增值额计算增值税，而是首先计算纳税人计算期内全部应税货物或者劳务的应纳税额即销项税额，然后从中扣除以外购扣除项目的实际购入额为依据计算的已纳税额即进项税额，计算后的余额即为纳税人对增值额部分应当缴纳的增值税税额。

（二） 增值税的特点

1. 普遍征收

现行增值税普遍适用于生产、批发、零售和进口商品及加工、修理修配等领域的各个环节。增值税可以从商品的生产开始，一直延伸到商品的批发和零售等经济活动的各个环节，使增值税能够拥有较其他间接税更广泛的纳税人，能够明显改善财政收入。

2. 实行价外计税

增值税实行价外计税的办法，即以不含增值税税额的价格为计税依据。销售商品时，增值税专用发票上要分别注明增值税税款和不含增值税的价格，以消除增值税对成本、利润、价格的影响。需要指出的是：增值税的价外计税绝非是在原销售价格之外再课征增值税，而是在销售商品时，将原来含税销售款中的商品价格和增值税，分别列于增值税的专用发票上。

3. 避免重复征税

在全国范围内使用统一的增值税专用发票，实行根据发票注明税金进行税款抵扣的制度。即除直接向消费者销售货物或应税劳务、销售免税货物、小规模纳税人销售货物及应税劳务等情形必要时应开具普通发票外，企业对外销售其他应税货物或劳务时，还必须向购买方开具增值税专用发票。这样，企业即可依据增值税专用发票上记载的销项税款与购买时所付进项税款相抵后的余额，核定企业当期应纳的增值税。增值税专用发票避免了重复征税现象，明确了购销双方之间的纳税利益关系。

二、增值税的纳税人

依据 2010 年 3 月 20 日起施行的《增值税一般纳税人资格认定管理办法》，将增值税纳税人按会计核算水平和经营规模分为一般纳税人和小规模纳税人两类纳税人，分别采取不同的增值税计税方法。

（一） 一般纳税人的认定标准

一般纳税人是指年应征增值税销售额（以下简称年应税销售额）超过财政部、国家税务总局规定的小规模纳税人标准的企业和企业性单位（以下简称企业）。年应税销售额是指纳税人在连续不超过 12 个月的经营期内累计应征增值税销售额，包括纳税申报销售额、稽查查补销售额、纳税评估调整销售额、税务机关代开发票销售额和免税销售额。其中稽查查补销售额和纳税评估调整销售额计入查补税款申报当月的销售额，不计入税款所属期销售额。经营期是指在纳税人存续期内的连续经营期间，含未取得销售收入的月份。

（二）申请一般纳税人资格的条件

年应税销售额未超过财政部、国家税务总局规定的小规模纳税人标准以及新开业的纳税人，可以向主管税务机关申请一般纳税人资格认定。对提出申请并且同时符合下列条件的纳税人，主管税务机关应当为其办理一般纳税人资格认定：

（1）有固定的生产经营场所；

（2）能够按照国家统一的会计制度规定设置账簿，根据合法、有效凭证进行核算，能够提供准确税务资料。

（三）小规模纳税人的认定标准

小规模纳税人是指年销售额在规定标准以下，并且会计核算不健全，不能按规定报送有关税务资料的增值税纳税人。所称会计核算不健全是指不能正确核算增值税的销项税额、进项税额和应纳税额。

根据《增值税暂行条例》及其《增值税暂行条例实施细则》的规定，小规模纳税人的认定标准是：

（1）从事货物生产或者提供应税劳务的纳税人，以及以从事货物生产或者提供应税劳务为主，并兼营货物批发或者零售的纳税人，年应征增值税销售额（以下简称应税销售额）在50万元以下（含本数，下同）的；"以从事货物生产或者提供应税劳务为主"是指纳税人的年货物生产或者提供应税劳务的销售额占年应税销售额的比重在50%以上；

（2）对上述规定以外的纳税人，年应税销售额在80万元以下的；

（3）年应税销售额超过小规模纳税人标准的其他个人按小规模纳税人纳税；

（4）非企业性单位、不经常发生应税行为的企业可选择按小规模纳税人纳税。

（四）小规模纳税人的管理

小规模纳税人会计核算健全，能够提供准确税务资料的，可以向主管税务机关申请资格认定不作为小规模纳税人。

除国家税务总局另有规定外，纳税人一经认定为一般纳税人以后，不得再转为小规模纳税人。

三、增值税征税范围

（一）征税范围的一般规定

凡在我国境内销售货物或者提供加工、修理修配劳务以及进口货物的，都属增值税的缴纳范围。货物是指有形动产，包括电力、热力、气体；销售货物指有偿转让货物的所有权。加工是指受托加工货物，即委托方提供原料及主要材料，受托方按照委托方的要求制造货物并收取加工费的业务。修理修配是指受托方对损伤和丧失功能的货物进行修复,使其恢复原状和功能的业务。提供加工、修理修配劳务(以下称应税劳务)是指有偿提供加工、修理修配劳务。单位或者个体工商户聘用的员工为本单位或者雇主提供加工、修理修配劳务,不包括在内。有偿是指从购买方取得货币、货物或者其他经济利益。境内销售货物是指所销售的货物起运地或所在地在我国境内。境内销售应税劳务是指所提供的应税劳务发生在我国境内。

从2012年1月1日起,进行营业税改征增值税试点,先在上海市交通运输业和部分现代服务业开展,之后将逐步扩大试点范围。有形动产租赁服务适用17%税率,交通运输业、建筑业等适用11%税率,其他部分现代服务业适用6%税率;服务贸易进口在国内环节征收增值税,出口实行零税率或免税制度。交通运输业、建筑业、邮电通信业、现代服务业、文化体育业、销售不动产和转让无形资产,原则上适用增值税一般计税方法;金融保险业和生活性服务业,原则上适用增值税简易计税方法。纳税人计税依据原则上为发生应税交易取得的全部收入。对一些存在大量代收转付或代垫资金的行业,其代收代垫金额可予以合理扣除。

试点纳税人以机构所在地作为增值税纳税地点,其在异地缴纳的营业税,允许在计算缴纳增值税时抵减;非试点纳税人在试点地区从事经营活动的,继续按照现行营业税有关规定申报缴纳营业税。现有增值税纳税人向试点纳税人购买服务取得的增值税专用发票,可按现行规定抵扣进项税额。试点行业的原营业税优惠政策延续。

(二) 征税范围的具体规定

1. 属于征税范围的特殊项目

(1) 货物期货(包括商品期货和贵金属期货),应当征收增值税,在期货的实物交割环节纳税。

(2) 银行销售金银的业务,应当征收增值税。

(3) 典当业的死当物品销售业务和寄售业代委托人销售寄售物品的业务,均应征收增值税。

(4) 集邮商品(如邮票、首日封、邮折等)的生产以及邮政部门以外的其他单位和个人销售的,均征收增值税。

2. 属于征税范围的特殊行为

(1) 视同销售货物行为

单位或者个体工商户的下列行为,视同销售货物:

① 将货物交付其他单位或者个人代销;

② 销售代销货物;

③ 设有两个以上机构并实行统一核算的纳税人,将货物从一个机构移送至其他机构用于销售,但相关机构设在同一县(市)的除外;

④ 将自产或者委托加工的货物用于非增值税应税项目;

⑤ 将自产、委托加工的货物用于集体福利或者个人消费;

⑥ 将自产、委托加工或者购进的货物作为投资,提供给其他单位或者个体工商户;

⑦ 将自产、委托加工或者购进的货物分配给股东或者投资者;

⑧ 将自产、委托加工或者购进的货物无偿赠送其他单位或者个人。

（2）混合销售行为

如果一项销售行为既涉及货物，又涉及非增值税应税劳务，属于混合销售行为。从事货物的生产、批发或者零售的企业、企业性单位和个体工商户的混合销售行为，视为销售货物，应当缴纳增值税；其他单位和个人的混合销售行为，视为销售非增值税应税劳务，不缴纳增值税。

“非增值税应税劳务”是指属于应缴营业税的交通运输业、建筑业、金融保险业、邮电通信业、文化体育业、娱乐业、服务业税目征收范围的劳务。从事货物的生产、批发或者零售的企业、企业性单位和个体工商户，包括以从事货物的生产、批发或者零售为主，并兼营非增值税应税劳务的单位和个体工商户在内。

纳税人的下列混合销售行为，应当分别核算货物的销售额和非增值税应税劳务的营业额，并根据其销售货物的销售额计算缴纳增值税，非增值税应税劳务的营业额不缴纳增值税；未分别核算的，由主管税务机关核定其货物的销售额：

① 销售自产货物并同时提供建筑业劳务的行为；

② 财政部、国家税务总局规定的其他情形。

（3）兼营非应税劳务、兼营不同税率货物或应税劳务的行为

纳税人兼营非应税劳务的，应分别核算货物或应税劳务和非增值税应税项目的营业额；未分别核算的，由主管税务机关核定货物或者应税劳务的销售额。

纳税人兼营不同税率货物或应税劳务，属于同税种，应按不同税率、不同类别或项目分别设账、分别核算，凡有免税项目的，也应单独设账核算。若未分别核算或不能准确核算，免税的不得免税，应税的税率从高。

（4）代购货物行为

凡代购行为，如果同时具备以下条件的不征收增值税（缴纳营业税），如果不同时具备以下条件的，无论会计制度规定如何核算，均应缴纳增值税：

① 受托方不垫付资金；

② 销货方将发票开具给委托方，并由受托方将该项发票转交给委托方；

③ 受托方按销售方实际收取的销售额与委托方结算货款，并另外收取手续费。代理进口货物的行为，属于代购货物行为，应按增值税代购货物的征税规定执行。

（三）增值税征税范围的其他特殊规定

1.《增值税暂行条例》规定的免税项目

（1）农业生产者销售的自产农产品。

农业，是指种植业、养殖业、林业、牧业、水产业。农业生产者，包括从事农业生产的单位和个人。农产品，是指初级农产品，具体范围由财政部、国家税务总局确定。

（2）避孕药品和用具。

（3）古旧图书，是指向社会收购的古书和旧书。

（4）直接用于科学研究、科学试验和教学的进口仪器、设备。

（5）外国政府、国际组织无偿援助的进口物资和设备。

（6）由残疾人组织直接进口供残疾人专用的物品。

(7) 销售的自己使用过的物品。

2. 财政部、国家税务总局规定的其他征免税项目

(1) 对资源综合利用、再生资源、鼓励节能减排等方面的主要规定。

(2) 自 2008 年 6 月 1 日起，纳税人生产销售和批发、零售有机肥产品免征增值税。

(3) 对农民专业合作社的增值税政策。

① 对农民专业合作社销售本社成员生产的农业产品，视同农业生产者销售自产农业产品免征增值税；

② 对农民专业合作社向本社成员销售的农膜、种子、种苗、化肥、农药、农机，免征增值税。

(4) 免税店销售免税品的增值税政策。

纳税人销售免税品一律开具出口发票，不得使用防伪税控专用器具开具增值税专用发票或普通发票。

(5) 除经中国人民银行和对外经济贸易合作部(现为商务部)批准经营融资租赁业务的单位所从事的融资租赁业务外，其他单位从事的融资租赁业务，租赁的货物的所有权转让给承租方，征收增值税，租赁的货物的所有权未转让给承租方，不征收增值税。

(6) 转让企业全部产权涉及的应税货物的转让，不属于增值税的征税范围，不征收增值税。

(7) 对从事热力、电力、燃气、自来水等公用事业的增值税纳税人收取的一次性费用，凡与货物的销售数量有直接关系的，征收增值税；凡与货物的销售数量无直接关系的，不征收增值税。

(8) 纳税人代有关行政管理部门收取的费用，凡符合规定条件的，不属于价外费用，不征收增值税。

(9) 纳税人销售货物的同时代办保险而向购买方收取的保险费，以及从事汽车销售的纳税人向购买方收取的代购买方缴纳的车辆购置税、牌照费，不作为价外费用征收增值税。

(10) 纳税人销售软件产品并随同销售一并收取的软件安装费、维护费、培训费等收入，应按照增值税混合销售的有关规定征收增值税，并可享受软件产品增值税即征即退政策。

对软件产品交付使用后，按期或按次收取的维护、技术服务费、培训费等不征收增值税。

纳税人受托开发软件产品，著作权属于受托方的征收增值税，著作权属于委托方或属于双方共同拥有的不征收增值税。

(11) 印刷企业接受出版单位委托，自行购买纸张，印刷有统一刊号(CN)以及采用国际标准书号编序的图书、报纸和杂志，按货物销售征收增值税。

(12) 对增值税纳税人收取的会员费收入不征收增值税。

(13) 按债转股企业与金融资产管理公司签订的债转股协议，债转股原企业将货物资产作为投资提供给债转股新公司的，免征增值税。

(14) 各燃油电厂从政府财政专户取得的发电补贴不属于增值税规定的价外费用，不计入应税销售额，不征收增值税。

3. 增值税起征点的规定

(1) 销售货物的，为月销售额 5 000～20 000 元。

(2) 销售应税劳务的,为月销售额 5 000～20 000 元。

(3) 按次纳税的,为每次(日)销售额 300～500 元。

4. 纳税人兼营免税、减税项目的,应当分别核算免税、减税项目的销售额;未分别核算销售额的,不得免税、减税

5. 纳税人销售货物或者应税劳务适用免税规定的,可以放弃免税,依照《增值税暂行条例》的规定缴纳增值税。放弃免税后,36 个月内不得再申请免税

四、增值税税率和征收率

我国增值税是采用比例税率,按照一定的比例征收。为了发挥增值税的中性作用,原则上增值税的税率应该对不同行业不同企业实行单一税率,称为基本税率。实践中为照顾一些特殊行业或产品也增设了一档低税率,对出口产品实行零税率。由于增值税纳税人分成了两类,对这两类不同的纳税人又采用了不同的税率。

(一) 基本税率

增值税一般纳税人销售或者进口货物,提供加工、修理修配劳务,除低税率适用范围和销售个别旧货适用低税率外,税率一律为 17%,这就是通常所说的基本税率。

为公平税负,规范税制,促进资源节约和综合利用,自 2009 年 1 月 1 日起,将部分金属矿、非金属矿采选产品的增值税税率由原来的 13%低税率恢复到 17%,如铜矿砂及其精矿(非黄金价值部分)、镍矿砂及其精矿(非黄金价值部分)、纯氯化钠、未焙烧的黄铁矿、石英、云母粉、天然硫酸钡(重晶石)等。

(二) 低税率

增值税一般纳税人销售或者进口下列货物,按低税率计征增值税,低税率为 13%。

(1) 粮食、食用植物油、鲜奶。

(2) 自来水、暖气、冷气、热水、煤气、石油液化气、天然气、沼气、居民用煤炭制品。

(3) 图书、报纸、杂志。

(4) 饲料、化肥、农药、农机、农膜。

(5) 国务院及其有关部门规定的其他货物。

纳税人兼营不同税率的货物或者劳务的,应当分别核算不同税率货物或者劳务的应税销售额。未分别核算销售额的,从高适用税率。

纳税人销售不同税率货物或者劳务,并兼营应属一并征收增值税的非应税劳务的,其非应税劳务应从高适用税率。

(三) 零税率

纳税人出口货物,税率为零。但是,国务院另有规定的除外。

(四) 征收率

增值税对小规模纳税人采用简易征收办法,对小规模纳税人适用的税率称为征收率。

考虑到小规模纳税人经营规模小，且会计核算不健全，难以按上述增值税税率计税和使用增值税专用发票抵扣进项税款，因此实行按销售额与征收率计算应纳税额的简易办法。自2009年1月1日起，小规模纳税人增值税征收率由过去的6%和4%一律调整为3%，不再设置工业和商业两档征收率。征收率的调整，由国务院决定。

第二节　一般纳税人应纳税额的计算

一、一般纳税人应纳税额的计算

我国目前对一般纳税人采用的计税方法是国际上通行的购进扣税法，即先按当期销售额和适用税率计算出销项税额，然后对当期购进项目已经缴纳的税款进行抵扣，从而间接计算出对当期增值额部分的应征税额。

（一）销项税额的计算

销项税额是指纳税人销售货物或提供应税劳务，按照销售额或提供应税劳务收入和适用税率计算并向购买方收取的增值税税额。销项税额的计算公式如下：

销项税额＝销售额×适用税率

1. 一般销售方式下的销售额

销售额是指纳税人销售货物或提供应税劳务时向购买方收取的全部价款和价外费用。由于增值税采用价外计税方式，用不含税价格作为计税依据，因而销售额中不包括向购买方收取的销项税额。

价外费用，包括价外向购买方收取的手续费、补贴、基金、集资费、返还利润、奖励费、违约金、滞纳金、延期付款利息、赔偿金、代收款项、代垫款项、包装费、包装物租金、储备费、优质费、运输装卸费及其他各种性质的价外收费。但下列项目不包括在内。

(1) 受托加工应征消费税的消费品所代收代缴的消费税。

(2) 同时符合以下条件的代垫运输费用：

① 承运部门的运输费用发票开具给购买方的；

② 纳税人将该项发票转交给购买方的。

(3) 同时符合以下条件代为收取的政府性基金或行政事业性收费：

① 由国务院或财政部批准设立的政府性基金，由国务院或者省级人民政府及其财政、价格主管部门批准设立的行政事业性收费；

② 收取时开具省级以上财政部门印制的财政票据；

③ 所收款项全额上缴财政。

(4) 销售货物的同时因代办保险等而向购买方收取的保险费，以及向购买方收取的代购买方缴纳的车辆购置税、车辆牌照费。

凡随同销售货物或提供应税劳务向购买方收取的价外费用，无论其会计制度如何核算，均应并入销售额计算应纳税额。上述四项允许不计入价外费用，是因为在满足了上述相关条件后可以确认销售方在其中仅是代为收取有关费用，这些价外费用并未能形成销售方的收入。

增值税一般纳税人向购买方收取的价外费用和逾期的包装物押金，应视为含税收入，在征税时应换算为不含税收入，再并入销售额。

2. 特殊销售方式下的销售额

在不同销售方式下，销售方取得的销售额会有所不同。税法对几种具体销售方式分别作了相应规定。

(1) 采取折扣方式销售货物。在现实经济活动中，纳税人采取的折扣方式一般可区分为折扣销售、销售折扣、销售折让三种形式。

① 折扣销售，又称商业折扣，是指卖方在销售货物或应税劳务时，因买方购货数量较大等原因而给予购货方的价格优惠。税法规定，如果销售额和折扣额在同一张发票上分别注明，可按折扣后的销售额征收增值税；如果将折扣额另开发票，不论其在财务核算上如何处理，均不得从销售额中减除折扣额。另外，折扣销售仅限于货物价格的折扣。如果销售方将自产、委托加工或购买的货物用于实物折扣的，该实物款额则不能从货物销售额中减除，且该实物应按“视同销售货物”中的“赠送他人”计算征收增值税。

② 销售折扣，又称现金折扣，是指卖方为鼓励买方尽早付清货款而在协议中许诺在价格方面给予买方的一种折扣优惠。由于这种折扣是在销售货物之后发生的，属于企业融资行为。这种折扣额是一种融资性质的理财费用，因此不得从销售额中减除。

③ 销售折让，是指货物卖出后买方发现其品种、质量有问题，但没有提出退货，而是要求卖方给予一定的价格折让。销售折让实质上属于因货物质量、品种等不符合要求而导致原销售额减少，所以，应以折让后的销售额作为计税销售额。

(2) 采取以旧换新方式销售货物。应按新货物的同期销售价格确定计税销售额，不得减除旧货物的收购额。但对金银首饰的以旧换新业务，允许按销售方实际收取的不含增值税的全部价款征收增值税。

(3) 采取还本销售方式销售货物。其销售额就是销售货物的价格，不得从销售额中减除还本支出。

(4) 采取以物易物方式销售货物。购销双方都应做购销处理，以各自发出的货物核算销售额并计算销项税额，以各自收到的货物核算购货额并计算进项税额。

(5) 包装物押金。纳税人为销售货物而出租出借包装物而收取的押金，单独记账核算的，时间在一年以内，又未逾期的，不并入销售额征税，但对因逾期未收回包装物而不再退还的押金，应按所包装货物的适用税率计算销项税额。由于包装物押金属于价外费用，应将其视为含税收入，需将其换算为不含税收入，再并入销售额征税。

(6) 纳税人销售货物或提供应税劳务的价格明显偏低且无正当理由的，或视同销售货物行为而无销售额者，按下列顺序确定其销售额。

① 按纳税人最近时期同类货物的平均销售价格确定。

② 按其他纳税人最近时期同类货物的平均销售价格确定。

③ 按组成计税价格确定。组成计税价格的计算公式如下：

$$组成计税价格=成本\times(1+成本利润率)+消费税税额$$

或

$$组成计税价格=成本\times(1+成本利润率)\div(1-消费税税率)$$

公式中的成本，销售自产货物的为实际生产成本，销售外购货物为实际采购成本。成本利润率由国家税务总局确定。

3. 含税销售额的换算

对于一般纳税人销售货物或者提供应税劳务，采用销售额和销项税额合并定价方法的，按下列公式计算销售额。

$$销售额=含税销售额\div(1+增值税税率)$$

【例 2-1】 甲商店向消费者销售电视机，某月销售 100 台，每台含税销售价为 1 170 元，增值税税率为 17%。计算该商场这个月的销售额和销项税额。

解答：

该商场这个月的销售额和销项税额分别为：

不含税销售额＝(100×1 170)÷(1＋17%)＝100 000(元)

销项税额＝100 000×17%＝17 000(元)

(二) 进项税额的计算

进项税额是指纳税人购进货物或接受应税劳务所支付或负担的增值税税额。

1. 准予从销项税额中抵扣的进项税额

(1) 从销售方取得的增值税专用发票上注明的增值税税额。

(2) 从海关取得的海关进口增值税专用缴款书上注明的增值税税额。

(3) 购进农产品，除取得增值税专用发票或海关进口增值税专用缴款书外，按照农产品收购发票或销售发票上注明的农产品买价和 13%的扣除率计算的进项税额。其进项税额计算公式如下：

$$进项税额=买价\times扣除率$$

所谓农产品，是指直接从事植物的种植、收割和动物的饲养、捕捞的单位和个人销售的自产且免征增值税的农业产品。农业产品的具体范围按照 1995 年财政部、国家税务总局印发的《农业产品征税范围注释》执行。

(4) 购进或者销售货物及在生产经营过程中支付运输费用的，按照运输费用结算单据上注明的运输费用金额和 7%的扣除率计算的进项税额。其进项税额计算公式如下：

$$进项税额=运输费用金额\times扣除率$$

这里所称运输费用结算单据是指，国有铁路、民用航空、公路和水上运输单位开具的货票，以及从事货物运输的非国有运输单位开具的套印全国统一发票监制章的货票。所称运费金额，是指运输费用结算单据上注明的运输费用和建设基金，不包括装卸费、保险费等其他杂费。

(5) 混合销售和兼营非应税劳务进项税额的抵扣。对确定为混合销售和兼营非应税劳务，并按规定应当征收增值税的，该混合销售所涉及的非应税劳务和兼营非应税收劳务所用的购进货物的进项税额，凡从销售方取得注明已纳增值税专用发票及从海关取得注明已纳增值税完税凭证的，可从销项税额中抵扣。

(6) 自2009年1月1日起，一般纳税人购进（包括接受捐赠、实物投资、融资性售后回租业务中承租方购入）或者自制（包括改扩建、安装）固定资产发生的进项税额，凭增值税专用发票、海关进口增值税专用缴款书和运输费用结算单据（简称"增值税扣税凭证"）从销项税额中抵扣。

2. 不得从销项税额中抵扣的进项税额

纳税人购进货物或应税劳务，取得的增值税扣税凭证不符合法律、行政法规或者国务院税务主管部门有关规定的，其进项税额不得从销项税额中抵扣。所称增值税扣税凭证，是指增值税专用发票、海关进口增值税专用缴款书、农产品收购发票和农产品销售发票及运输费用结算单据。

下列项目的进项税额不得从销项税额中抵扣：

(1) 用于非增值税应税项目、免征增值税项目、集体福利或个人消费的购进货物或应税劳务。

(2) 非正常损失的购进货物及相关的应税劳务。

(3) 非正常损失的在产品、产成品所耗用的购进货物或应税劳务。

(4) 国务院财政、税务主管部门规定的纳税人自用消费品。

(5) 上述四项规定的货物的运输费用和销售免税货物的运输费用。

(6) 纳税人已抵扣进项税额的固定资产发生上述情形的，应按当月下列公式计算不准抵扣的进项税额。

$$不得抵扣的进项税额=固定资产净值\times适用税率$$

(7) 纳税人购入的自用应征消费税的摩托车、汽车、游艇，其进项税额不得从销项税额中抵扣。

(8) 一般纳税人兼营免税项目或非增值税应税劳务而无法划分不得抵扣的进项税额的，按下列公式计算不得抵扣的进项税额。

不得抵扣的进项税额＝当月无法划分的全部进项税额×（当月免税项目销售额、非增值税应税劳务营业额合计）/（当月全部销售额、营业额合计）

(9) 因购进货物退回或折让而收回的增值税税额，应从发生购进货物退回或折让当期的进项税额中扣减。

如果已抵扣进项税额的购进货物或应税劳务发生上述(1)～(4)项情况的，应当将该项购进货物或应税劳务的进项税额从当期的进项税额中扣减；无法确定该项进项税额的，按当期实际成本计算应扣减的进项税额。

【例 2-2】 甲企业是增值税一般纳税人，2012年5月有关生产经营业务如下：

(1) 从乙公司购进生产用原材料，取得乙公司开具的增值税专用发票，注明货款2 000 000元、增值税340 000元。合同约定运输由该企业自己负责，乙公司支付运输公司运费50 000元，取得普通发票。

(2) 从丙公司购进维修设备用零部件，由于丙公司为小规模纳税人取得丙公司开具的普通发票，注明价款117 000元。

(3) 从农业生产者手中购进免税农产品，收购凭证上注明收购货款是500 000元。委托运输公司运输，取得了货运发票，发票注明运费 20 000 元、建设基金 1 000 元、装卸费 2 000元、保险费 500 元。

要求：计算该企业当月可以抵扣的进项税额。

解答：

(1) 从乙公司取得了增值税专用发票，可以凭票扣税；支付运输费根据从运输公司取得的普通发票上的运输费计算抵扣 7%。

进项税额＝340 000＋50 000×7%＝343 500(元)

(2) 由于从丙公司取得的是普通发票，所以不能抵扣进项税额。

(3) 购进免税农产品，可以按收购凭证注明的收购价款计算抵扣 13%；支付运输费根据从运输公司取得的货运发票上的运输费与建设基金可以计算抵扣 7%，而装卸费和保险费不能计算抵扣。

进项税额＝500 000×13%＋(20 000＋1 000)×7%＝66 470(元)

当月可以抵扣的进项税额＝343 500＋66 470＝409 970(元)

（三） 应纳税额的计算

增值税一般纳税人销售货物或者提供应税劳务的应纳税额应当等于当期销项税额抵扣当期进项税额后的余额。其计算公式如下：

当期应纳税额＝当期销项税额－当期进项税额

如果当期销项税额小于当期进项税额，其不足抵扣的进项税额结转下期抵扣。

【例 2-3】某厂为一般纳税人，11 月份销售产品，开出增值税专用发票，销售额 120 000 元，销项税额 20 400 元；销售给小规模纳税人产品，开普通发票，销售额 40 000 元(含税)；将一批成本 100 000 元的产品对外投资。当月购料，取得专用发票，价款 60 000 元，税额 10 200 元；购进免税农产品 25 000 元；当月用水 27 600 元，专用发票注明税额 3 588 元；购进设备一台，价款 55 000 元，专用发票注明税额 9 350 元。计算该企业当月应交增值税。

解答：

(1) 销项税额的计算：

销售给小规模纳税人销项税额＝40 000÷(1＋17%)×17%＝5 812(元)

投资产品销项税额＝100 000×(1＋10%)×17%＝18 700(元)

销项税额合计＝20 400＋5 812＋18 700＝44 912(元)

(2) 允许抵扣的进项税额的计算：

允许抵扣的进项税额合计＝10 200＋25 000×13%＋3 588＋9 350＝26 388(元)

(3) 应纳税额的计算：

应纳税额＝44 912－26 388＝18 524(元)

二、小规模纳税人应纳税额的计算

小规模纳税人销售货物或应税劳务，实行简易办法计算应纳税额，即按照销售额和规定的征收率计算应纳税额，不得抵扣进项税额。其应纳税额的计算公式如下：

应纳税额＝销售额×征收率

公式中的销售额按一般纳税人的规定办理。

小规模纳税人销售货物或应税劳务采用销售额和应纳税额合并定价方法的，按下列公式计算销售额。

不含税销售额＝含税销售额÷(1＋征收率)

小规模纳税人因销货退回或折让退还给购买方的销售额，应从发生销货退回或折让当期的销售额中冲减。

【例 2-4】 甲企业为一般纳税人向某个体商店(小规模纳税人)销售商品，开具普通发票。发票上采用销售额和销项税额合并定价方法，注明交易额为 20 000 元。

解答：

该企业在计算应纳税额时，就要进行以下换算和计算：

换算为不含税销售额＝20 000÷(1＋17%)＝17 094(元)

计算销项税额＝17 094×17%＝2 906(元)

三、进口货物应纳税额的计算

纳税人进口货物，按组成计税价格和规定的税率计算应纳税额，不得抵扣任何税额。其计算公式如下：

组成计税价格＝关税完税价格＋关税＋消费税

应纳税额＝组成计税价格×税率

【例 2-5】 某外贸公司当月进口 20 辆小轿车，每辆关税完税价格为 8 万元(人民币，下同)，该公司当月售出其中 18 辆，每辆价税合并售价为 24 万元。已知小轿车每辆关税为 6.4 万元，消费税税率为 5%，增值税税率为 17%。

要求：计算该公司当月销售小轿车应纳增值税税额(保留小数点后两位数字)。

解答：

当月进口小轿车应纳增值税税额＝(关税完税价格＋关税＋消费税)×税率

＝[8×20＋6.4×20＋(8×20＋6.4×20)÷(1－5%)×5%]×17%＝51.54(万元)

当月销售小轿车销项税额＝18×24÷(1＋17%)×17%＝62.77(万元)

当月销售小轿车应纳增值税税额＝62.77－51.54＝11.23(万元)

四、出口退(免)税

出口货物退(免)税是指对出口货物已承担或应承担的增值税和消费税等间接税实行退还或免征，目的在于鼓励出口货物以不含税价格进入国际市场，实现公平竞争。目前它已经成为国际社会通行的惯例。

(一) 出口货物退(免)税的基本政策

目前，我国的出口货物税收政策分为以下三种形式。

1. 出口免税并退税

出口免税是指对货物在出口环节不征增值税、消费税，这是把货物出口环节与出口前实际承担的间接税税负，按规定的退税率计算后予以退还。

2. 出口免税不退税

出口免税与上述第1项的含义相同。出口不退税是指适用这个政策的出口货物因在前一道生产、销售环节或进口环节是免税的，因此，出口时该货物的价格中本身就不含税，因而无须退税。

3. 出口不免税也不退税

出口不免税是指对国家限制或禁止出口的某些货物的出口环节视同内销环节，照常征税；出口不退税是指对这些货物出口不退还出口前其所负担的税款。

（二） 出口货物退（免）税的适用范围

可以退（免）税的出口货物一般应具备以下四个条件：

(1) 必须是属于增值税、消费税征税范围的货物；

(2) 必须是报关离境的货物；

(3) 必须是在财务上作销售处理的货物；

(4) 必须是出口收汇并已核销的货物。

（三） 出口货物的退税率

出口货物的退税率，是出口货物的实际退税额与退税计税依据的比例。现行出口货物的增值税退税率有17%、15%、14%、13%、11%、9%、8%、6%、5%等。

（四） 出口货物退税的计算方法

我国现行增值税的出口退税制度是根据纳税人和出口贸易方式的不同，实行不同的退税办法，其退税额的计算方法也不相同。

(1) 以进定退法。也称为退（免）税办法，即对出口商品流通所经过的国内最后环节所产生的增值额免征增值税，对出口商品中所包含的进项税额按现行退税率予以退税。该办法主要适用于专业外贸公司收购出口的应税商品。

(2) “免、抵、退”法。即对出口商品流通所经过的国内最后环节所产生的增值额免征增值税，对出口商品中所含前期购进的增值税进项税款顶抵国内销售所发生的增值税应纳税额，对不足以顶抵的部分予以退税。该办法适用于有进出口经营权的生产企业自营出口或委托出口的自产商品。

(3) 不征不退法，也称免税法。即对出口商品流通所经过的国内最后环节所产生的增值额免征增值税，而对出口商品中所含前期购进的增值税进项税款，包括耗用的购进原材料、零部件、燃料和动力等发生的全部进项税额，以及运输费用，不能从内销货物的销项税额中抵扣，而应计入产品成本处理。适用该办法的主要是免税货物和国务院规定出口免税的货物。

第三节　增值税的会计处理

一、增值税核算的账户设置

增值税纳税人划分为一般纳税人和小规模纳税人，一般纳税人采取规范的核算办法，而小规模纳税人则采取简易核算办法，所以两者在账户设置和会计核算上亦有所不同。

（一）一般纳税人的账户设置

一般纳税企业应交的增值税，在“应交税费”账户下设置“应交增值税”和“未交增值税”两个明细账户进行核算。

1. “应交增值税”明细账户

“应交增值税”明细账户的借方发生额，反映企业购进货物、接受应税劳务所支付的进项税额和实际已交纳的增值税税额以及月末转入“未交增值税”明细账户当月发生的应交未交的增值税税额；贷方发生额，反映企业销售货物、提供应税劳务应缴纳的增值税税额、出口货物退税、转出已支付的增值税以及月末转入“未交增值税”明细账的当月多交的增值税；该账户的期末借方余额，反映企业尚未抵扣的增值税税额。

为了详细核算企业应交增值税的计算和上缴、抵扣等情况，企业应在“应交增值税”明细账户下设置“进项税额”、“已交税金”、“减免税款”、“出口抵减内销产品应纳税额”、“转出未交增值税”、“销项税额”、“出口退税”、“进项税额转出”、“转出多交增值税”等专栏。“应交税金——应交增值税”账户格式如表 2-1 所示。

表 2-1　应交税费——应交增值税

借方						贷方						
合计	进项税额	已交税金	减免税款	出口抵减内销产品应纳税额	转出未交增值税	合计	销项税额	出口退税	进项税额转出	转出多交增值税	借或贷	余额

① “进项税额”专栏，记录企业购入货物或接受应税劳务而支付的、按规定准予从销项税额中抵扣的增值税税额。企业购入货物或接受应税劳务支付的进项税额，用蓝字登记；退回所购货物应冲销的进项税额，用红字登记。

② “已交税金”专栏，记录企业本月已交纳的增值税税额。企业本月已交纳的增值税税额用蓝字登记；退回本月多交的增值税税额，用红字登记。

③ “减免税款”专栏，记录企业按规定享受直接减免的增值税税款。

④ “出口抵减内销产品应纳税额”专栏，记录企业按规定的退税率计算的出口货物的进项税额抵减内销产品的应纳税额。

⑤ “转出未交增值税”专栏，记录企业月终转出应交未交的增值税。月终企业转出当月发生的应交未交的增值税税额，用蓝字登记。

⑥“销项税额”专栏,记录企业销售货物或提供应税劳务应收取的增值税税额。企业销售货物或提供应税劳务应收取的增值税税额,用蓝字登记;销货退回应冲销的销项税额,用红字登记。

⑦“出口退税”专栏,记录企业出口适用规定退税率的货物,向海关办理出口退税而收到退回的税款。出口货物退回的增值税税额,用蓝字登记;出口货物办理退税后发生退货或者退关而补交已退的税款,用红字登记。

⑧“进项税额转出”专栏,记录企业的购进货物、在产品、产成品等发生非正常损失以及其他原因不应从销项税额中抵扣而按规定转出的进项税额。

⑨“转出多交增值税”专栏,记录企业月终转出本月多交的增值税。月终,企业转出本月多交的增值税税额用蓝字登记;收到退回本月多交的增值税税额用红字登记。

2.“未交增值税”明细账户

为了反映一般纳税企业上交增值税税款的情况,企业应在“应交税费”账户下设置“未交增值税”明细账户,核算企业月终时转入的应交未交增值税税额,或转入多交的增值税税额。借方登记月末从“应交税费——应交增值税(转出多交增值税)”专栏转入的当月多交增值税税额和当月上交以前月份应交而未交的增值税税额,贷方登记月末从“应交税费——应交增值税(转出未交增值税)”专栏转入的当月应交而未交的增值税税额。期末借方余额反映多交的增值税,贷方余额反映未交的增值税。

在上述会计核算方法下,月份终了,企业应将当月发生的应交未交增值税税额自“应交税费——应交增值税”账户转入“未交增值税”明细账户,借记“应交税费——未交增值税(转出未交增值税)”账户,贷记“应交税费——未交增值税”账户。将本月多交的增值税自“应交税费——应交增值税(转出多交增值税)”账户转入“应交税费——未交增值税”明细账户,借记“应交税费——未交增值税”账户,贷记“应交税费——应交增值税(转出多交增值税)”账户。应当指出,企业当月上交本月应交的增值税时,仍应借记“应交税费——应交增值税(已交税金)”账户,贷记“银行存款”账户。当月上交上月应交未缴的增值税,借记“应交税费——未交增值税”账户,贷记“银行存款”账户。

经过以上的会计核算,“应交税费——应交增值税”明细账户期末若有余额,必在借方,反映尚未抵扣的增值税税额。

(二) 小规模纳税人的账户设置

小规模纳税企业增值税的征收采取简易的征收办法,不实行抵扣制。因此,小规模纳税人增值税的会计核算,只需要设置“应交税费——应交增值税”明细账户。该账户采用三栏式账页格式,不需要在“应交税费——应交增值税”账户的借、贷方设置若干专栏。借方登记上缴的增值税,贷方登记当月销售货物或提供应税劳务应缴纳的增值税及销售退回红字冲销的增值税税额。期末余额一般在贷方,表示应交未交的增值税。

二、一般纳税人增值税的会计处理

(一) 进项税额的会计处理

企业关于增值税进项税额的核算,主要是纳税人外购货物或接受应税劳务而发生支付增值税的业务，根据《增值税暂行条例》及有关规定，应区别不同情况作相应的会计处理。

1. 国内购进货物进项税额的会计处理

一般纳税人在国内购入生产经营用材料，以取得的增值税专用发票上注明的增值税为进项税额。购进材料所支付的运输费用，准予根据运费结算单据（普通发票）所列金额的7%的扣除率计算抵扣进项税额，但随同运费支付的装卸费、保险费等其他杂费不得计算扣除进项税额。

根据运费结算单据计算抵扣进项税额时应注意下列问题。

(1) 准予作为抵扣凭证的运费结算单据（普通发票），是指国有铁路、民用航空、公路和水上运输单位开具的货票，以及从事货物运输的非国有运输单位开具的套印全国统一发票监制章的货票。从2003年11月1日起，提供货物运输劳务的纳税人必须经主管地方税务局认定方可开具货物运输业发票。凡未经地方税务局认定的纳税人开具的货物运输发票不得作为记账凭证和增值税抵扣凭证。

(2) 准予结算抵扣进项税的货物运费金额，是指在运输单位开具的货票上注明的运费和建设基金。随同运费支付的装卸费、保险费等其他杂费不得计算扣除进项税额。

(3) 抵扣率为7%。

进项税的计算公式如下：

进项税额＝运费和建设基金×扣除率

【例2-6】 甲公司2012年1月购入原材料一批，在取得的增值税专用发票上注明：原材料价款500 000元，增值税税额85 000元；为购该批材料发生运杂费3 200元，其中运费2 950元、建设基金50元、装卸费200元；发票等结算凭证已经收到，款项已通过银行转账支付。

解答：

甲公司的会计处理如下：

允许抵扣的进项税额＝85 000＋(2 950＋50)×7%＝85 210(元)

原材料的采购成本＝500 000＋(3 200－3 000×7%)＝502 990(元)

借：原材料　502 990

　　应交税费——应交增值税(进项税额)　85 210

　　贷：银行存款　588 200

2. 购入固定资产进项税额的会计处理

增值税一般纳税人购进、接受捐赠、接受投资或者自制、安装的固定资产发生的进项税额，可凭增值税专用发票、海关完税凭证以及根据运输费用结算单据计算的进项税额从销项税额中抵扣，其进项税额应当记入“应交税费——应交增值税(进项税额)”账户。

【例2-7】 甲公司购进设备一台，增值税专用发票注明价款30 000元，增值税税额5 100元。购入设备过程支付运输费用5 000元(假定可按扣除率7%计算进项税额)，安装费8 000元，取得合法发票，款项均以银行存款支付。

解答：

甲公司的会计处理如下：

允许抵扣的进项税额＝5 100＋5 000×7％＝5 450(元)

① 购入时

借：在建工程　　42 650

　　应交税费——应交增值税(进项税额)　　5 450

　　贷：银行存款　　48 100

② 到达预计可使用状态时

借：固定资产　　42 650

　　贷：在建工程　　42 650

需要说明的是，我国从2009年1月1日起实行消费型增值税，购入固定资产的进项税可以抵扣销项税，但准予抵扣的固定资产范围仅限于现行增值税征收范围内的固定资产。主要包括机器、机械、运输工具以及其他与生产、经营有关的设备、工具、器具。对于房屋、建筑物等不动产以及小轿车、摩托车和游艇等，则不属于准予抵扣的固定资产范围，虽然在会计准则中作为固定资产核算，但不能纳入增值税的抵扣范围，因此其进项税不得抵扣销项税，只能计入相关的固定资产成本。

【例2-8】甲公司购入小轿车一辆，买价200 000元，增值税34 000元，款已付，取得增值税专用发票一张。(假定不考虑其他税费)

解答：

甲公司会计处理如下：

借：固定资产　　234 000

　　贷：银行存款　　234 000

3. 购进免税农产品进项税额的会计处理

根据规定，购进免税农产品，应按照农产品收购发票或者销售发票上注明的农产品买价和13％的扣除率计算进项税额。在会计处理上，按买价扣除进项税额后的数额，借记"原材料"、"库存商品"等账户，按计算准予抵扣的进项税，借记"应交税费——应交增值税(进项税额)"账户，按应付或实际支付的价款，贷记"应付账款"、"银行存款"等账户。

【例2-9】乙公司为粮食加工企业，2011年2月从某农场收购小麦100吨，农场开具的普通发票上注明金额200 000元。

解答：

乙公司的会计处理如下：

购进免税农产品的进项税额＝200 000×13％＝26 000(元)

小麦的采购成本＝200 000－26 000＝174 000(元)

借：原材料　　174 000

　　应交税费——应交增值税(进项税额)　　26 000

　　贷：库存现金　　200 000

4. 支付水电费进项税额的会计处理

一般纳税人支付水费、电费，可以根据增值税专用发票注明的增值税税额进行税款抵扣。但用于非应税项目、免税项目、集体和个人消费的水电，其增值税的进项税不得计算抵扣。

【例2-10】甲公司5月份收到电力公司开来的电力增值税专用发票，因该公司生产用电与生活用电是一个电度表，增值税发票上的增值税税额中有属于职工个人消费的部分。5月份该公司用电总价20 000元，其中：生产用电的电价为18 000元，职工生活用电的电价为2 000元。电力公司开来增值税专用发票，电价20 000元，税额3 400元，价税合计23 400元。甲公司对职工个人用电的价税计算到人，在发工资时扣回。

解答：

甲公司在支付电费时，会计处理如下：

借：生产成本——辅助生产成本	18 000	
应交税费——应交增值税(进项税额)	3 060	
应付职工薪酬	2 340	
贷：银行存款		23 400

5．外购存货退货、折让进项税额的会计处理

(1) 购进货物发生退货时，购货方应区别下列两种不同情况进行会计处理。

① 购货方未付货款也未作账务处理。这种情况下，购货方只需将发票联和抵扣联退还给销货方即可，既然购货方进货后还未作会计处理，退货时也无须进行会计处理。如果是部分退货，将发票联和抵扣联退还给销货方后，由销货方按实际数量重新开具增值税专用发票，购货方也不用对退货进行会计处理，只按实购数量、金额进行会计处理即可。

② 购货方已付货款，或者货款未付但已作会计处理。这种情况下，发票联及抵扣联无法退还，购货方必须取得当地主管税务机关开具的"进货退回及索取折让证明单"送交销货方，作为销货方开具红字增值税专用发票的合法依据。购货方根据销货方转来的红字发票联、抵扣联，借记"应收账款"、"银行存款"账户，贷记"应交税费——应交增值税(进项税额)"(实际登账时，应以红字记入借方)、"材料采购"等账户。

【例2-11】 甲公司2011年2月份购进A材料20 000千克，买价100 000元，增值税进项税17 000元。取得的增值税专用发票上，材料已验收入库，货款尚未支付。

解答：

甲公司2011年2月材料验收入库时，作会计处理如下：

① 购入时

借：原材料——A材料	100 000	
应交税费——应交增值税(进项税额)	17 000	
贷：应付账款		117 000

② 假定3月份上述材料因质量问题部分退货，取得当地主管税务机关开具的"进货退出及索取折让证明单"送交销货方，退回材料的价款为5 000元，增值税税款850元，已收到对方开具的红字增值税专用发票。

解答：

甲公司会计处理如下：

借：原材料——A材料	[5 000]	
应交税费——应交增值税(进项税额)	[850]	
贷：应付账款		[5 850]

(2) 进货折让购入的货物，如果由于质量不符，经与销售方协商，给予一部分折让。在

采用验货付款的情况下，由于既未付款也未做会计处理，购货方应退回发票，由销货方按折让后的价款和税额重新开具发票。在采用验单付款的情况下，款已付而发票无法退回，购货方应向当地主管税务机关索取“证明单”，转交销货方，并根据销货方转来的红字发票联和抵扣联进行相应的会计处理。

【例 2-12】甲公司以前采用托收承付结算方式（验单付款）购入的材料 10 000 千克，每千克 2 元，共计货款 20 000 元，增值税进项税 3 400 元，材料验收入库时发现质量不符，经与销货方协商后同意折让 10%。

解答：

甲公司作会计处理如下：

① 材料验收入库，按扣除折让后的金额入账，并将证明单转交销货方时

借：原材料　　18 000

　　应收账款　　2 000

　　贷：在途物资　　20 000

② 收到销货方转来的折让金额红字增值税专用发票及款项时

借：银行存款　　[2 340]

　　应交税费——应交增值税（进项税额）　　[340]

　　贷：应收账款　　[2 000]

6. 投资转入货物进项税额的会计处理

投资者投入存货时，按投资合同或协议约定的价值，借记“原材料”、“周转材料”、“库存商品”等账户，按增值税专用发票上注明的增值税税额，借记“应交税费——应交增值税（进项税额）”账户，按投资者在企业注册资本中拥有的份额，贷记“实收资本”或“股本”账户，按上述账户的差额贷记“资本公积”账户。

【例 2-13】甲公司由 A、B、C 三位投资者共同投资设立，原注册资本为 30 000 000 元。为了扩大经营规模，甲公司决定增加注册资本 10 000 000 元。新增资本由 D 投资者以原材料投入。投资协议约定，D 投资者投入的原材料价值为 12 000 000 元，D 投资者在甲公司注册资本中所占比例为 25%。2011 年 3 月 1 日，甲公司收到 D 投资者投入的原材料，增值税专用发票上注明的价款为 12 000 000 元，增值税为 2 040 000 万元。投资协议约定价值是公允的。

解答：

甲公司作会计处理如下：

借：原材料　　12 000 000

　　应交税费——应交增值税（进项税额）　　2 040 000

　　贷：实收资本——D　　10 000 000

　　　　资本公积——资本溢价　　4 040 000

7. 接受企业捐赠货物进项税额的会计处理

企业接受捐赠转入的货物，按照捐赠确认的价值，借记“原材料”、“固定资产”等账户，按照专用发票上注明的增值税税额，借记“应交税费——应交增值税（进项税额）”账户，按其差

额贷记“营业外收入”账户。

【例 2-14】甲公司接受乙公司捐赠设备一台，收到增值税专用发票上注明设备价款100 000元，增值税税额 17 000 元。

解答：

甲公司作会计处理如下：

借：固定资产　　100 000

　　应交税费——应交增值税(进项税额)　　17 000

　　贷：营业外收入　　117 000

8. 接受应税劳务进项税额的会计处理

企业接受加工、修理修配劳务，按照增值税专用发票上注明的加工、修理修配费用，借记“委托加工物资”、“其他业务成本”等账户，按照增值税专用发票上注明的增值税税额，借记“应交税费——应交增值税(进项税额)”账户，按应付或实际支付的金额，贷记“应付账款”、“银行存款”等账户。

值得注意的是，对于接受应税劳务，确认准予抵扣的进项税额必须满足以下条件：一是必须用于应税项目的生产经营，如果用于非应税项目、免税项目、集体福利和个人消费，则不得抵扣进项税额；二是必须取得受托加工单位开具的增值税专用发票，否则不得抵扣进项税额；支付运费时，必须取得运输部门开具给本单位的运输发票，否则不得计算抵扣进项税额。

【例 2-15】丙公司委托丁公司将一批 A 材料加工成 B 材料。发出加工的 A 材料成本为 40 000 元，支付加工费 14 000 元(不含增值税)，支付增值税 2 380 元。

解答：

丙公司会计处理如下：

① 发出加工用原材料时

借：委托加工物资　　40 000

　　贷：原材料——A 材料　　40 000

② 支付加工费用和增值税时

借：委托加工物资　　14 000

　　应交税费——应交增值税(进项税额)　　2 380

　　贷：银行存款　　16 380

③ 收回加工完成的 B 材料时

借：原材料——B 材料　　54 000

　　贷：委托加工物资　　54 000

【例 2-16】丙公司 2011 年 5 月份支付生产用设备修理费并取得对方开具的增值税专用发票，注明修理费用 30 000 元，增值税税额 5 100 元，款项已支付。

解答：

丙公司会计处理如下：

借：管理费用　　30 000

　　应交税费——应交增值税(进项税额)　　5 100

　　贷：银行存款　　35 100

国外采购货物进项税额的会计处理企业进口货物增值税进项税的计算，是根据海关审定的关税完税价格，加上关税、消费税作为计税依据。一般纳税人应按照海关开具的"完税凭证"上注明的增值税税额，借记"应交税费——应交增值税(进项税额)"账户，按进口货物应计入采购成本的金额，借记"原材料"、"库存商品"等账户，按应付或实际支付的金额，贷记"应付账款"、"银行存款"等账户。

【例 2-17】丁公司为从事进出口贸易的企业。2011 年 4 月从国外购入 A 商品一批，到岸价为 1 000 000 美元，采用汇付结算方式，关税税率 50%，增值税税率 17%，另支付国内运杂费 5 000 元(其中运费 4 000 元，增值税进项税 280 元)。该企业开出人民币转账支票 6 800 000 元，从中国银行购入 1 000 000 美元，转入美元存款户。当日外汇即期汇率为 1∶6.8。

解答：

丁公司作会计处理如下：

① 买入外汇时

借：银行存款——美元户(USD1000000×6.8)　　6 800 000

　　贷：银行存款——人民币　　6 800 000

② 支付货款时

借：在途物资　　6 800 000

　　贷：银行存款——美元　　6 800 000

③ 支付进口关税和增值税时

应交关税税额＝6 800 000×50%＝3 400 000(元)

增值税进项税额＝(6 800 000＋3 400 000)×17%＝1 734 000(元)

借：应交税费——应交关税　　3 400 000

　　应交税费——应交增值税(进项税额)　　1 734 000

　　贷：银行存款　　5 134 000

借：在途物资　　3 400 000

　　贷：应交税费——应交关税　　3 400 000

④ 支付国内运杂费时

借：在途物资　　4 720

　　应交税费——应交增值税(进项税额)　　280

　　贷：银行存款　　5 000

⑤ 结转商品采购成本

借：库存商品　　10 204 720

　　贷：在途物资　　10 204 720

购进货物不得抵扣进项税额的会计处理。根据税法规定，增值税一般纳税人未按规定取得增值税扣除凭证，以及购入的货物用于非应税项目、免征项目、集体福利或者个人消费的进项税额不得从销项税额中抵扣。对发生上述业务，纳税人所支付的增值税税额不能在"应交税费——应交增值税(进项税额)"专栏中核算，而应将支付的增值税税额计入外购货物或应税劳务的成本之中。

【例 2-18】乙公司为增值税一般纳税人，2011 年 4 月发生以下三笔业务：

(1) 从小规模纳税人处购进原材料一批，价值 50 000 元，未取得增值税专用发票。

(2) 从某一般纳税人处购进原材料一批，买价 100 000 元，增值税 17 000 元。款已付并取得增值税专用发票一张，但因保管不善，增值税专用发票丢失。

(3) 购入商品一批，用于职工福利。该批商品的买价 30 000 元，增值税 5 100 元。款已付并取得增值税专用发票一张。

解答：

乙公司作会计分录如下：

① 从小规模纳税人处购进原材料未取得扣税凭证，其进项税额不得抵扣，则会计处理如下：

借：原材料　　50 000

　　贷：银行存款　　50 000

② 从一般纳税人处购进原材料未按规定保存扣税凭证，其进项税额不得抵扣，则会计处理如下：

借：原材料　　117 000

　　贷：银行存款　　117 000

③ 购入的货物用于集体福利或者个人消费，其进项税额不得抵扣，则会计处理如下：

借：应付职工薪酬　　35 100

　　贷：银行存款　　35 100

【例 2-19】乙公司 2011 年 4 月 20 日购入 A 材料 1 000 吨，每吨 500 元，计 500 000 元，进项税额 85 000 元，运费 40 000 元(按规定准予扣除的进项税为 2 800 元)，装卸费、保险费 6 800 元，款项已支付，材料当日到达。验收发现短少 48 吨，原因待查。

解答：

乙公司作会计分录如下：

记入待处理财产损益的金额＝48×500＋48×(37 200＋6 800)÷1 000＋48×(85 000＋2 800)÷1 000＝30 326.40(元)

借：原材料　　517 888

　　待处理财产损益　　30 326.40

　　应交税费——应交增值税(进项税额)　　83 585.60

　　贷：银行存款　　631 800

【例 2-20】上海某试点物流甲企业(增值税一般纳税人，之前无留抵税额)委托上海乙运输公司运输货物，取得乙企业开具的货物运输业增值税专用发票，税率 11%，价款 100 000元，注明的增值税税额为 11 000 元。(假设不存在其他情况)

解答：

该企业相关会计处理为：

借：主营业务成本　　100 000

　　应交税费——应交增值税(进项税额)　　11 000

　　贷：应付账款——乙企业　　111 000

(二) 进项税额转出的会计处理

企业购入的货物发生非常损失及改变用途等，其进项税额不得从销项税额中扣除。因为这些货物的增值税税额在其购入时已作为进项税额从当期的销项税额扣除了，故应将其从进项税额中转出，借记有关成本、费用、损失账户，贷记“应交税费——应交增值税(进项税额转出)”账户。另外，按我国现行出口退税政策规定，进项税额与出口退税的差额，也应作“进项税额转出”的会计处理。

1. 购入的货物改变用途进项税转出的会计处理

为生产、销售购入的货物，企业支付的增值税已经记入“进项税额”，若该货物购入后改变用途，不再用于生产后出售或转卖，而是用于非应税项目、免税项目、集体福利和个人消费等。此种情况下，销项税额不能形成，原已申报抵扣的进项税额不能抵减，只能转出。

【例 2-21】丙公司于 2011 年 5 月份基建工程领用生产用原材料 A 一批，A 材料实际成本为 1 000 000 元，增值税税率 17%。

解答：

丙公司会计处理如下：

进项税额转出的金额＝1 000 000×17%＝170 000(元)

借：在建工程　　1 170 000

　　贷：原材料——A 材料　　1 000 000

　　　　应交税费——应交增值税(进项税额转出)　　170 000

2. 购入的货物、在产品、库存商品发生非常损失进项税额转出的会计处理

因为发生非常损失，不能实现销售，不会产生销项税额，原已申报抵扣的进项税额不能抵减，只能转出。

【例 2-22】丁公司原材料发生非常损失，其实际成本为 5 000 元，该厂为一般纳税人，增值税税率为 17%。

解答：

会计处理如下：

转出进项税额＝5 000×17%＝850(元)

借：待处理财产损溢——待处理流动资产损溢　　5 850

　　贷：原材料　　5 000

　　　　应交税费——应交增值税(进项税额转出)　　850

(三) 销项税额的会计处理

1. 一般销售业务销项税额的会计处理

税法规定，销售货物或者提供应税劳务，纳税义务发生时间为收讫销售款或者取得索取销售款凭据的当天。而在不同的结算方式下，其纳税义务发生时间的具体规定又有所不同。

(1) 直接收款方式销售货物销项税额的会计处理

纳税人采取直接收款方式销售货物的，不论货物是否发出，纳税义务发生时间均为收到销售款或者索取销售款的凭据，并将提货单交给买方的当天。企业应根据销售结算凭证和银行存款进账单，借记“应收账款”、“银行存款”等账户，按照实现的销售收入，贷记“主营业务收入”等账户，按照规定收取的增值税税额，贷记“应交税费——应交增值税(销项税额)”账户。

【例 2-23】甲公司 2011 年 6 月份销售 A 产品一批，开出增值税专用发票上注明价款

600 000元，增值税税额 102 000 元。产品已经发出，货款以银行存款收讫。

解答：

甲公司作会计处理如下：

借：银行存款　　702 000

　　贷：主营业务收入　　600 000

　　　　应交税费——应交增值税(销项税额)　　102 000

(2) 托收承付和委托收款方式销售产品的会计处理

企业采用委托收款或托收承付结算方式销售产品，尽管结算程序不同，但按增值税法规定，均应于发出商品并向银行办妥托收手续的当天，确认销售实现并发生纳税义务。企业应根据委托收款或托收承付结算凭证和发票，借记“应收账款”，贷记“应交税费——应交增值税(销项税额)”、“主营业务收入”。

【例 2-24】甲公司采取托收承付结算方式向某企业销售产品一批，开出的增值税专用发票上注明价款为 10 000 元，增值税税款为 1 700 元，已向银行办妥托收手续。

解答：

会计处理如下：

借：应收账款　　11 700

　　贷：主营业务收入　　10 000

　　　　应交税费——应交增值税(销项税额)　　1 700

(3) 采用赊销和分期收款方式销售产品的会计处理

采用赊销和分期收款方式销售产品，按增值税法的规定，销售实现并发生纳税义务和开具增值税专用发票的时间为合同约定收款日期的当天。发出商品时，借记“发出商品”，贷记“库存商品”，按合同约定收款日期开具增值税专用发票，并按增值税专用发票上的金额，借记“银行存款”或“应收账款”，贷记“应交税费——应交增值税(销项税额)”、“主营业务收入”。

【例 2-25】甲企业以分期收款方式销售产品 1 000 箱。每箱 90 元，产品实际成本为 81 000元，增值税税额为 15 300 元，按合同规定，从 6 月份开始平均分 3 个月收款。

解答：

甲企业会计处理如下：

发出商品时：

借：发出商品　　81 000

　　贷：库存商品　　81 000

在合同约定的收款日期开具增值税专用发票(或普通发票)，并计算增值税销项税额：

借：银行存款　　35 100

　　贷：主营业务收入　　30 000

　　　　应交税费——应交增值税(销项税额)　　5 100

同时，结转相应的成本：

借：主营业务成本　　27 000

　　贷：发出商品　　27 000

以后两期的会计处理同上。

(4) 预收货款方式销售货物

销项税额的会计处理纳税人采取预收货款方式销售货物,纳税义务发生时间为货物发出的当天。因此,纳税人在收到预收款项时,借记"银行存款"账户,贷记"预收账款"账户;在发出商品时,确认收入和补收货款,借记"预收账款"、"银行存款"等账户,贷记"主营业务收入"、"应交税费——应交增值税(销项税额)"账户,同时结转成本。

【例 2-26】 甲公司以预收账款方式销售 C 产品一批,2011 年 8 月份收到预收货款60 000元;当年 9 月 1 日发出 C 产品,实际成本 80 000 元,不含税售价 100 000 元,增值税税额17 000元,当日收到对方补付的货款。

解答:

甲公司会计处理如下:

8 月收到预收货款时

借:银行存款　　60 000

　贷:预收账款　　60 000

9 月 1 日发出产品、补收货款时

借:预收账款　　60 000

　　银行存款　　57 000

　贷:主营业务收入　　100 000

　　　应交税费——应交增值税(销项税额)　　17 000

结转成本时

借:主营业务成本　　80 000

　贷:库存商品——C 产品　　80 000

2. 视同销售行为销项税额的会计处理

(1) 将货物交付他人代销。会计处理上,委托代销有两种方式:视同买断方式和收取手续费方式。在视同买断方式下,将货物交付代销方时,委托方应当按照销售商品收入确认条件确认收入。在收取手续费方式下,将货物交付代销方时,委托方应借记"委托代销商品",贷记"库存商品",不确认收入。当委托方收到受托方开来的代销清单时,根据代销清单列的已售商品金额确认收入。

(2) 销售代销货物。受托方销售代销货物的会计处理也要看委托代销的方式是视同买断方式还是收取手续费方式而定。在视同买断方式下,受托方销售代销货物时,应当按照销售商品收入确认条件确认收入。在收取手续费方式下,受托方销售代销货物时,按收取的手续费,作为劳务收入确认入账,不确认销售商品收入。

(3) 设有两个以上机构并实行统一核算的纳税人,将货物从一个机构移送其他机构(不在同一县市)用于销售。对于税法上规定的这种视同销售行为,会计上通常不作账务处理。

(4) 将自产或委托加工的货物用于非应税项目。增值税的应税项目包括:销售或者进口货物;提供加工、修理修配劳务。对于制造业企业来说,增值税的非应税项目主要是指生产增值税应税产品以外的项目。以将自产货物用于在建工程为例,《企业会计准则——应用指南》中提到"企业自营的在建工程领用工程物资、本企业原材料或库存商品的,借记'在建工程'科目,贷记'工程物资'、'原材料'、'库存商品'等科目"。据此,自产或委托加工的货物用于非应税项目的会计处理不需要确认销售收入,直接结转货物成本,按计税价格计算销项税。

（5）将自产、委托加工或购买的货物作为投资。《企业会计准则——应用指南》规定：除同一控制下合并以外，非同一控制下企业合并或其他方式取得长期股权投资涉及以库存商品等作为对价的，应按库存商品的公允价值，贷记“主营业务收入”科目，并同时结转相关的成本。推而广之，这类视同销售行为的会计处理应按公允价值确认销售收入，并同时结转销货成本。

【例 2-27】甲公司为增值税一般纳税人，本期以库存商品对乙公司进行投资，双方协商按成本作价。该批商品的取得成本为 800 000 元，计税价格为 1 000 000 元。假设该批产品的增值税税率为 17%。根据上述业务，作账务处理。

解答：

该公司应作如下账务处理：

借：长期股权投资　　1 170 000

　贷：主营业务收入　　1 000 000

　　　应交税费——应交增值税（销项税额）　　170 000

同时结转成本

借：主营业务成本　　800 000

　贷：库存商品　　800 000

（6）将自产、委托加工或购买的货物分配给股东或投资者。应按对外销售进行会计处理，即按含增值税的销售价格，借：应付股利或应付利润，贷：主营业务收入（其他业务收入）应交税费——应交增值税（销项税额），借：主营业务成本（其他业务成本），贷：库存商品。

（7）将自产、委托加工的货物用于集体福利或个人消费。企业以其自产产品作为非货币性福利发放给职工的，应当根据受益对象，按照该产品的公允价值，计入相关资产成本或当期费用，同时确认应付职工薪酬。

【例 2-28】甲公司有职工 200 名，其中一线生产工人 170 名，总部管理人员 30 名。2010 年 2 月，甲公司决定以其自产的一批产品作为集体福利发放给职工，每人一件。该批产品单位成本为 8 000 元，单位计税价格（公允价值）为 10 000 元，适用的增值税税率为 17%。

解答：

甲公司决定发放自产产品时应作如下账务处理：

计入生产成本的金额＝170×10 000×（1＋17%）＝1 989 000（元）

计入管理费用的金额＝30×10 000×（1＋17%）＝351 000（元）

借：生产成本　　1 989 000

　　管理费用　　351 000

　贷：应付职工薪酬　　2 340 000

对应的，实际发放自产产品时，按公允价值确认销售收入，并按实际成本结转成本：

借：应付职工薪酬　　2 340 000

　贷：主营业务收入　　2 000 000

　　　应交税费——应交增值税（销项税额）　　340 000

借：主营业务成本　　1 600 000

　贷：库存商品　　1 600 000

(8) 将自产、委托加工或购买的货物无偿赠送他人。纳税人将自产、委托加工或购买的货物无偿赠送他人，税法规定不能确认收入，但应视同销售货物计算缴纳增值税。在移送货物时，按同类货物的成本价和销项税额，借记“营业外支出”等账户；按所赠货物的成本价(或组成计税价格)，贷记“产成品”、“原材料”等账户；按同类货物的销售价格乘以规定增值税税率计算的销项税额，贷记“应交税费——应交增值税(销项税额)”账户。

3. 包装物销售以及没收包装物销项税额的会计处理

(1) 随同产品销售但单独计价的包装物，其收入计入其他业务收入。按应收或实际收到的全部价款，借记“银行存款”、“应收账款”等账户，按应确认的收入，贷记“其他业务收入”账户，按规定应缴的增值税税额，贷记“应交税费——应交增值税(销项税额)”账户。

【例 2-29】 甲企业销售B商品一批，价款为400 000元，随同商品出售但单独计价的包装物为1 000个，每个售价2元，货款未收。增值税税率为17%。

解答：

该企业会计处理如下：

增值税的销项税额=(400 000+1 000×2)×17%=68 340(元)

借：应收账款　　470 340

　　贷：主营业务收入　　400 000

　　　　其他业务收入　　2 000

　　　　应交税费——应交增值税(销项税额)　　68 340

(2) 随同产品出售，包装物出租销项税额的会计处理。随同产品出售，包装物租金属于价外费用，应并入销售额计算销项税额，价外费用属于含税收入，在征税时应换算成不含税收入计税。

【例 2-30】 某工厂销售给某企业产品一批，货款为30 000元，增值税税额为5 100元，并出租包装物100个，共计租金2 340元，款项已收妥入账。

解答：

该企业会计处理如下：

销项税额=5 100+2 340÷(1+17%)×17%=5 440(元)

借：银行存款　　37 440

　　贷：主营业务收入　　30 000

　　　　其他业务收入　　2 000

　　　　应交税费——应交增值税(销项税额)　　5 440

(3) 包装物收取押金销项税额的会计处理。纳税人为销售货物而出租出借包装物收取的押金，单独记账核算的，不并入销售额征税。但对因逾期未收回包装物而不再退还的押金，应按所包装货物适用的税率计算销项税额。规定中的“逾期”是指以一年为限，对于收取一年以上的押金，无论今后是否退还均应并入当期销售额征税。此外，销售酒类产品收取的包装物押金又分为两种情况：一是啤酒、黄酒，其会计核算与一般押金会计处理相同；二是其他酒类产品的押金，无论该押金是否返还以及会计上如何核算，均应并入当期销售额征税。

【例 2-31】 某企业销售产品一批，所开具的增值税专用发票上注明价款20 000元，增值税税额3 400元。随货出租包装物押金为1 170元，包装物成本为800元，双方约定包装物一个月后退还，全部款项已入账。

解答：

该企业会计处理如下：

销售产品时：

借：银行存款　　24 570

　　贷：主营业务收入　　20 000

　　　　应交税费——应交增值税(销项税额)　　3 400

　　　　其他应付款　　1 170

一个月后包装物未收回，企业将押金没收，会计处理如下：

借：其他应付款　　1 170

　　贷：应交税费——应交增值税(销项税额)　　170

　　　　其他业务收入　　1 000

借：其他业务成本　　800

　　贷：库存商品——包装物　　800

4. 特殊销售方式下销项税额的会计处理

(1) 折扣方式销售货物的会计处理

第一种方法：折扣在交易发生时已经确定，购销双方不反映折扣额，双方均按扣减折扣额后的余额计价入账。会计处理同一般销售业务。

【例 2-32】甲公司 2011 年 3 月份销售 B 产品 1 000 件，价目表中标明不合税售价为 950 元/件，因购买数量较大给予 10%的折扣，折扣额与销售额在同一张发票上注明，货款尚未收到。

解答：

甲公司会计处理如下：

借：应收账款　　1 000 350

　　贷：主营业务收入　　855 000

　　　　应交税费——应交增值税(销项税额)　　145 350

第二种方法：现金折扣应视为一种理财费用，直接计入当期损益，而不是冲减销售收入和销项税额。在存在现金折扣的情况下，应收账款的入账金额有两种不同的确认方法，即总价法和净价法。我国会计实务中规定采用总价法。即在销售业务发生时，以未扣减现金折扣的销售价格确认销售收入、销项税额和应收账款，而发生现金折扣，则通过“财务费用”进行核算，不调整已入账的销售收入和销项税额。

【例 2-33】承上例，甲公司为对方规定的现金折扣条件为 2/10、*n*/30，其他条件不变。甲公司于 10 日内收到货款时，作会计处理如下：

借：银行存款　　980 343

　　财务费用　　20 007

　　贷：应收账款　　1 000 350

甲公司于 10 日后收到货款时

借：银行存款　　1 000 350

　　贷：应收账款　　1 000 350

(2) 销售折让的会计处理

销售折让可能发生在确认收入之前，也可能发生在确认收入之后。如是前者，销售折让相当于商业折扣,无须进行会计处理;如为后者,会计处理上在销售折让实际发生时,直接冲减发生当期的销售收入。如按规定允许扣减当期销项税额,应同时冲减销项税额。

【例 2-34】甲公司 2011 年 8 月 5 日向乙公司销售一批商品,增值税专用发票上注明的售价 30 000 元,增值税税额 5 100 元,货到后买方发现商品质量不合格。9 月 1 日,经双方协商,甲公司同意在价格上给予 5%的折让。9 月 15 日,甲公司收到款项并存入银行。

解答:

甲公司的会计处理如下:

① 8 月 5 日销售实现时

借:应收账款　　35 100

　贷:主营业务收入　　30 000

　　　应交税费——应交增值税(销项税额)　　5 100

② 9 月 1 日发生销售折让时

借:主营业务收入　　1 500

　应交税费——应交增值税(销项税额)　　255

　贷:应收账款　　1 755

③ 9 月 15 日收到款项时

借:银行存款　　33 345

　贷:应收账款　　33 345

(3) 销售退回的会计处理

销售退回,是指企业售出的商品由于质量、品种不符合要求等原因而发生的退货。对于销售退回,企业应分别就不同情况进行会计处理。

对于未确认收入的售出商品发生销售退回的,企业应按已记入"发出商品"账户的商品成本金额,借记"库存商品"账户,贷记"发出商品"账户。

对于已确认收入的售出商品发生退回的,企业一般应在发生时冲减当期销售商品收入,同时冲减当期销售商品成本。如该项销售退回已发生现金折扣的,应同时调整相关财务费用的金额;如该项销售退回允许扣减增值税税额的,应同时调整"应交税费——应交增值税(销项税额)"账户的相应金额。

已确认收入的售出商品发生的销售退回属于资产负债表日后事项的,应当按照有关资产负债表日后事项的相关规定进行会计处理。

【例 2-35】甲公司在 2011 年 12 月 18 日向乙公司销售一批商品,开出的增值税专用发票上注明的销售价格为 50 000 元,增值税税额为 8 500 元,该批商品成本为 26 000 元。乙公司在 2011 年 12 月 27 日支付货款,2012 年 4 月 5 日,该批商品因质量问题被乙公司退回,甲公司当日支付有关款项。假定销售退回不属于资产负债表日后事项。

解答:

甲公司的会计处理如下:

① 2011 年 12 月 18 日销售实现时,按销售总价确认收入

借:应收账款　　58 500

　贷:主营业务收入　　50 000

　　　应交税费——应交增值税(销项税额)　　8 500

借：主营业务成本 26 000

贷：库存商品 26 000

② 在 2011 年 12 月 27 日收到货款时

借：银行存款 58 500

贷：应收账款 58 500

③ 2012 年 4 月 5 日发生销售退回时

借：主营业务收入 50 000

应交税费——应交增值税(销项税额) 8 500

贷：银行存款 58 500

借：库存商品 26 000

贷：主营业务成本 26 000

(4) “以旧换新”方式销售货物的会计处理

以旧换新方式下，销售货物和收购货物是两个不同的业务活动，销售额和收购额不能相互抵减。所以会计准则规定，采取“以旧换新”方式销售货物的，销售的货物按照一般货物销售的方法确认收入，回收的货物作为购进货物处理。

税法规定，采取“以旧换新”方式销售货物的，应按新货物的同期销售价格确定销售额，不得扣减旧货物的收购价格。

【例 2-36】甲公司采取以旧换新方式销售 B 产品一批，不含税价款 42 000 元，增值税税额 7 140 元；同时回收同类旧产品作价 8 400 元，并已验收入库，余额以现金收讫。

解答：

其会计处理如下：

借：现金 40 740

原材料 8 400

贷：主营业务收入 42 000

应交税费——应交增值税(销项税额) 7 140

(5) 混合销售行为的会计处理

从事货物的生产、批发或零售为主的企业(年货物销售额超过 50%)，在一项销售行为中，既涉及货物又涉及非应税劳务，为混合销售行为，涉及的非应交增值税的视为产品的销售，应开具增值税专用发票，交纳增值税。

【例 2-37】某月，某建筑门窗厂销售阳台窗，每平方米 180 元，共销售 1 000 平方米，另每平方米收取运输及安装费 40 元，均为含税价格。收取的款项存入银行。

解答：

该企业会计处理如下：

阳台窗的增值税＝[(180×1 000)÷(1＋17%)]×17%＝26 153.85(元)

非应税劳务增值税＝[(40×1 000)÷(1＋17%)]×17%＝5 811.97(元)

借：银行存款 220 000

贷：主营业务收入 153 846.15

其他业务收入 34 188.03

应交税费——应交增值税(销项税额) 31 965.82

(四) 增值税缴纳的核算

纳税期满,纳税人根据"应交税费——应交增值税"明细账户各专栏本期发生额,计算企业当期应缴纳的增值税税额,并在规定期限内申报缴纳。

企业按规定期限申报缴纳的增值税,在收到银行退回的缴款书回执联后,借记"应交税费——应交增值税(已交税金)"账户,贷记"银行存款"账户。纳税期满,企业将当期发生的应交未交的增值税转出时,借记"应交税费——应交增值税(转出未交增值税)"账户,贷记"应交税费——未交增值税"账户;或将当期多交的增值税转出时借记"应交税费——未交增值税"账户,贷记"应交税费——应交增值税(转出多交增值税)"账户。未交增值税在以后缴纳时,借记"应交税费——未交增值税"账户,贷记"银行存款"账户;多交的增值税在以后退回或抵交当期应交的增值税时,借记"银行存款"或"应交税费——应交增值税(已交税金)"账户,贷记"应交税费——未交增值税"账户。

【例 2-38】甲公司为增值税的一般纳税人。假定本月份甲公司总的进项税额为 380 000 元,总的销项税额为 583 000 元,甲公司上交当月的增值税税金 53 000 元,余额结转下期缴纳。

解答:

甲公司会计处理如下:

① 当期实际上交 53 000 元时

借:应交税费——应交增值税(已交税金)　　53 000

　　贷:银行存款　　53 000

② 期末结转未交增值税时

借:应交税费——应交增值税(转出未交增值税)　　150 000

　　贷:应交税费——未交增值税　　150 000

③ 下期缴纳上期未交增值税时

借:应交税费——未交增值税　　150 000

　　贷:银行存款　　150 000

三、小规模纳税人增值税的会计处理

(一) 小规模纳税企业增值税核算的特点

(1) 购入货物或接受应税劳务时,无论是否取得增值税专用发票,其支付的增值税税额均计入所购货物或应税劳务的成本。相应的,其他企业从小规模纳税企业购入货物或接受应税劳务支付的增值税税额,如果不能取得增值税专用发票,也不能作为进项税额抵扣。因此,小规模纳税人购进货物或接受应税劳务,均按应付或实际支付的价款借记"材料采购"、"原材料"、"管理费用"等账户,贷记"应付账款"、"银行存款"等账户。

(2) 小规模纳税人销售货物或提供应税劳务,按实现的销售收入和按规定收取的增值税税额,借记"应收账款"、"银行存款"等账户;按实现的销售收入,贷记"主营业务收入"、"其他业务收入"等账户;按应收取的增值税税额,贷记"应交税费——应交增值税"账户。

（3）小规模纳税人按规定的纳税期限缴纳税款时，借记“应交税费——应交增值税”账户，贷记“银行存款”等账户；收到退回多交的增值税时，作相反的会计处理。

小规模纳税企业的“应交税金——应交增值税”账户，采用三栏式账页。

（二）小规模纳税企业增值税会计处理举例

【例 2-39】 甲公司为小规模纳税企业。2011 年 3 月购入原材料一批，增值税专用发票上注明价款为 10 000 元，增值税税额为 1 700 元，货款以银行存款支付，材料验收入库；本期销售产品一批，不含税销售额为 50 000 元，货款尚未收到。该企业适用的增值税征收率为 3%。

解答：

该企业的会计处理如下：

① 购进原材料时

借：原材料　　11 700

　　贷：银行存款　　11 700

② 销售货物时

应交增值税＝50 000×3%＝1 500(元)

借：应收账款　　51 500

　　贷：主营业务收入　　50 000

　　　　应交税费——应交增值税　　1 500

③ 上缴增值税时

借：应交税费——应交增值税　　1 500

　　贷：银行存款　　1 500

第四节　增值税的申报与缴纳

一、增值税纳税义务发生时间

（一）基本规定

增值税纳税义务发生时间是指增值税纳税义务人、扣缴义务人发生应税、扣缴税款行为应承担纳税义务、扣缴义务的起始时间。这一规定在增值税管理中非常重要，说明纳税义务发生时间一经确定，必须按此时间计算应缴税款。目前实行的增值税纳税义务发生时间基本上是按照财务制度规定，根据权责发生制的原则，以销售实现时间来确定的。这主要是考虑与现行企业财务制度进行衔接，同时加强企业财务管理，确保及时取得财政收入。增值税暂行条例明确规定了增值税纳税义务发生时间有以下两个方面：销售货物或者应税劳务，为收讫销售款或者取得索取销售款凭据的当天；进口货物，为报关进口的当天。

（二）具体规定

销售货物或者应税劳务的纳税义务发生时间，按销售结算方式的不同，具体分为以下几种。

(1) 采取直接收款方式销售货物,不论货物是否发出,均为收到销售额或取得索取销售额的凭据并将提货单交给买方的当天。

(2) 采取托收承付和委托银行收款方式销售货物,为发出货物并办妥托收手续的当天。

(3) 采取赊销和分期收款方式销售货物,为按合同约定的收款日期的当天。

(4) 采取预收货款方式销售货物,为货物发出的当天。

(5) 委托其他纳税人代销货物,为收到代销单位销售的代销清单的当天;纳税人以代销方式销售货物。在收到代销清单前已收到全部或部分货款的,其纳税义务发生时间为收到全部或部分货款的当天;对于发出代销商品超过 180 天仍未收到代销清单及货款的,视同销售实现,一律征收增值税,其纳税义务发生时间为发出代销商品满 180 天的当天。

(6) 销售应税劳务,为提供劳务同时收讫销售额或取得索取销售额的凭据的当天。

(7) 纳税人发生视同销售货物行为,为货物移送的当天。

二、纳税期限

(一) 增值税纳税期限的规定

增值税的纳税期限规定为 1 日、3 日、5 日、10 日、15 日或者 1 个月。纳税人的具体纳税期限,由主管税务机关根据纳税人应纳税额的大小分别核定;不能按照固定期限纳税的,可以按次纳税。

(二) 增值税报缴税款期限的规定

(1) 纳税人以 1 个月为一期纳税的,自期满之日起 10 日内申报纳税;以 1 日、3 日、5 日、10 日或者 15 日为一期纳税的,自期满之日起 5 日内预缴税款,于次月 1 日起 10 日内申报纳税并结清上月应纳税款。

(2) 纳税人进口货物,应当自海关填发税款缴纳证的次日起 7 日内缴纳税款。

(3) 纳税人出口货物,应按月向税务机关申报办理该项出口货物退税。

三、纳税地点

(一) 固定业户的纳税地点

(1) 固定业户应当向其机构所在地主管税务机关申报纳税。总机构和分支机构不在同一县(市)的,应当分别向各自所在地主管税务机关申报纳税;经国家税务总局或其授权的税务机关批准,可以由总机构汇总向总机构所在地主管税务机关申报纳税。固定业户的总分支机构不在同一县(市),但在同一省、自治区、直辖市范围内的,其分支机构应纳的增值税是否可由总机构汇总缴纳,由省、自治区、直辖市国家税务局决定。

(2) 固定业户到外县(市)销售货物的,应当向其机构所在地主管税务机关申请开具外出经营活动税收管理证明,向其机构所在地主管税务机关申报纳税。未持有其机构所在地主管税务机关核发的外出经营活动税收管理证明,到外县(市)销售货物或者应税劳务的,应当向销售地主管税务机关申报纳税,销售地主管税务机关一律按 6%的征收率征税;未向销售地主管税务机关申报纳税的，由其机构所在地主管税务机关补征税款。

(3) 固定业户(指增值税一般纳税人)临时到外省、市销售货物的，必须向经营地税务机关出示《外出经营活动税收管理证明》回原地纳税，需要向购货方开具专用发票的，亦回原地补开。

（二） 非固定业户增值税纳税地点

非固定业户销售货物或者应税劳务，应当向销售地主管税务机关申报纳税。非固定业户到外县(市)销售货物或者应税劳务未向销售地主管税务机关申报纳税的，由其机构所在地或居住地主管税务机关补征税款。

（三） 进口货物增值税纳税地点

进口货物，应当由进口人或其代理人向报关地海关申报纳税。

四、增值税纳税申报表

增值税纳税申报表如表 2-2 所示。

表 2-2 增值税纳税申报表

(适用于增值税一般纳税人)

根据《中华人民共和国增值税暂行条例》第二十二条和第二十三条的规定制定本表。纳税人不论有无销售额，均应按主管税务机关核定的纳税期限按期填报本表，并于次月一日起十日内，向当地税务机关申报。

税款所属时间：自 2012 年 4 月 1 日至 2012 年 4 月 30 日 填表日期：2012 年 5 月 8 日 金额单位：元(列至角分)

所属行业：

<table>
<tr><td>纳税人识别号：</td><td colspan="4">所属行业</td><td></td><td></td></tr>
<tr><td>纳税人名称
(公章)</td><td></td><td>法定代表
人姓名</td><td></td><td>注册
地址</td><td>营业
地址</td><td></td></tr>
<tr><td>开户银行及账号</td><td colspan="3"></td><td>企业登记
注册类型</td><td>电话
号码</td><td></td></tr>
<tr><td colspan="2" rowspan="2">项目</td><td rowspan="2">栏次</td><td colspan="2">一般货物及劳务</td><td colspan="2">即征即退货物
及劳务</td></tr>
<tr><td>本月数</td><td>本年
累计</td><td>本月数</td><td>本年
累计</td></tr>
<tr><td rowspan="10">销售额</td><td>(一) 按适用税率征税货物及劳务销售额</td><td>1</td><td></td><td></td><td></td><td></td></tr>
<tr><td>其中：应税货物销售额</td><td>2</td><td></td><td></td><td></td><td></td></tr>
<tr><td>应税劳务销售额</td><td>3</td><td></td><td></td><td></td><td></td></tr>
<tr><td>纳税检查调整的销售额</td><td>4</td><td></td><td></td><td></td><td></td></tr>
<tr><td>(二) 按简易征收办法征税货物销售额</td><td>5</td><td></td><td></td><td></td><td></td></tr>
<tr><td>其中：纳税检查调整的销售额</td><td>6</td><td></td><td></td><td></td><td></td></tr>
<tr><td>(三) 免、抵、退办法出口货物销售额</td><td>7</td><td></td><td></td><td></td><td></td></tr>
<tr><td>(四) 免税货物及劳务销售额</td><td>8</td><td></td><td></td><td></td><td></td></tr>
<tr><td>其中：免税货物销售额</td><td>9</td><td></td><td></td><td></td><td></td></tr>
<tr><td>免税劳务销售额</td><td>10</td><td></td><td></td><td></td><td></td></tr>
</table>

续表

税款计算	销项税额	11			
	进项税额	12			
	上期留抵税额	13			
	进项税额转出	14			
	免抵退货物应退税额	15			
	按适用税率计算的纳税检查应补缴税额	16			
	应抵扣税额合计	17＝12＋13－14－15＋16			
	实际抵扣税额	18(如17＜11,则为17,否则为11)			
	应纳税额	19＝11－18			
	期末留抵税额	20＝17－18			
	简易征收办法计算的应纳税额	21			
	按简易征收办法计算的纳税检查应补缴税额	22			
	应纳税额减征额	23			
	应纳税额合计	24＝19＋21－23			
税款缴纳	期初未缴税额(多缴为负数)	25			
	实收出口开具专用缴款书退税额	26			
	本期已缴税额	27＝28＋29＋30＋31			
	① 分次预缴税额	28			
	② 出口开具专用缴款书预缴税额	29			
	③ 本期缴纳上期应纳税额	30			
	④ 本期缴纳欠缴税额	31			
	期末未缴税额(多缴为负数)	32＝24＋25＋26－27			
	其中:欠缴税额(≥0)	33＝25＋26－27			
	本期应补(退)税额	34＝24－28－29			
	即征即退实际退税额	35			
	期初未缴查补税额	36			
	本期入库查补税额	37			
	期末未缴查补税额	38＝16＋22＋36－37			

授权人签名	如果你已委托代理人申报,请填写下列资料: 为代理一切税务事宜现授权 (地址)　　　　　为本纳税人的代理申报人,任何与本申报表有关的往来文件,都可寄予此人。 授权人签字:	申报声明人	此纳税申报表是根据《中华人民共和国增值税暂行条理》的规定填报的,我相信它是真实的、可靠的、完整的。 声明人签字:

以下由税务机关填写:

收到日期:　　　　　接收人:　　　　　主管税务机关盖章:

第五节　增值税专用发票

增值税实行凭国家印发的增值税专用发票注明的税款进行抵扣的制度，专用发票不仅是纳税人经济活动中的重要商业凭证，而且是兼记销货方销项税额和进项税额进行税款抵扣的凭证，对增值税的计算和管理起着决定性的作用。因此，正确使用增值税专用发票是十分重要的。

一、增值税专用发票的有关规定

（一）专用发票领购使用范围

专用发票只限于增值税一般纳税人领购使用，增值税小规模纳税人及非增值税纳税人不得领购使用。一般纳税人有下列情形之一者，不得领购使用专用发票，如已领购使用专用发票，税务机关应收缴其结存的专用发票。

（1）会计处理不健全，即不能按会计制度和税务机关的要求准确核算增值税的销项税额、进项税额和应纳税额者。

（2）不能向税务机关准确提供增值税销项税额、进项税额、应纳税额数据及其他有关增值税税务资料者。

（3）有以下行为，经税务机关责令限期改正而仍未改正者：

① 私自印制专用发票；

② 向个人或税务机关以外的单位买取专用发票；

③ 借用他人专用发票；

④ 向他人提供专用发票；

⑤ 未按规定的要求开具专用发票；

⑥ 未按规定保管专用发票；

⑦ 未按规定申报专用发票的购、用、存情况；

⑧ 未按规定接受税务机关检查。

（4）销售的货物全部属于免税项目者。

（5）纳税人当月购买专用发票而未申报纳税者。

（二）专用发票的开具范围

除规定不得开具增值税专用发票的情形外，一般纳税人销售货物（包括视同销售货物在内）、应税劳务，根据增值税暂行条例实施细则规定应当征收增值税的非应税劳务，必须向购买方开具专用发票。下列情形不得开具专用发票：

（1）向消费者销售应税项目；

（2）销售免税项目；

（3）销售报关出口的货物、在境外销售应税劳务；

(4) 将货物用于非应税项目；

(5) 将货物用于集体福利或个人消费；

(6) 将货物无偿赠送他人(如果受赠人为一般纳税人，可根据受赠者要求开具专用发票)；

(7) 提供非应税劳务(应当征收增值税的除外)、转让无形资产或销售不动产；

(8) 向小规模纳税人销售应税项目，可以不开具增值税专用发票。

(三) 专用发票开具要求

增值税专用发票必须按下列要求开具。

(1) 字迹清楚。

(2) 不得涂改。如填写有误，应另行开具专用发票，并在误填的专用发票上注明“误填作废”四字。如专用发票开具后，因购货方不索取而成为废票的，也应按填写有误办理。

(3) 项目填写齐全。

(4) 票、物相符，票面金额与实际收取的金额相符。

(5) 各项目内容正确无误。

(6) 全部联次一次填开，上、下联内容的金额一致。

(7) 发票联和抵扣联加盖财务专用章或发票专用章。

(8) 按照所规定的时限开具专用发票。

(9) 不得开具伪造的专用发票。

(10) 不得拆本使用专用发票。

(11) 不得开具票样与国家税务总局统一制定的票样不相符合的专用发票。

开具的专用发票有不符合上列要求者，不得作为扣税凭证，购买方有权拒收。

(四) 专用发票开具时限

(1) 采用预收货款、托收承付、委托银行收款结算方式的，为货物发出当天。

(2) 采用交款提货结算方式的，为收到货款的当天。

(3) 采用赊销、分期付款结算方式的，为合同约定的收款日期的当天。

(4) 将货物交付他人代销，为收到受托人送交的代销售清单的当天。

(5) 设有两个以上机构并实行统一核算的纳税人，将货物从一个机构移送其他机构用于销售，按规定应当征收增值税的，为货物移送的当天。

(6) 将货物作为投资提供给其他单位或个体工商户，为货物移送的当天。

(7) 将货物分配给股东，为货物移送的当天。

一般纳税人必须按规定时限开具专用发票，不得提前或滞后。对已开具专用发票的销售货物，要及时足额计入当期销售额征税。凡开具了专用发票，其销售额未按规定计入销售账户核算的，一律按偷税论处。对代开、虚开专用发票的一律按票面所列货物的适用税率全额补征税，并根据《税收征管法》规定按偷税给予处罚。

二、专用发票抵扣管理的规定

一般纳税人购进应税项目有下列情况之一者，不得抵扣进项税额。

1. 未按规定取得专用发票

未按规定取得专用发票，是指有下列情形之一者：

(1) 未从销售方取得专用发票；

(2) 只取得记账或只取得抵扣联。

2. 未按规定保管专用发票

未按规定保管专用发票，是指有下列情形之一者：

(1) 未按照税务机关的要求建立专用发票管理制度；

(2) 未按照税务机关的要求设专人保管专用发票；

(3) 未按照税务机关的要求设置专门存放专用发票的场所；

(4) 未按税务机关的要求将税款抵扣联装订成册；

(5) 未经税务机关查验擅自销毁专用发票的基本联次；

(6) 丢失专用发票；

(7) 损(撕)毁专用发票；

(8) 未执行国家税务总局或省级国税局提出的其他有关保管专用发票的要求。

3. 销售方开具的专用发票不符合规定要求

所称的开具方不符合规定要求，是指不符合增值税专用发票规定，未按规定开具发票行为。

对有上述情形者，如其购进应税项目的进项税额已经抵扣，应从税务机关发现其有上述情形的当期的进项税额中扣减。

三、加强增值税专用发票的管理

税法除了对纳税人领购、开具专用发票作了上述各项具体规定外，在严格管理上也作了多项规定。主要有：

1. 关于被盗、丢失增值税专用发票的处理

(1) 纳税人必须严格按《增值税专用发票使用规定》保管使用专用发票，对违反规定发生被盗、丢失专用发票的纳税人，按《税收征收管理法》和《发票管理办法》的规定，处以 1 万元以下的罚款，并可视具体情况，对丢失专用发票的纳税人，在一定期限内(最长不超过半年)停止领购专用发票；对纳税人申报遗失的专用发票，如发现非法代开、虚开问题的，该纳税人应承担偷税、骗税的连带责任。

(2) 纳税人丢失专用发票后，必须按规定程序向当地主管税务机关、公安机关报失。各地税务机关对丢失专用发票的纳税人按规定进行处罚的同时，代收取“挂失登报费”，并将丢失专用发票的纳税人名称、发票份数、字轨号码、盖章与否等情况，统一传(寄)中国税务报社刊登“遗失声明”。传(寄)中国税务报社的“遗失声明”，必须经县(市)国家税务机关审核盖

章、签署意见。

2. 关于对代开、虚开增值税专用发票的处理

代开发票是指为与自己没有发生直接购销关系的他人开具发票的行为，虚开发票是指在没有任何购销事实的前提下，为他人、为自己或让他人为自己或介绍他人开具发票的行为。代开、虚开发票的行为都是严重的违法行为。对代开、虚开专用发票的，一律按票面所列货物的适用税率全额征补税款，并按《税收征收管理法》的规定按偷税给予处罚。对纳税人取得代开、虚开的增值税专用发票，不得作为增值税合法抵扣凭证抵扣进项税额。代开、虚开发票构成犯罪的，按《关于惩治虚开、伪造和非法出售增值税专用发票犯罪的决定》处以刑罚。

3. 纳税人善意取得虚开的增值税专用发票处理

(1) 购货方与销售方存在真实的交易，销售方使用的是其所在省(自治区、直辖市和计划单列市)的专用发票，专用发票注明的销售方名称、印章、货物数量、金额及税额等全部内容与实际相符，且没有证据表明购货方知道销售方提供的专用发票是以非法手段获得的，对购货方不以偷税或者骗取出口退税论处。但应按有关规定不予抵扣进项税款或者不予出口退税；购货方已经抵扣的进项税款或者取得的出口退税，应依法追缴。

(2) 购货方能够重新从销售方取得防伪税控系统开出的合法、有效专用发票的，或者取得手工开出的合法、有效专用发票且取得了销售方所在地税务机关已经或者正在依法对销售方虚开专用发票行为进行查处证明的，购货方所在地税务机关应依法准予抵扣进项税款或者出口退税。

(3) 如有证据表明购货方在进项税款得到抵扣或者获得出口退税前知道该专用发票是销售方以非法手段获得的，对购货方应按相关规定处理。

(4) 依据规定：有下列情形之一的，无论购货方(受票方)与销售方是否进行了实际的交易，增值税专用发票所注明的数量、金额与实际交易是否相符，购货方向税务机关申请抵扣进项税款或者出口退税的，对其均应按偷税或者骗取出口退税处理。

① 购货方取得的增值税专用发票所注明的销售方名称、印章与其进行实际交易的销售方不符的。

② 购货方取得的增值税专用发票为销售方所在省(自治区、直辖市和计划单列市)以外地区的。

③ 其他有证据表明购货方明知取得的增值税专用发票系销售方以非法手段获得的。

综合练习

一、单项选择题

1. 目前我国采用的增值税类型属于(　　)。

A. 消费型增值税　　B. 收入型增值税

C. 生产型增值税　　D. 混合型增值税

2. 下列(　　)属于增值税的纳税人。

A. 为其所在单位修理发生故障的机器的职工

B. 加工玉器的某个人独资企业

C. 为出口的机械产品到销售地进行安装的某机械安装公司

D. 进口货物的出口方

3. 增值税纳税人的销售额中的价外费用不包括(　　)。

A. 收取的手续费　　B. 收取的包装物租金

C. 收取的销项税额　　D. 收取的违约金

4. 新办小型商贸企业在认定为一般纳税人之前,一律按小规模纳税人计税,一年内销售额达到或超过(　　)万元后,可申报一般纳税人,经税务机关审核评估无误后,可以认定为一般纳税人。

A. 30　　B. 80　　C. 100　　D. 200

5. 某商场(一般纳税人)采用以旧换新方式销售洗衣机一台,旧冰箱折价 300 元,向消费者收取现金 700 元,该笔业务的销项税额为(　　)元。

A. 51　　B. 68　　C. 145.29　　D. 170

6. 甲企业为乙公司加工一批药酒,乙公司提供原材料价值 22 万元,支付加工费 8 万元,甲企业代收代缴消费税 3.33 万元,并开具了增值税发票。甲企业提供此项加工劳务增值税的正确处理是(　　)。

A. 按 8 万元加工费为依据计算缴纳增值税

B. 按 11.33 万元为依据计算缴纳增值税

C. 按 33.33 万元为依据计算缴纳增值税

D. 按增值税专用发票上注明的税金作为进项税额

7. 下列各项中不能被认定为一般纳税人的是(　　)。

A. 年应税销售额 200 万元的个体工商户

B. 年应税销售额在 80 万元以上,会计核算健全的工业企业

C. 年应税销售额在 1 000 万元以上,全部经营出口货物的某外贸公司

D. 年应税销售额在 50 万元以下,会计核算健全的商业企业

8. 增值税对小规模纳税人采用简易征收办法,小规模纳税人适用的征收率为(　　)。

A. 2%　　B. 3%　　C. 4%　　D. 6%

9. 以下可以开具增值税专用发票的是(　　)。

A. 向消费者销售应税项目　　B. 销售已报关出口的货物

C. 生产者向批发商出售应税货物　　D. 将货物用于非应税项目

10. 下列不征收增值税的是(　　)。

A. 货物期货　　B. 自产货物用于投资

C. 自产货物无偿赠送他人　　D. 转让无形资产

11. 下列不应记入“进项税额转出”的是(　　)。

A. 生产领用原材料　　B. 在建工程领用原材料

C. 集体福利项目领用原材料　　D. 免税项目领用原材料

12. 下列项目的进项税额可从销项税额中抵扣的是(　　)。

A. 用于生产免税产品的原材料

B. 办公用品

C. 因管理不善发生霉烂变质等损失的外购原材料

D. 未按规定取得并保存增值税扣税凭证的外购低值易耗品

13. 基本建设单位和从事建筑安装业务的企业附设的工厂、车间生产的水泥预制件、其他构件或材料,用于本单位或本企业的建筑工程的,应在转移使用时缴纳(　　)。

A. 增值税　　B. 营业税　　C. 消费税　　D. 城市维护建设税

14. 下列属于增值税混合销售行为的有(　　)。

A. 电话局提供电话安装的同时销售电话机

B. 建材商店销售建材的同时,也提供装饰装修服务

C. 塑钢门窗商店销售产品,并为客户提供加工与安装

D. 汽车制造厂既生产销售汽车,又提供汽车修理服务

15. 企业外购一批小礼品,取得专用发票上注明的价款 8.7 万元,其中赠送客户部分价值 6.7 万元,其余部分发给了职工,则增值税销项税额是(　　)万元。

A. 0.44　　B. 1.04　　C. 1.14　　D. 1.48

16. 下列混合销售行为,应征增值税不征营业税的是(　　)。

A. 饭店提供餐饮服务并销售酒水

B. 电信部门销售电话并提供有偿电信服务

C. 建筑装饰公司为客户包工包料进行装修

D. 家具城销售家具并为顾客提供有偿送货

17. 下列各种行为属于视同销售货物,应计算增值税销项税额的是(　　)。

A. 某生产企业外购钢材用于扩建厂房

B. 某商店为厂家代销服装

C. 某运输企业外购棉大衣用于职工福利

D. 某歌厅购进一批酒水饮料用于销售

18. 下列项目所包含的进项税额不得从销项税额中抵扣的是(　　)。

A. 生产过程中出现的报废产品　　B. 用于返修产品修理的易损害配件

C. 生产企业用于经营管理的办公用品　D. 纳税人的交际应酬费

19. 下列各项中,允许从增值税销项税额中抵扣的有(　　)。

A. 购进固定资产的进项税额

B. 企业管理不善造成的存货损失所含的进项税额

C. 自用小汽车所含的进项税额

D. 纳税人修缮厂房领用存货所含的进项税额

20. 小规模纳税人不实行税款抵扣制,因此,在购进货物时不论收到普通发票还是增值税专用发票,其会计处理均为(　　)。

A. 借: 原材料等

　　应交税费——应交增值税(进项税额)

　　贷: 银行存款等

B. 借: 原材料等

　　贷: 银行存款等

C. 借：原材料等

　　应交税费——应交增值税

　　贷：银行存款等

D. 借：原材料等

　　贷：银行存款等

　　应交税费——应交增值税(进项税额转出)

21. 现金折扣即税法上的销售折扣，应在购货方实际付现时才能确认折扣额。现金折扣是企业的一种融资行为，其折扣不得从销售额中抵减，即不能冲减销项税额，应借记(　　)科目。

A. 销售费用　　B. 营业税金及附加

C. 财务费用　　D. 管理费用

22. 如果纳税人销售货物或应税劳务的价格明显偏低又无正当理由，或者发生视同销售行为，应由主管税务机关核定其销售额。具体确认顺序和办法如下：(1) 按纳税人当月同类货物的平均销售价格确定；(2) 按纳税人近期同类货物的平均销售价格确定；(3) 按组成计税价格确定，其计算公式如下(　　)。

A. 组成计税价格＝成本×(1－成本利润率)

B. 组成计税价格＝成本÷(1＋成本利润率)

C. 组成计税价格＝成本÷(1－成本利润率)

D. 组成计税价格＝成本×(1＋成本利润率)

23. 按规定可以免征增值税的是(　　)。

A. 古旧图书　　B. 销售钢材　　C. 销售农产品　　D. 出口货物

二、多项选择题

1. 以下属于增值税特点的是(　　)。

A. 不重复征税　　B. 普遍征收　　C. 实行价外计税　　D. 采用税款抵扣制

2. 下列视同销售货物的有(　　)。

A. 自产货物用于非应税项目　　B. 购买的货物用于投资

C. 委托加工的货物无偿赠送他人　　D. 自产的货物交付他人代销

3. 某企业为增值税一般纳税人，在生产经营过程中发生如下进项税额，其中(　　)可以按规定从销项税额中抵扣。

A. 从农户直接购买其自产农产品计算的进项税额

B. 购买固定资产计算的进项税额

C. 购进原材料而取得承运部门开具的运输发票，根据运费计算的进项税额

D. 购进原材料，但未按规定取得增值税扣税凭证

4. 下列关于增值税纳税义务发生时间的认定，正确的是(　　)。

A. 采取直接收款方式销售货物的，为货物发出的当天

B. 委托商场销售货物，为商场售出货物的当天

C. 将委托加工货物无偿赠予他人的，为货物移送的当天

D. 进口货物，为货物到岸的当天

5. 甲企业以自产的货物从乙企业处换得生产所需的原材料一批，甲企业正确的账务处理是（　　）。

A. 应按收到的原材料的公允价值借记“原材料”

B. 应按换出货物的公允价值贷记“主营业务收入”

C. 应按换出货物的公允价值和规定的增值税税率计算销项税额，贷记“应交税费——应交增值税（销项税额）”

D. 应按收到的原材料的公允价值和规定的增值税税率计算销项税额，借记“应交税费——应交增值税（销项税额）”

6. 对于货物的包装物押金，无论是否返还以及会计如何处理，均应并入当期销售额的是（　　）。

A. 白酒　　B. 啤酒　　C. 黄酒　　D. 米酒

7. 按现行增值税制度规定，下列行为应按“提供加工和修理、修配劳务”征收增值税的是（　　）。

A. 空调制造厂为客户安装中央空调　　B. 企业受托为另一企业加工机器大修件

C. 企业为另一企业修理锅炉　　D. 汽车修配厂为本厂修理汽车

8. 一般纳税人具有（　　）行为，不得领购增值税专用发票。

A. 会计核算不健全

B. 不能向税务机关准确提供增值税销项税额、进项税额的资料

C. 私自印制专用发票

D. 借用他人专用发票

9. 下列情形中可以开具增值税专用发票的有（　　）。

A. 向消费者销售应税项目

B. 向小规模纳税人销售应税项目

C. 销售报关出口的货物

D. 锅炉厂向使用单位销售锅炉而使用单位索要专用发票的

10. 委托加工货物是指委托方提供原料和主要材料，受托方按委托方要求制造货物并收取加工费的业务。下列情况中，不属于受托方加工业务而应按照受托方销售自制货物征收增值税的有（　　）。

A. 由受托方提供原材料生产的货物

B. 委托方提供原材料，受托方收取加工费加工的货物

C. 受托方先将原材料卖给委托方，然后再加工的货物

D. 受托方以委托方名义购进原材料生产的货物

11. 销货方开具专用发票后，购货方发生退货或折让，销货方必须在（　　）时，才可开具红字专用发票。

A. 收到购买方退回货物

B. 收到购买方退回原专用发票的发票联和税款抵扣联

C. 收到购买方退回原专用发票税款抵扣联的复印件

D. 收到购买方所在地主管税务机关开具的证明单

12. 按《增值税暂行条例实施细则》规定，企业下列行为属于增值税纳税人兼营非应税

劳务的有(　　)。

A. 建筑材料商店从事建筑安装、装饰业务

B. 饭店附设商场销售货物

C. 药店提供医疗咨询服务

D. 个人出售集邮商品

13. 在下列情况中,属于未按规定保管专用发票的有(　　)。

A. 未建立专用发票管理制度

B. 未设置专用发票专门存放场所

C. 专用发票填写项目不齐全

D. 抵扣联未装订成册

14. 以下免征增值税的项目有(　　)。

A. 用于科学实验的进口仪器

B. 国际组织无偿援助的进口物资

C. 外国企业无偿援助的进口设备

D. 个人销售自己使用过的家具

15. 下列关于单独核算,为销售货物出租出借包装物押金是否计入销售额的正确规定有(　　)。

A. 时间在1年以内,又未过期的,不并入销售额征税

B. 逾期未收回但时间在1年以内的,不并入销售额征税

C. 时间超过1年的,并入销售额征税

D. 并入销售额征税时,先将押金换算成不含税价

16. 下列各项中,符合增值税专用发票开具时限规定的有(　　)。

A. 采用预收货款结算方式的,为收到货款的当天

B. 将货物交付他人代销的,为收到代销清单的当天

C. 采用赊销方式的,为合同约定的收款日期的当天

D. 将货物作为投资提供给其他单位的,为投资协议签订的当天

17. 有关视同销售的会计处理,以下会计分录正确的是(　　)。

A. 企业将自产或委托加工的货物用于非应税项目时,其会计处理为:

借:在建工程等

　　贷:产成品等应交税费——应交增值税(销项税额)

B. 企业将自产、委托加工或购买的货物作为投资时,其会计处理为:

借:长期股权投资等

　　贷:产成品等应交税费——应交增值税(销项税额)

C. 企业将自产、委托加工或购买的货物分配给股东时,其会计处理为:

借:应付股利等

　　贷:主营业务收入应交税费——应交增值税(销项税额)

D. 企业将自产、委托加工的货物用于个人消费时,其会计处理为:

借:应付职工薪酬等

　　贷:应交税费——应交增值税(销项税额)产成品等

18. 应交增值税明细表是反映企业增值税纳税人应缴、已缴、未缴或未抵扣增值税情况的报表，是资产负债表的附表之一。根据“表从账出”的报表编制原则，所列数据分为以下两类，即(　　)。

A. 以账面的发生额填列的项目

B. 以账面净值填列的项目

C. 以账面价值填列的项目

D. 以账面的余额填列的项目

三、判断题

1. 企业将外购塑钢型材加工成的塑钢门窗用于在建工程，应作进项税额转出。(　　)

2. 境外的单位或个人在境内销售货物而在境内未设有经营机构的，其应纳税款以代理人为扣缴义务人；没有代理人的，以购买者为扣缴义务人。(　　)

3. 商场将购进货物作为福利发放给职工，应视同销售计征增值税。(　　)

4. 商业企业的小规模纳税人如果其财务核算健全，仍然可认定为增值税一般纳税人。(　　)

5. 一般纳税人和小规模纳税人销售农机、农膜、化肥，按适用13%的低税率。(　　)

6. 纳税人将购买的货物无偿赠送他人，因该货物购买时已缴增值税，因此，赠送他人时可不再计入销售额征税。(　　)

7. 增值税小规模纳税人购进货物取得增值税专用发票可抵扣进项税额，取得普通发票不允许扣除进项税额。(　　)

8. 某纺织厂2009年2月从国外购进一台检测仪器，价值1 000美元，进口时海关已征收了进口环节增值税，纺织厂取得完税凭证。纺织厂可凭此完税凭证抵扣当期销项税额。(　　)

9. 已抵扣进项税额的购进货物，如果作为投资，提供给其他单位，应将该货物的进项税额从当期发生的进项税额中扣减。(　　)

10. 已抵扣进项税额的购进货物，如果因自然灾害而造成损失，应将损失货物的进项税额从当期发生的进项税额中扣减。(　　)

11. 某增值税一般纳税人将购进的货物作为福利发放给职工，应视同销售计征增值税，其进项税额也可以抵扣。(　　)

12. 纳税人兼营不同税率的货物或应税劳务，应分别核算各自的销售额和营业额分别计算缴纳增值税或营业税。如果未分别核算销售额和营业额，则一律征收增值税。(　　)

13. 小规模纳税人销售货物，按3%的征收率计算应纳税额，一般不得抵扣进项税额。(　　)

14. 销售自产货物并同时提供建筑业劳务的行为，应当分别核算货物的销售额和非增值税应税劳务的营业额，并根据其销售货物的销售额计算缴纳增值税，非增值税应税劳务的营业额不缴纳增值税；未分别核算的，由主管税务机关核定其货物的销售额。(　　)

15. 一般纳税人将货物用于集体福利或个人消费，其增值税专用发票开具的时限为货物移送的当天。(　　)

16. 对代开、虚开增值税专用发票的，一律票面所列货物的适用税率全额征补税款。征补税款后，不再处罚，但对纳税人取得代开、虚开的增值税专用发票，不得作为合法凭证抵扣

进项税额。（　　）

四、业务题(计算并作出会计处理)

1. 某企业 4 月 5 日，收到 3 月末以暂估价入库的 A 材料的发票账单，货款 1 800 元，增值税税额 306 元，对方代垫运输费 400 元，全部款项已用转账支票付讫。

2. 某企业接受投资人投入原材料一批，取得专用发票，列明金额为 200 000 元，增值税税额为 34 000 元。该批投资属于注册资本份额内的金额为 160 000 元。

3. 某企业因在建工程需要从仓库领用生产用材料一批，价值 100 000 万元，增值税17 000 元。

4. 某企业某月发生火灾，烧毁库存材料一批，其购进时的含税价格为 60 000 元；烧毁库存品，其中成本为 200 000 元，其中原材料成本 100 000 元。

五、综合业务题

1. 资料：某增值税一般纳税人，8 月购进货物一批，取得增值税专用发票上注明价款 50 万元，税金 8.5 万元，款已付，增值税专用发票已经认证；开出增值税专用发票，销售甲产品 50 台，单价为 8 000 元，发票已交给购货方并已取得销货款；把 20 台乙产品分配给投资者，单位成本为 6 000 元，没有同类产品价格；基本建设工程领用外购材料 1 000 公斤，不含税单价为 50 元，共 5 万元；本月丢失钢材 8 吨，不含税单价 2 000 元，作待处理损失处理。购销货物增值税税率为 17%。

要求：分别编制每笔经济业务相关会计分录。

2. 资料：菲菲布店为增值税一般纳税人，5 月发生下列有关经济业务：

(1) 3 日，从吉开针纺公司购进棉布一批，专用发票注明进价 76 000 元，税款 12 920 元，款已付出。

(2) 按售价(含税)入库，该批商品的售价为 100 000 元。

(3) 4 日，缴纳上月欠缴增值税税款 21 000 元。

(4) 18 日，门市实物负责小组送来销货款。该批商品全部售出，收到销货款 100 000 元，存入开户银行。

要求：根据上述业务，编制相应的会计分录。

六、案例题

1. 某电视机厂系一般纳税人，主要生产销售新型彩色电视机。2011 年 9 月发生如下涉税业务：

(1) 9 月 2 日，采取交款提货结算方式向甲家电商场销售电视机 500 台，本期同类产品不含税售价 3 000 元。由于商场购买的数量多，按照协议规定，厂家按售价的 5%对商场优惠出售，每台不含税售价 2 850 元，货款全部以银行存款收讫；9 月 5 日，向另一家乙家电商场销售彩电 200 台。为了尽快收回货款，厂家提供的现金折扣条件为“4/10，2/20，n/30”。本月 23 日，全部收回货款，厂家按规定给予优惠。

(2) 采取以旧换新方式，从消费者个人手中收购旧电视机，销售新型号电视机 10 台，开出普通发票 10 张，收到货款 31 100 元，并注明已扣除旧电视机折价 4 000 元。

(3) 5 年前采取还本销售方式销售电视机给消费者 20 台，协议规定，每台不含税售价4 000元，5 年后(即当月)企业将货款全部退还给购货方，共开出普通发票 20 张，合计金额93 600 元。

(4) 以 20 台电视机向丙单位等价换取原材料，电视机成本价每台 1 800 元，不含税销售单价 3 000 元。双方均按规定开具增值税发票。

(5) 9 月 4 日，向丁商场销售电视机 300 台，不含税销售单价 3 000 元。商场在对外销售时发现，有 5 台商品存在严重质量问题，提出将该 5 台电视机作退货处理，并将当地主管国税机关开具的《进货退出或索取折让证明单》送交厂家。该厂将 5 台电视机收回，并按规定给商场开具了红字专用发票。

(6) 本期共发生可抵扣进项税额 400 000 元(含从丙单位换取原材料应抵扣的进项税额)。

该厂会计人员在申报 9 月份增值税时，计算过程如下：

(1) 应纳销项税额＝2 850×500×17%＋3 000×200×(1—2%)×17%＝342 210(元)

(2) 应纳销项税额＝31 100÷(1＋17%)×17%＝4 518.80(元)

(3) 应纳销项税额＝(93 600—20×4 000)÷(1＋17%)×17%＝1 976.07(元)

(4) 企业未作账务处理。

(5) 应纳销项税额＝(300—5)×3 000×17%＝150 450(元)

本月应纳增值税＝(342 210＋4 518.80＋1 976.07＋150 450)－400 000＝99 154.87(元)

分析要求：企业会计人员计算增值税是否有误？请说明理由。

2. 天天家电商场系增值税一般纳税人。其主管税务机关在进行税收专项检查时，对企业 11 月的一张记账凭证提出异议，该凭证是这样处理的：

借：银行存款　　1 500

　　管理费用　　1 500

经了解，该笔业务是反映该家电商场为某厂提供安装劳务收取的劳务费。税务人员又对该家电商场前 10 个月的记账凭证进行了检查，发现同样性质的业务共计 9 笔，金额合计 65 500 元。税务机关认为企业少计收入、偷逃税款，要求企业补缴增值税。

分析要求：税务机关的认定是否正确，处罚是否合理？如果正确，如何作调账的会计处理？

第三章　消费税纳税实务

知识目标

要求学生掌握消费税的基本规定、计税依据的确定、税额计算、会计处理、税收优惠和申报缴纳的相关规定。

能力目标

通过本章学习，要求学生能运用所学的知识正确计算销售额、消费税额，能准确进行消费税会计核算，能填写纳税申报表等相关资料。

第一节　消费税的基本规定

一、消费税的概念和特征

（一）概念

消费税是对我国境内从事生产、委托加工和进口应税消费品的单位和个人，以其销售额和销售数量为课税对象征收的一种税。简单地说，消费税是对特定的消费品和消费行为征收的一种税。

从征税范围来看，消费税分为一般消费税和特种消费税，其中：一般消费税是对所有消费品普遍征收的一种税，通常称为销售税、产品税或商品税；特种消费税是对某些特定的消费品和消费行为征收的税，列入税目的征税，没列入税目的不征税。世界各国一般都是选择对某些特定的消费品和消费行为征税，即各国开征的消费税基本上都是特种消费税。我国开征的消费税属于特种消费税。

我国现行的消费税是1994年税制改革时，配合我国流转税制改革开征的一种税。随着商品经济的发展，消费税课征范围不断扩大，数额日益增加，至2009年1月，税目已增加到14个，其目的是为了调整产品结构，引导消费方向，保证国家财政收入。

（二）消费税的特点

与其他流转税相比，消费税有如下特征。

1. 征税范围具有选择性

消费税不是对所有的消费品和消费行为都征税，而只是选择一部分消费品和消费行为征收。从各国开征消费税的实践来看，各国一般都选择那些消费量大、需求弹性大和税源普遍的消费品列入征税范围，主要包括非生活必需品、奢侈品、高档消费品、不可再生的稀缺资源产品以及高能耗产品等。在我国，应税消费品采取列举税目的方式课征，仅选择了烟、酒、化妆品等14种消费品课征，课征范围具有选择性。

2. 宏观调控目标明确、功能显著

消费税是在征收增值税的基础上，根据国家政策需要对某些特定消费品再进行一次调整，通过采用高低悬殊的差别税率，从而使得消费税鼓励什么、限制什么非常明确，调节功能十分显著。

3. 纳税环节具有单一性

为加强税源控制，防止税款流失，消费税的纳税环节，一般选择在出厂销售环节或进口环节对制造商或进口商征收。消费品在出厂销售环节或进口环节征税之后，在其他环节一般不再征收（个别商品除外），这样，既减少了纳税人的数量，降低税务成本和税源流失风险，又可防止重复征税。因此，我国现行的消费税一般只选择在生产、委托加工或进口环节征收。

4. 税负具有转嫁性

我国现行的消费税实行价内税，因此消费税是商品价格的组成部分，消费品中所含的消费税款最终都要转嫁到消费者身上，由消费者负担，从而体现了税负可以转嫁的特点。

5. 聚财功能强

消费税一般是对生产集中、产销量大的产品征税，因此能组织更广泛的财政收入。

6. 一般没有减免税规定

由于开征消费税是为了对特殊消费品和消费行为进行调节，消费税征收范围具有选择性，因此，除特殊情况外，一般不予减免。现行条例规定，对纳税人出口的应税消费品（不含国家限制出口的产品），可以免征消费税，未经国务院批准，任何单位和个人都不得减免消费税。

二、消费税的纳税人、课税对象和征税范围

（一）消费税的纳税人

在我国境内从事生产、委托加工和进口应税消费品的单位和个人，是消费税的纳税人。纳税人中的单位具体包括：国有企业、集体企业、股份制企业、私营企业、外商投资企业、外国企业、其他企业以及行政事业单位、军事单位、社会团体以及其他单位；个人包括个体经营者、中国公民和外国公民；中国境内是指生产、委托加工和进口应税消费品的起运地或所在

地在我国境内。

此外，根据我国消费税制度规定，对委托加工的应税消费品，以委托方为纳税人，受托方为代收代缴义务人；对进口的应税消费品，以进口人或其代理人为纳税人。

（二） 消费税的课税对象

消费税的课税对象为特定消费品，目前国内缴纳消费税的应税产品有 14 种，具体包括烟、酒及酒精、鞭炮和焰火、化妆品、护肤护发品、汽油、柴油、贵重首饰及珠宝玉石、汽车轮胎、摩托车、小汽车、高尔夫球及球具、高档手表、游艇、实木地板、木制一次性筷子，并将石脑油、溶剂油、航空煤油、润滑油、燃料油同汽油、柴油一起列入成品油。

（三） 消费税的征税范围

消费税的征税范围是指在我国境内生产、委托加工以及进口的应税消费品，根据我国现阶段经济发展状况、居民消费水平和消费结构，我国选择了 5 大类、14 种消费品列入了消费税的征税范围。

第一类：一些过度消费会对人身健康、社会秩序、生态环境造成危害的特殊消费品，包括烟、酒及酒精、鞭炮、焰火。

第二类：非生活必需品中的某些奢侈品，包括化妆品、贵重首饰及珠宝玉石、高尔夫球及球具、高档手表。

第三类：高能耗及高档消费品，包括摩托车、小汽车、游艇。

第四类：不可再生且不可替代的稀缺资源消费品，包括：汽油、柴油、木地板、一次性木筷。

第五类：税基宽广、消费普遍、征税后不影响居民基本生活并具有一定财政意义的消费品，如汽车轮胎等。

消费税的征税范围分布于以下四个环节：

1. 生产应税消费品

生产应税消费品销售是消费税征收的主要环节，生产应税消费品除了直接对外销售应征消费税外，纳税人将生产的应税消费品换取生产资料、消费资料、投资入股、偿还债务，以及用于继续生产应税消费品以外的其他方面都应该缴纳消费税。

2. 委托加工应税消费品

委托加工应税消费品是指委托方提供原料和主要材料，受托方只收取加工费和代垫部分辅助材料加工的应税消费品。委托加工的应税消费品收回后，再继续用于生产应税消费品有销售的，其加工环节缴纳的消费税款可以扣除。

3. 进口应税消费品

单位和个人进口货物属于消费税征税范围的，在进口环节也要缴纳消费税，为了减少征税成本，进口环节缴纳的消费税由海关代征。

4. 零售应税消费品

经国务院批准，自 1995 年 1 月 1 日起，金银首饰消费税由生产销售环节征收改为零售环节征收。改在零售环节征收消费税的金银首饰仅限于金基、银基合金首饰以及金、银和金基、银基合金的镶嵌首饰。零售环节适用税率为5%，在纳税人销售金银首饰、钻石及钻石饰品时征收。其计税依据是不含增值税的销售额。

对既销售金银首饰，又销售非金银首饰的生产经营单位，应将两类商品划分清楚，分别核算销售额。凡划分不清楚或不能分别核算的，在生产环节销售的，一律从高适用税率征收消费税；在零售环节销售的，一律按照金银首饰征收消费税。金银首饰与其他产品组成成套消费品销售的，应按照销售额全额征收消费税。

金银首饰连同包装物销售的，无论包装是否单独计价，也无论会计上如何核算，均应并入金银首饰的销售额，计征消费税。

带料加工的金银首饰，应按照受托方销售同类金银首饰的，销售价格确定计税依据征收消费税。没有同类金银首饰销售价格的，按照组成计税价格计算纳税。

纳税人采用以旧换新方式销售金银首饰，应按照实际收取的不含增值税的全部价款确定计税依据征收消费税。

三、消费税的税目、税率

（一）消费税税目

消费税税目采取正列举方式，即凡征税的消费品才列入税目、税率表，不征税的不列入。1994年税制改革开征消费税，共设置了11个税目，有些税目下又设置了子目，例如烟、酒及酒精、小汽车这三个税目都设有子目。

2006年3月，国家对消费税的征收范围进行了调整，变化的内容主要是：(1) 取消了原税目中的护肤护发品，将高档护肤护发品归并到化妆品税目中；(2) 将原税目中的汽油、柴油两个税目合并，修订为成品油税目，增设了石脑油等子税目；(3) 修订了“小汽车”税目，增设了税率；(4) 新设了五个税目：高尔夫球及球具、高档手表、游艇、木制一次性筷子、实木地板。

截止到目前，我国消费税税目有14个，具体包括：

1. 烟

即以烟叶为原料加工生产的特殊消费品，卷烟是指将各种烟叶切成烟丝并按照一定的配方辅之以糖、酒、香料加工而成的产品。在“烟”税目下分“卷烟”等子目，“卷烟”又分为“甲类卷烟”和“乙类卷烟”。甲类卷烟是指每标准条调拨价格70元(不含增值税)(含70元)的卷烟；乙类卷烟是指每标准条调拨价格在70元(不含增值税)以下的卷烟。

自2009年5月1日起，在卷烟批发环节加征了一道从价税，在我国境内从事卷烟批发业务的单位和个人，批发销售的所有牌号规格的卷烟，按其销售额(不含增值税)征收5%的消费税。纳税人应该将销售额和其他商品销售额分开核算，未分开核算的一并征收消费税。纳税人销售给纳税人以外的单位和个人的卷烟于销售时纳税。纳税人之间销售的卷烟不交纳消费税。卷烟批发企业所在地，总机构与分支机构不在同一地方的由总机构申报纳税。卷烟消费税在生产、批发两个环节征收后，批发企业在计算纳税时不得扣除已含的生产环节的消费税税款。

2. 酒及酒精

本税目下设粮食白酒、黄酒、啤酒、其他酒及酒精。调味料酒不属于本税目的征收范围。

酒是酒精度在1度以上的各种酒类饮料。酒精又名乙醇，是指用蒸馏或合成方法生产的酒精度在95度以上的无色透明液体。酒类包括粮食白酒、薯类白酒、黄酒、啤酒和其他酒。酒精包括各种工业酒精、医用酒精和食用酒精。

啤酒每吨出厂价(含包装物及包装物押金)在3 000元(含3 000元，不含增值税)以上的是甲类啤酒，每吨出厂价(含包装物及包装物押金)在3 000元(不含增值税)以下的是乙类啤酒。对饮食业、商业、娱乐业举办的啤酒屋(啤酒坊)利用啤酒生产设备生产的啤酒、应当征收消费税。配制酒(露酒)是指以发酵酒、蒸馏酒或食用酒精为酒基，加入可食用或药食两用的辅料或食品添加剂，进行调配、混合或再加工制成的、并改变了其原酒基风格的饮料酒。具体规定如下：

(1) 以蒸馏酒或食用酒精为酒基、具有国家相关部门批准的国食健字或卫食健字文号并且酒精度低于38度(含)的配制酒，按消费税税目税率表“其他酒”10%适用税率征收消费税。

(2) 以发酵酒为酒基，酒精度低于20度(含)的配制酒，按消费税税目税率表“其他酒”10%适用税率征收消费税。

(3) 其他配制酒，按消费税税目税率表“白酒”适用税率征收消费税。

3. 化妆品

本税目征收范围包括各种美容、修饰类化妆品、高档护肤类化妆品和成套化妆品，舞台、戏剧、影视演员化妆用得上妆油、卸妆油、油彩，不属于本税目的征税范围。

4. 贵重首饰及珠宝玉石

本税目征税范围包括金银珠宝首饰和经采掘、打磨、加工的各种珠宝玉石。

5. 鞭炮、烟火

本税目征税范围包括各种鞭炮、烟火。体育活动上用的发令纸、鞭炮引线，不按照本税目征收。

6. 成品油

本税目包括汽油、柴油、石脑油、溶剂油、航空煤油、润滑油、燃料油七个子目。

7. 汽车轮胎

本税目包括用于各种汽车、挂车、专用车和其他机动车上的内、外轮胎。不包括农用拖拉机、收割机、手扶拖拉机的专用轮胎。自2001年1月1日起，子午线轮胎免征消费税，翻新轮胎停止征收消费税。自2010年12月1日起，农用拖拉机、收割机和手扶拖拉机专用轮胎不属于《消费税暂行条例》规定的应征消费税的“汽车轮胎”范围，不征收消费税。

8. 摩托车

本税目包括轻便摩托车和摩托车两种。

9. 小汽车

汽车是指由动力驱动，具有4个或4个以上车轮的非轨道承载的车辆。电动汽车不属于本税目征收范围。

10. 高尔夫球及球具

高尔夫球及球具是指从事高尔夫球运动所需的各种专用设备，包括高尔夫球、高尔夫球杆及高尔夫球包(袋)等。

11. 高档手表

高档手表是指销售价格(不含增值税)每只在 10 000 元以上的各类手表。本税目征税范围包括符合上述标准的各类手表。

12. 游艇

游艇是指长度大于 8 米小于 90 米，船体由玻璃钢、钢、铝合金、塑料等多种材料制作，可以在水上移动的水上浮载体。

13. 木制一次性筷子

本税目征收范围包括各种规格的木制筷子，未经打磨、倒角的木制一次性筷子属于本税目征收范围。

14. 实木地板

本税目包括各类规格的实木地板、实木指接地板、实木复合地板和实木装饰板以及用于装饰墙壁、天棚的侧端面为槽的实木装饰板。

（二） 消费税的税率

1. 影响消费税税率设计的因素

我国在设计消费税税率时主要考虑了以下几方面的因素：(1) 应当能够体现国家的产业政策和消费政策；(2) 应当能够正确地引导消费方向，有效地限制超前消费的倾向，起到调节供求关系的作用；(3) 应当具有一定的财政意义，即税率不能太低；(4) 应当能够适应消费者的货币支付能力和心理承受能力；(5) 应适当考虑应税品目原有的负担水平。

2. 消费税税率的一般规定

消费税税率采取比例税率、定额税率、从量定额与从价定率相结合的复合计税三种形式。消费税各应税消费品税目采用比例税率还是定额税率，主要根据各种应税品税目的具体情况来确定。对供求关系平衡、价格差异变化不大、计量单位规范的消费品，采取从量定额征收的方式比较适宜。对供求关系矛盾较大、价格差异变化大、计量单位不规范的消费品，采用从价定率征收的方式比较适宜。

(1) 比例税率：适用于大多数应税消费品，税率从 1%～56%。

(2) 定额税率：对黄酒、啤酒和成品油实行定额税率。其中：黄酒每吨税额 240 元；啤酒每吨出厂价格(含包装物及包装物押金)在 3 000 元以上的(含 3 000 元，不含增值税)甲类啤酒税额 250 元；每吨啤酒在 3 000 元以下的乙类啤酒税额 220 元；娱乐业和饮食业自制的啤酒每吨税额 250 元。

(3) 复合税率(计征)：对粮食白酒、薯类白酒和卷烟三种消费品实行定额税率与比例税率相结合的复合计征。具体规定是：

① 卷烟：甲类卷烟比例税率 56%、定额税率 0.0003 元/支；乙类卷烟比例税率 36%、定额税率 0.0003 元/支；雪茄烟比例税率 36%；烟丝比例税率 30%。(卷烟每大标准箱＝250

标准条；每标准条＝200 支）

② 粮食、薯类白酒：定额税率为 0.5 元/斤(500 克)；比例税率 20％。

消费税税目、税率(税额)如表 3-1 所示。

3. 消费税从高征税的规定

不管实行定额税率还是比例税率，消费税都采取列举的方式，按具体产品设置税目与税率，但是，如果存在下列情况，应按适用税率中最高税率征税：

(1) 纳税人兼营不同税率的应税消费品，即生产销售两种税率以上的应税消费品时，应当分别核算不同税率应税消费品的销售额或销售数量，未分别核算的，按最高税率征税。例如，某日化厂既生产化妆品又生产护肤护发品，如果不分别核算销售额和销售数量，则应按化妆品 30％的最高税率征税。

(2) 纳税人将应税消费品与非应税消费品以及适用不同税率的应税消费品组成成套消费品销售的，应根据组合消费品的销售全额按应税消费品的最高税率征税。例如，企业将化妆品、护肤护发品等组成成套消费品销售时，则应按该成套消费品全额和 30％的最高税率征税。

表 3-1　消费税税目、税率(税额)表

税目	税率
一、烟	
1. 卷烟	
(1) 甲类卷烟	56％加 0.003 元/支
(2) 乙类卷烟	36％加 0.003 元/支
(3) 批发环节	5％
2. 雪茄烟	36％
3. 烟丝	30％
二、酒及酒精	
1. 白酒	
2. 黄酒	20％加 0.5 元/500 克
3. 啤酒	240 元/吨
(1) 甲类啤酒	250 元/吨
(2) 乙类啤酒	220 元/吨
4. 其他酒	10％
5. 酒精	5％
三、化妆品	30％
四、贵重首饰及珠宝玉石	
1. 金银首饰、铂金首饰、钻石及钻石饰品	5％
2. 其他贵重首饰和珠宝玉石	10％
五、鞭炮、烟火	15％
六、成品油	
1. 汽油	
(1) 含铅汽油	1.4 元/升
(2) 无铅汽油	1.00 元/升
2. 柴油	0.8 元/升
3. 航空煤油	0.8 元/升
4. 石脑油	1.00 元/升
5. 溶剂油	1.00 元/升
6. 润滑油	1.00 元/升
7. 燃料油	0.8 元/升

续表

税目	税率
七、汽车轮胎	3%
八、摩托车	
1. 汽缸容量(排气量,下同)在250毫升(含250毫升)以下的	3%
2. 汽缸容量在250毫升以上的	10%
九、小汽车	
1. 乘用车	
(1) 汽缸容量(排气量,下同)在1.0升以下的	1%
(2) 汽缸容量在1.0升以上至1.5升(含1.5的升)的	3%
(3) 汽缸容量在1.5升以上至2.0升(含2.0的升)的	5%
(4) 汽缸容量在2.0升以上至2.5升(含2.5的升)的	9%
(5) 汽缸容量在2.5升以上至3.0升(含3.0的升)的	12%
(6) 汽缸容量在3.0升以上至4.0升(含4.0的升)的	25%
(7) 汽缸容量在4.0升以上的	40%
2. 中轻型商用客车	5%
十、高尔夫球及球具	10%
十一、高档手表	20%
十二、游艇	10%
十三、木制一次性筷子	5%
十四、实木地板	5%

四、消费税税收优惠

由于消费税征收范围具有选择性,因此,除特殊情况外,一般不予减免税。现行消费税条例规定,纳税人出口的应税消费品(不含国家限制出口的产品),可以免征消费税。

(一) 出口应税消费品免征消费税的规定

有出口经营权的生产性企业自营出口或生产企业(包括有出口经营权和没有出口经营权的生产企业)委托外贸企业代理出口自产的应税消费品,依据实际出口货物销售额或出口数量免征消费税,不存在退税问题,即只免税不退税。因为在此出口环节前的其他环节没有征过消费税,在出口环节免税后其出口价格中已不含消费税,因而不能再给予退税。

(二) 出口应税消费品退(免)消费税的退税率

出口应税消费品的消费税退(免)税税率或单位税额为《中华人民共和国消费税暂行条例》(以下简称《消费税暂行条例》)中规定的税率或单位税额。当出口货物属于应纳消费税的消费品时,应退(免)的消费税按应税消费品所适用的消费税税率计算,这是退(免)消费税与退(免)增值税的一个重要区别。出口企业应将适用不同税率的出口应税消费品分开核算和申报,适用税率划分不清的,一律按从低的适用税率计算退(免)税额。

第二节　消费税的计算

一、消费税的计税依据

按照《消费税暂行条例》的基本规定，消费税应纳税额的计算主要分为从价计征、从量计征和从价从量复合计征三种方法。

（一）从价计征

在从价定率方法下，消费税应纳税额等于应税消费品的销售额乘以适用税率，一般税额的多少取决于应税消费品的销售额和适用税率两个因素。

1. 销售额的确定

应税消费品的销售额包括销售应税消费品从购买方收取的全部价款和价外收入，其价外收入包括：价外收取的基金、集资费、返还利润、补贴、违约金（延期付款利息）和手续费、包装费、储备费、优质费、运输装卸费、代收款项、代垫款项以及其他各种性质的价外收费。

但下列款项不属于价外收入：一是向购买方收取的销项税额。二是受托加工应征消费税的消费品所代收代缴的消费税。三是同时符合以下条件的代垫运费：承运部门的运费发票开具给购货方的；纳税人将该项发票转交给购货方的。

价外收入，无论其会计制度如何核算，均应并入销售额计算征税，即销售额为应税消费品售价与价外收入之和。此处的销售额是不含增值税的销售额，为此，应税消费品售价和价外收入都应当是不含增值税在内的价格。

2. 含增值税销售额的换算

如果是含税的销售额或价外收入，在计算消费税时，应换算为不含增值税的价格。换算公式为：

应税消费品的销售额＝含增值税的销售额÷（1＋增值税税率或征收率）

在运用该换算公式时，如果消费税纳税人同时又是增值税一般纳税人，则应按17%的增值税税率进行换算；如果消费税纳税人是增值税小规模纳税人，则应按3%的征收率进行换算。

3. 连同包装物销售的应税消费品的销售额确定

消费税对应税消费品连同包装物销售的，对其包装物是否计入销售额这一问题的规定与增值税相同。对纳税人为销售货物而出租、出借包装物所收取的押金，凡能单独记账核算的，不并入销售额；但对逾期未收回包装物而不再退还的押金，应并入销售额，按所包装货物的适用税率征税。这里的“逾期”是以1年为期限，对1年以上的押金无论是否退还，均应并入销售额征税。对包装物押金并入销售额征税时，应先将押金换算为不含税价，然后再并入销售额按货物所适用税率征税。

对酒类产品生产企业销售酒类产品(啤酒、黄酒除外)而收取的包装物押金,无论是否返还以及会计上如何处理,均应并入当期销售额,依酒类产品的适用税率征税。

在这里应当指出的是:根据规定,对增值税一般纳税人向购买方收取的价外收入和逾期包装物押金,应视为含增值税的收入,在征税时应换算成不含税收入,然后并入销售额计征消费税。

(二) 从量计征

实行从量定额征收的应税消费品,以实际销售数量为计税数量。应纳税额等于应税消费品的销售数量乘以单位税额,应纳税额的多少取决于应税消费品的销售数量和单位税额两个因素。

1. 销售数量的确定

(1) 销售应税消费品的,为应税消费品的销售数量;

(2) 属于自产自用的应税消费品,以应税消费品移送使用的数量为计税数量;

(3) 委托加工的应税消费品,以委托方收回的应税消费品数量为计税数量;

(4) 进口的应税消费品,以海关核定的应税消费品进口数量为计税数量。

2. 计量单位的换算

根据消费税条例的规定,黄酒、啤酒以吨为计税单位;汽油、柴油以升为计税单位。在实际销售过程中,一些纳税人往往将计量单位混用,为了规范不同产品的计量单位,《消费税暂行条例》具体规定了吨与升的换算标准:

啤酒 1 吨=988 升;黄酒 1 吨=962 升;汽油 1 吨=1 388 升;柴油 1 吨=1 176 升;

航空煤油 1 吨=1 246 升;石脑油 1 吨=1 385 升;溶剂油 1 吨=1 282 升;

润滑油 1 吨=1 126 升;燃料油 1 吨=1 015 升

(三) 从价从量复合计征

现行消费税的征税范围中,只有卷烟、粮食白酒、薯类白酒采用复合计征的方法。应纳税额等于应税销售数量乘以定额税率再加上应税销售额乘以比例税率。

生产销售卷烟、粮食白酒、薯类白酒从量定额计税依据为实际销售数量;进口、委托加工、自产自用卷烟、粮食白酒、薯类白酒从量定额计税依据分别为海关核定的进口征税数量、委托方收回数量、移送使用数量。

(四) 消费税计税依据的特殊规定

(1) 纳税人通过自设非独立核算的门市部销售自产应税消费品的,以门市部对外销售额或销售数量为计税数量。

(2) 纳税人用于换取生产资料和消费资料、投资入股或抵偿债务时应以纳税人同类应税消费品的最高销售价格作为计税销售额。

(3) 自产自用应税消费品

自产自用的应税消费品按其使用方向可分为两种情况,因而其计税销售额也可分为如下两种情况:

① 纳税人生产的应税消费品用于本企业连续生产应税消费品的，移送使用时不征税。这种自产自用的应税消费品是指，该消费品是作为生产最终应税消费品的直接材料并构成最终产品实体的应税消费品。在这种情况下，对自产自用的应税消费品不征税，只就最终应税消费品征税，因而不存在对自产自用的应税消费品确定计税销售额问题。例如，酒厂用自己生产的酒精加工成白酒，酒精和白酒都是应税消费品，这种情况下，只对最终销售的白酒征税，对自产自用的酒精不征税，因而无须确定酒精的计税销售额。但是，如果将酒精用于对外销售则应以酒精的销售价格为计税销售额，按规定征税。

② 纳税人生产的应税消费品用于其他方面的，视同销售征收消费税。"用于其他方面"是指用于生产非应税消费品和在建工程、管理部门、非生产机构、提供劳务，以及用于馈赠、赞助、广告、样品、职工福利、奖励等方面。对这种用于其他方面的自产自用的应税消费品，均视同对外销售，于移送使用时按照纳税人生产的同类消费品的销售价格计算纳税。同类消费品的销售价格是指纳税人或代收代缴义务人当月销售的同类消费品的销售价格。如果当月各期销售价格高低不同，则应按销售数量加权平均计算。如果销售的应税消费品价格明显偏低又无正当理由，或者无销售价格，则不得加权平均计算。如果当月没有发生销售或当月未完结，应以同类消费品上月或最近月份的销售价格为计税销售额。对于没有同类消费品销售价格的，以组成计税价格为计税销售额。

(4) 委托加工的应税消费品以受托方同类消费品的销售价格为计税销售额；没有同类消费品销售价格的，以组成计税价格为计税销售额。

委托加工是一种特定的生产方式，委托加工的应税消费品是指由委托方提供原料和主要材料，受托方只收取加工费和代垫部分辅助材料加工的应税消费品。对于由受托方提供原材料生产的应税消费品，或者受托方先将原材料卖给委托方，然后再接受加工的应税消费品，以及由受托方以委托方名义购进原材料生产的应税消费品，不论纳税人在财务上是否作销售处理，都不得作为委托加工应税消费品，而应按照受托方销售自制应税消费品对待，即按销售自产应税消费品的规定征税。

(5) 进口应税消费品，以组成计税价格为计税销售额。

(6) 纳税人兼营不同税率的应税消费品，即生产销售两种税率以上的应税消费品时，应当分别核算不同税率应税消费品的销售额或销售数量，未分别核算销售额或销售数量的或将不同税率的应税消费品组成成套销售品销售的，按最高税率征税。

二、消费税税额的计算

(一) 实行从量定额计税方法应纳消费税税额的计算

我国消费税只对黄酒、啤酒、成品油等消费品实行从量定额征税。

1. 直接对外销售或自产自用的应税消费品，其计算公式如下：

应纳税额＝应税消费品的销售数量×定额税率

【例 3-1】 某啤酒厂 2012 年 4 月销售乙类啤酒 1 000 吨，每吨出厂价格 2 800 元，计算 4 月该啤酒厂应纳消费税税额。

解答：

销售乙类啤酒,适用定额税率220元/吨

应纳消费税税额=销售数量×定额税率=1 000×220=220 000(元)

【例3-2】某石化厂2013年1月份销售柴油4万升,同月将自产柴油5 000升用于本厂在建工程的车辆使用,柴油适用固定税率为0.8元/升,计算该厂本月应纳消费税。

解答:

应纳消费税税额=40 000×0.8 + 5 000×0.8=36 000(元)

2. 如果是进口应税消费品适用从量定额征收的,其计算公式为:

应纳进口消费税税额=进口应税消费品数量×单位税额

(二) 实行从价定率计税方法应纳消费税税额的计算

1. 生产销售环节应纳消费税的计算

纳税人在生产销售环节应缴纳的消费税,包括直接对外销售应税消费品应缴纳的消费税和自产自用应税消费品应缴纳的消费税。

(1) 直接销售的应税消费品

应纳消费税税额=应税消费品的销售额×比例税率

【例3-3】某烟花厂2012年12月份销售烟花600箱,鞭炮1 000箱,取得不含增值税的销售收入424 000元。计算该厂当月应纳的消费税税额。

解答:

应纳消费税税额=销售额×税率=424 000×15%=63 600(元)

【例3-4】某化妆品厂是增值税一般纳税人,2012年5月15日向某大型商场销售化妆品一批,开具增值税专用发票,取得不含增值税销售额50万元,增值税税额8.5万元;5月20日向某单位销售化妆品一批,开具普通发票,取得含增值税销售额4.68万元。计算该厂应纳消费税税额。

解答:

化妆品适用税率为30%

化妆品的应税销售额=50+ 4.68÷(1+17%)=54 万元

应纳消费税税额=54×30%=16.2 万元

(2) 自产自用应纳消费税的计算

纳税人生产的应税消费品用于本企业连续生产应税消费品的,移送使用时不征税。纳税人生产的应税消费品用于生产非应税消费品和在建工程、管理部门、非生产机构、提供劳务,以及用于馈赠、赞助、广告、样品、职工福利、奖励等方面,对这种用于其他方面的自产自用的应税消费品,均视同对外销售,于移送使用时按照纳税人生产的同类消费品的销售价格计算纳税;没有同类消费品销售价格的,按下列组成计税价格计算纳税:

组成计税价格=(成本+利润)÷(1—消费税税率)

应纳税额=组成计税价格×消费税税率

公式中的成本是指应税消费品的产品生产成本;利润是指根据国家税务总局确定的应税消费品的全国平均成本利润率计算的利润。

【例3-5】某汽车制造厂将新研制的小轿车5辆分配给本企业管理部门,没有同类产品的销售价格,该种小轿车的生产成本为每辆12元,小轿车的全国平均利润率为8%,假设消费税税率为5%。计算该批自产自用的小轿车应纳的消费税。

解答：

组成计税价格=(12×5+12×5×8%)÷(1−5%)=68.21(万元)

应纳税额=68.21×5%=3.41(万元)

1993年2月28日与2006年3月，国家税务总局颁发的《消费税若干具体问题的规定》，确定应税消费品全国平均成本利润率见表3-2。

表3-2　平均成本利润率

货物名称	利润率(%)
1. 甲类卷烟	10
2. 乙类卷烟	5
3. 雪茄烟	5
4. 烟丝	5
5. 粮食白酒	10
6. 薯类白酒	5
7. 其他酒	5
8. 酒精	5
9. 化妆品	5
10. 鞭炮、烟火	5
11. 贵重首饰和珠宝玉石	6
12. 汽车轮胎	5
13. 摩托车	6
14. 高尔夫球及球具	10
15. 高档手表	20
16. 游艇	10
17. 木制一次性筷子	5
18. 实木地板	5
19. 乘用车	8
20. 中轻型商用客车	5

2. 委托加工环节应税消费品应纳税额的计算

委托加工的应税消费品，按照受托方同类消费品的销售价格计算纳税；没有同类消费品销售价格的，按照下列组成计税价格计算纳税：

组成计税价格=(材料成本+加工费)÷(1−消费税税率)

应纳税额=组成计税价格×消费税税率

公式中的材料成本是委托方提供的加工材料的实际成本。委托方必须在加工合同中如实注明(或以其他方式提供)材料成本。凡未提供材料成本的，受托方所在地主管税务机关有权核定其材料成本。加工费是指受托方加工应税消费品向委托方所收取的全部费用(包括代垫辅助材料的实际成本)。材料成本及加工费中均不得含增值税税金,如含有增值税税金,应先剔除增值税税金后,再按此公式组成计税价格。

【例 3-6】某公司为庆祝开业 10 周年委托烟花厂加工一批烟花爆竹。该公司提供的原材料价款为 3 075 元,向烟花厂支付不含税加工费 1 600 元,当月完工提货,烟花、爆竹消费税税率为 15%。计算该笔业务应纳的消费税。

解答:

组成计税价格=(3 075+1 600)÷(1-15%)=5 500(元)

应纳税额=5 500×15%=825(元)

在某公司提货时由烟花厂代收代缴消费税 825 元。

值得注意的是:委托加工应税消费品在完工提货时,由受托方代收代缴委托方应缴纳的消费税,委托方收回后直接出售时,不再缴纳消费税;如继续加工成新应税消费品出售,按销售额计算应纳消费税,但加工环节已纳的消费税可按相关办法扣除。

3. 进口应税消费品消费税的计算

进口应税消费品实行从价定率计税办法的,按照组成计税价格计税。

组成计税价格=(关税完税价格+关税)÷(1-消费税税率)

应纳税额=组成计税价格×消费税税率

公式中的完税价格是指海关核定的关税计税价格。

【例 3-7】某商贸公司 2012 年 5 月从国外进口一批应税消费品,已知该批应税消费品的关税完税价格为 90 万元,按规定应纳关税 18 万元,进口消费品的消费税税率为 10%,计算该批消费品应纳的消费税税额。

解答:

组成计税价格=(90+18)÷(1-10%)=120(万元)

应纳消费税税额=120×10%=12(万元)

(三) 实行从量定额与从价定率相结合的复合计税方法应纳消费税的计算

1. 非进口应税消费品

应纳税额=应税消费品的销售额×比例税率+应税消费品的销售数量×定额税率

2. 进口应税消费品

应纳税额=进口应税消费品的组成计税价格×消费税税率+进口数量×单位税额

【例 3-8】某白酒厂 2 月份销售粮食白酒 32 吨,取得不含增值税的销售额 153 600 元。计算该厂 2 月份应纳的消费税税额。

解答:

粮食白酒采用复合税率征税。首先将 32 吨换算为斤,计算出销售数量,然后再按定额税率和比例税率计算应纳税款。

销售数量=1 000×2×32=64 000(斤)

应纳消费税税额=销售数量×定额税率+销售额×比例税率

=64 000×0.5+153 600×20%=62 720(元)

（四）已纳消费税扣除的计算

1. 外购应税消费品已纳税额的扣除

外购的下列应税消费品，用于连续生产应税消费品的，已缴纳的消费税税款准予从应纳的消费税税款中抵扣：

（1）以外购的已税烟丝为原料生产的卷烟；

（2）以外购的已税化妆品为原料生产的化妆品；

（3）以外购的已税珠宝玉石为原料生产的贵重首饰和珠宝玉石；

（4）以外购的已税鞭炮、焰火为原料生产的鞭炮、焰火；

（5）以外购的已税汽车轮胎（内胎和外胎）生产的汽车轮胎；

（6）以外购的已税摩托车生产的摩托车（如将外购的两轮摩托车改装为三轮摩托车）；

（7）以外购的已税杆头、杆身和握把为原料生产的高尔夫球杆；

（8）以外购的已税木制一次性筷子为原料生产的木制一次性筷子；

（9）以外购的已税实木地板为原料生产的实木地板；

（10）以外购的已税石脑油为原料生产的应税消费品；

（11）以外购的已税润滑油为原料生产的润滑油。

当期准予扣除的外购应税消费品已纳的消费税税款，应按当期生产领用数量计算。

计算公式为：当期准予扣除的外购应税消费品已纳税款

=当期准予扣除的外购应税消费品买价×外购应税消费品适用税率

当期准予扣除的外购应税消费品买价

=期初库存的外购应税消费品的买价+当期购进的应税消费品买价−期末库存的外购应税消费品的买价

公式中外购应税消费品的买价是指购货发票上注明的销售额（不含增值税税额）；允许扣除的已纳税款只限于从工业企业购进的应税消费品的已纳税款和进口环节已缴纳的消费税款，对于从商业企业购进应税消费品的已纳税额一律不得扣除。

【例 3-9】 某日化厂以本月外购已税化妆品半成品为原料，取得专用发票上注销的购进金额（不含税价款）132 万元。期初无库存原料，本月将外购化妆品的 2/3 投入生产。销售化妆品给 A 商场，取得不含税销售额 450 万元，另收取运费 0.4 万元、储备费 0.68 万元。计算日化厂本月应纳消费税。

解答：

应纳消费税税额=450×30%+(0.4+0.68)÷1.17×30%−132×(2÷3)×30%

=108.88（万元）

2. 委托加工收回的应税消费品已纳税款的扣除

委托加工收回的下列应税消费品，用于连续生产应税消费品的，其委托加工收回的消费品已纳消费税税款，准予从应纳的消费税税款中抵扣：

（1）以委托加工收回的已税烟丝为原料生产的卷烟；

（2）以委托加工收回的已税化妆品为原料生产的化妆品；

（3）以委托加工收回的已税珠宝玉石为原料生产的贵重首饰及珠宝玉石；

(4) 以委托加工收回的已税鞭炮、焰火为原料生产的鞭炮、焰火；

(5) 以委托加工收回的已税汽车轮胎生产的汽车轮胎；

(6) 以委托加工收回的已税摩托车生产的摩托车；

(7) 以委托加工收回的已税杆头、杆身和握把为原料生产的高尔夫球杆；

(8) 以委托加工收回的已税木制一次性筷子为原料生产的木制一次性筷子；

(9) 以委托加工收回的已税实木地板为原料生产的实木地板；

(10) 以委托加工收回的已税石脑油为原料生产的应税消费品；

(11) 以委托加工收回的已税润滑油为原料生产的润滑油。

当期准予扣除的委托加工收回的应税消费品已纳消费税税款，应按当期生产领用数量计算。计算公式为：

当期准予扣除的委托加工应税消费品已纳税款＝期初库存的委托加工应税消费品已纳税款＋当期收回的委托加工应税消费品已纳税款－期末库存的委托加工应税消费品已纳税款

对上述应税消费品准予从应纳消费税税额中扣除外购和委托加工收回的应税消费品的已纳税款，其目的是避免重复征税和体现公平税负。因为外购和委托加工的应税消费品已缴过一次消费税，如不准予抵扣则必然产生重复征税；再者，如不准予抵扣，则会造成用已缴过消费税的消费品连续生产的应税消费品同用自产的应税消费品连续生产的应税消费品这两种生产经营方式之间税收负担的不平衡。

【例 3-10】 某烟厂外购烟叶委托 A 厂加工烟丝，本月完工提货，全部投入生产。烟厂提供的烟叶 580 万元(不含税价)，支付加工费 234 万元(含税价)，取得了专用发票。A 厂代收代缴了消费税金。烟厂销售自产卷烟 2 000 箱，取得不含税收入 4 000 万元(每箱 250 条，每条 200 支，每箱定额税率 150 元)，A 厂无同类烟丝售价。计算烟厂应纳消费税。

解答：

每条卷烟的价格＝4 000÷2 000÷250＝0.008(万元)

每条卷烟的价格为 80 元，所以适用 56％的税率。

应纳消费税税额＝2 000×150÷10 000＋4 000×56％－(580＋234÷1.17)÷(1－30％)×30％＝30＋2 240－334.29＝1 935.71(万元)

第三节　消费税的会计处理

消费税纳税核算会计科目的设置

凡是缴纳消费税的企业，应在“应交税费”科目下设置“应交消费税”明细科目进行会计核算。该账户的借方，反映企业实际缴纳的消费税税额和待扣的消费税税额；贷方反映企业按规定应缴纳的消费税税额；期末贷方余额表示企业尚未缴纳的消费税税额，期末借方余额表示企业多缴或待扣的消费税税额。

由于消费税属于价内税，其主要在生产及进口环节征收，通常情况下，企业销售产品缴纳的消费税应计入营业税金以抵减营业收入。因此，在核算消费税税额时，要根据消费品的具体情况，分别进行核算：自产应税消费品用于销售时，记入“营业税金及附加”账户；自产应税消费品用于投资，按投出应税消费品的售价或组成计税价格计算应纳消费税时，记入“长期股权投资”账户；自产应税消费品用于换取生产资料、消费资料、抵偿债务，在税法上属于有偿转让应税消费品，应视同销售应税消费品；捐赠应税消费品时，记入“营业外支出”账户；委托加工应税消费品时，记入“委托加工物资”账户；进口应税消费品时，记入“库存商品”等账户。

（一）销售及视同销售的核算

1. 生产销售应税消费品

纳税人生产的需要缴纳消费税的消费品，在销售时，应当按照应缴消费税借记“营业税费及附加”科目，贷记“应交税费——应交消费税”科目。实际缴纳消费税时，借记“应交税费——应交消费税”科目，贷记“银行存款”科目。发生销货退回及退税时，作相反的会计分录。

纳税人出口应税消费品按规定不予免税或退税的，应视同国内销售，按上款规定进行会计处理。

【例 3-11】甲公司采取直接收款方式销售化妆品 1 000 套，开出的增值税专用发票上注明价款 600 000 元，增值税税额为 102 000 元，该批化妆品实际生产成本为 400 000 元，款项均已通过银行收讫。化妆品使用的消费税税率 30%。

解答：

根据上述业务，作会计分录如下：

(1) 销售实现，确认收入时：

借：银行存款　　702 000

　贷：主营业务收入　　600 000

　　　应交税费——应交增值税(销项税额)　　102 000

(2) 结转销售成本时：

借：主营业务成本　　400 000

　贷：库存商品　　400 000

(3) 计算应缴纳的消费税时：

应缴纳消费税税额＝600 000×30%＝180 000(元)

借：营业税金及附加　　180 000

　贷：应交税费——应交消费税　　180 000

(4) 实际缴纳消费税税款时：

借：应交税费——应交消费税　　180 000

　贷：银行存款　　180 000

2. 生产应税消费品换取生产资料、消费资料或抵偿债务、支付代购手续费等

纳税人以生产的应税消费品换取生产资料、消费资料或抵偿债务、支付代购手续费等，应视同销售进行会计处理。纳税人应按同类产品最高售价借记“原材料”、“材料采购”、“应

付账款”等科目，贷记“主营业务收入”、“应交税费——应交增值税（销项税额）”等科目，同时，计算应交消费税，借记“营业税费及附加”科目，贷记“应交税费——应交消费税”科目，并结转销售成本。

【例 3-12】大宝化妆品厂以其生产的化妆品抵偿债务，该批化妆品的销售额为 50 000 元，成本为 30 000 元。计算该厂应纳消费税并进行会计核算。

解答：

应纳消费税税额＝50 000×30％＝15 000(元)

计提消费税时，其会计处理：

借：营业税费及附加　　15 000

　贷：应交税费——应交消费税　　15 000

3. 以自产应税消费品投资

纳税人以生产的应税消费品作为投资，从会计角度看不属于销售行为，企业不会由于对外投资而取得销售收入，增加现金流量。因此，会计上不作为销售处理，按成本转账。但税法上应视同销售缴纳消费税和增值税。

（二）应税消费品的包装物应纳消费税的核算

随同应税消费品出售的包装物，无论是否单独计价核算，均应并入应税消费品的销售额中计算缴纳消费税。出售、出借包装物，因逾期未收回包装物而没收的押金，也应计算缴纳消费税。随同产品出售的包装物，具体包括不单独计价和单独计价两种情况。

1. 随同产品出售不单独计价的包装物

随同产品出售不单独计价的包装物，由于其收入已包括在产品销售收入中，其应纳消费税不再单独进行会计核算。

2. 随同产品出售单独计价的包装物

随同产品出售单独计价的包装物，应按其实际销售收入，贷记“其他业务收入”账户，按规定计算的增值税税额，贷记“应交税费——应交增值税（销项税额）”账户，按实现的销售收入与增值税税额，借记“银行存款”或“应收账款”等账户，结转出售的包装物成本时，借记“其他业务成本”账户，贷记“周转材料——包装物”账户；计算应缴纳的消费税时，借记“营业税金及附加”账户，贷记“应交税费——应交消费税”账户。

【例 3-13】A 公司生产销售化妆品，随同化妆品出售包装物一批，成本 20 000 元，取得包装物出售价款 40 000 元（不含增值税），款项已收存银行。该企业增值税税率为 17％，烟化妆品的消费税税率为 30％。

解答：

根据上述业务，作会计分录如下：

(1) 确认包装物的销售收入时：

包装物应纳增值税税额＝4 0 000×17％＝6 800 (元)

借：银行存款　　46 800

　贷：其他业务收入　　40 000

　　　应交税费——应交增值税(销项税额)　　6 800

(2) 结转销售包装物的成本时：

借：其他业务成本　　20 000

　　贷：周转材料——包装物　　20 000

(3) 计算应交的消费税时：

应纳消费税税额＝40 000×30%＝12 000(元)

借：营业税金及附加　　12 000

　　贷：应交税费——应交消费税　　12 000

(三) 自产自用应税消费品的核算

1. 用于在建工程或直接转为固定资产

纳税人将自产的应税消费品用于在建工程或直接转为固定资产的，应于货物移送使用时，按同类消费品的平均销售价格计算应纳消费税和应纳增值税，贷记“应交税费——应交消费税”、“应交税费——应交增值税”科目，按移送使用的货物成本，贷记“库存商品”科目；按应纳增值税、应纳消费税和移送使用货物的成本之和，借记“在建工程”、“固定资产”科目。

【例 3-14】蓝天厂将自产的 90#汽油 500 升用于本厂在建工程，该标号汽油单位售价为 2.20 元/升，单位成本为 1.20 元/升。

解答：

应纳消费税税额＝500×0.20＝100(元)

应纳增值税销项税额＝500×2.20×17%＝187(元)

其会计分录如下。

借：在建工程　　887

　　贷：库存商品　　600

　　　　应交税费——应交消费税　　100

　　　　　　　　——应交增值税(销项税额)　　187

2. 用于职工福利、促进产品销售等

纳税人将自产的应税消费品用于职工福利、促进产品销售等方面，应于货物移送使用时，按同类消费品的平均销售价格计算应纳消费税和应纳增值税。

【例 3-15】梅林酒厂将自产的粮食白酒 10 箱，共 50 千克，用于职工福利，每箱售价 500 元，单位成本为 200 元/箱。(白酒比例税率 20%，定额税率 0.5 元/斤)

解答：

应纳消费税税额＝50×2×0.5＋500×10×20%＝1 050(元)

应纳增值税销项税额＝500×10×17%＝850(元)

其会计分录如下：

借：应付职工薪酬　　6 900

　　贷：主营业务收入　　5 000

　　　　应交税费——应交增值税(销项税额)　　850

　　　　　　　　——应交消费税　　1 050

3. 用于捐赠

纳税人将自产的应税消费品用于捐赠，应于货物移送使用时，按同类消费品的平均销售价格计算应纳消费税和应纳增值税，贷记“应交税费——应交消费税”、“应交税费——应交增值税”科目；按移送使用的货物成本，贷记“库存商品”科目；按应纳增值税、应纳消费税和移送使用货物的成本之和，借记“营业外支出”科目。

【例 3-16】 宏光汽车制造厂将一辆自产的汽缸容量为 2 000 毫升的小客车捐赠给儿童福利院，该型号客车的售价为 5 万元/辆，成本为 3.5 万元/辆。

解答：

应纳消费税税额＝50 000×5%＝2 500(元)

应纳增值税销项税额＝50 000×17%＝8 500(元)

其会计分录如下：

借：营业外支出	46 000	
贷：库存商品		35 000
应交税费——应交增值税(销项税额)		8 500
——应交消费税		2 500

(四) 委托加工应税消费品的核算

按照税法规定，纳税人委托加工应税消费品，应于委托方提货时，由受托方代收代缴消费税。受托方按应收的消费税税额，借记“银行存款”、“应收账款”等科目，贷记“应交税费——应交消费税”科目。

委托方将委托加工应税消费品收回后应分别不同情况进行账务处理：

(1) 委托加工应税消费品收回后直接用于销售的，在销售时不再缴纳消费税。委托方应将受托方代收代缴的消费税计入委托加工的应税消费品成本，借记“委托加工物资”等科目，贷记“银行存款”、“应付账款”等科目。

(2) 委托加工的应税消费品收回后用于连续生产应税消费品按规定准予抵扣的，委托方应按代收代缴的消费税税额，借记“应交税费——应交消费税”科目，贷记“银行存款”、“应付账款”等科目。待加工成最终应税消费品销售时，按最终应税消费品应缴纳的消费税，借记“营业税金附加”科目，贷记“应交税费——应交消费税”科目。这时“应交税费——应交消费税”科目中借贷方发生额的差额即为纳税人实际应缴纳的消费税税额。实际上交时再借记“应交税费——应交消费税”科目，贷记“银行存款”科目。

【例 3-17】 蓝天化妆品厂发出一批化妆品原料，委托梅林日用品厂加工化妆品半成品，原材料成本为 50 000 元，梅林日用品厂收取加工费 10 000 元，且受托方无同类产品销售价格。蓝天化妆品厂收回化妆品半成品后直接对外销售。

解答：

委托方应作会计分录如下：

(1) 支付加工费时

借：委托加工物资	10 000	
应交税费——应交增值税(进项税额)	1 700	
贷：银行存款		11 700

(2) 支付消费税时

组成计税价格＝(50 000＋10 000)÷(1－5%)＝63 157.89(元)

应纳消费税税额＝63 157.89×30%＝18 947.37(元)

借：委托加工物资　　18 947.37

　　贷：银行存款　　18 947.37

(3) 产品销售时，不再缴纳消费税

受托方在收到委托方支付的加工费及代收代缴的消费税时，应作会计分录如下：

借：银行存款　　30 647.37

　　贷：主营业务收入　　10 000

　　　　应交税费——应交增值税(销项税额)　　1 700

　　　　　　　　——代收代缴消费税　　18 947.37

(五) 进口应税消费品的核算

纳税人进口应税消费品所缴纳的消费税应计入该应税消费品的成本，根据在海关缴纳消费税后所获得的完税凭证上注明的消费税税额，借记“固定资产”、“材料采购”、“原材料”、“应交税费——应交增值税(进项税额)”等科目，贷记“银行存款”、“应付账款”等科目。

【例 3-18】 A 化妆品厂进口化妆品原料一批，关税完税价格为 10 000 美元，已缴关税 25 000元人民币，当日的美元汇率为 8.40 元，货物尚未运到，款已付。

解答：

组成计税价格＝(10 000×8.4＋25 000)÷(1－30%)＝155 714.29(元)

应纳消费税税额＝155 714.29×30%＝46 714.29 (元)

应纳增值税进项税额＝155 714.29×17%＝26 471.43(元)

其会计分录如下：

借：材料采购　　155 714.29

　　应交税费——应交增值税(进项税额)　　26 471.43

　　贷：银行存款　　182 185.72

(六) 金银首饰零售业务的核算

税法规定，自 1995 年 1 月 1 日起，所有金、银和金基、银基合金镶嵌首饰，消费税由生产销售环节征收改为零售环节征收。计算消费税时，应将含增值税的价格换算为不含增值税的价格，同时，一律不得扣除购买或已纳的消费税额。

【例 3-19】 甲零售商店开展以旧换新业务，乙消费者以一条旧款式金项链换取一条价值 11 700 元的新款式金项链，旧款式金项链作价 7 000 元，加收差价 4 700 元。增值税税率 17%，消费税税率 5%(以上价格均含增值税)。

解答：

(1) 甲零售商店采取以旧换新销售金银首饰时：

借：材料采购　　7 000

　　库存现金　　4 700

　　贷：主营业务收入　　10 000

　　　应交税费——应交增值税(销项税额)　　　　　　　　　1 700

(2) 甲零售商店计算应缴的消费税时：

借：营业税金及附加　　　　　　　　　　　　　　500

　　贷：应交税费——应交消费税　　　　　　　　　　　500

值得注意的是：受托加工金银首饰缴纳的消费税，应计入受托方的企业损益中，计税依据为受托方同类金银首饰的销售价格；没有同类金银首饰销售价格的，依据为组成计税价格。

第四节　消费税的申报与缴纳

一、消费税的纳税环节

消费税的征收范围是应税消费品的生产环节和进口环节，一般对流通环节不征消费税(个别商品除外)。消费税的这一征收范围决定了消费税的纳税环节只能是生产环节和进口环节，具体规定如下：

(1) 纳税人生产的应税消费品由生产者于销售时纳税。其中生产者自产自用的应税消费品，用于本企业连续生产的不征税；用于其他方面的，于移送使用环节时纳税。

(2) 加工的应税消费品，由受托方于委托方提货时代收代缴税款。

(3) 进口的应税消费品，由报关者于进口报关时纳税。

二、消费税的纳税义务发生时间

消费税纳税义务发生时间可分为以下几种情况：

(1) 纳税人直接对外销售的应税消费品

其纳税义务的发生时间具体为：

① 纳税人采取赊销和分期收款结算方式的，其纳税义务的发生时间，为销售合同规定的收款日期的当天；

② 纳税人采取预收货款结算方式的，其纳税义务的发生时间，为发出应税消费品的当天；

③ 纳税人采取托收承付和委托银行收款方式销售应税消费品的，其纳税义务的发生时间，为发出应税消费品并办妥托收手续的当天；

④ 纳税人采取其他结算方式的，其纳税义务的发生时间，为收讫销售款或者取得索取销售款的凭据的当天。

(2) 纳税人自产自用的应税消费品，其纳税义务的发生时间，为移送使用的当天。

(3) 纳税人委托加工的应税消费品，其纳税义务的发生时间，为纳税人提货的当天。

(4) 纳税人进口的应税消费品,其纳税义务的发生时间,为报关进口的当天。

三、消费税的纳税期限

消费税的纳税期限分别为1日、3日、5日、10日、15日或者1个月。纳税人的具体纳税期限,由主管税务机关根据纳税人应纳税额的大小分别核定;不能按照固定期限纳税的,可以按次纳税。

纳税人以1个月为一期纳税的,自期满之日起10日内申报纳税;以1日、3日、5日、10日、15日为一期纳税的,自期满之日起5日内预缴税款,于次月1日起10日内申报纳税并结清上月应纳税款。

纳税人进口应税消费品,应当自海关填发税款缴纳证之日起15日内缴纳税款。

四、消费税的纳税地点

消费税纳税地点分为以下几种情况:

(1) 纳税人销售的应税销售品以及自产自用的应税消费品,除国家另有规定的外,应当向纳税人核算地主管税务机关申报纳税。

(2) 纳税人到外县(市)销售或委托外县(市)代销的自产应税消费品,应事先向其所在地主管税务机关提出申请,并于应税消费品销售后,回纳税人核算地缴纳税款。

(3) 加工的应税消费品,由受托方向所在地主管税务机关解缴消费税税款。

(4) 进口的应税消费品,由进口人或其代理人向报关地海关申报纳税。此外,个人携带或者邮寄进境的应税消费品,连同关税由海关一并计征。具体办法由国务院关税税则委员会会同有关部门制定。

(5) 纳税人总机构和分支机构不在同一县(市)的,应在生产应税消费品的分支机构所在地申报纳税。但经国家税务总局及所属分局批准,纳税人分支机构应纳的消费税税款也可由总机构汇总向总机构所在地主管税务机关申报纳税。

(6) 纳税人总机构与分支机构不在同一省、自治区、直辖市的,如需改由总机构汇总在总机构所在地纳税,须经国家税务总局批准;纳税人的总机构与分支机构在同一省、自治区、直辖市内,而不在同一县(市)的,如需改由总机构汇总在总机构所在地纳税,须经国家税务总局所属分局批准。

五、消费税纳税申报

消费税纳税人应按照有关规定及时办理纳税申报,并如实填写《消费税纳税申报表》(如表3-3所示)。

表 3-3　消费税纳税申报表

填表日期：　年　月　日

纳税人识别号：□□□□□□□□□□□□□□□

金额单位：元（列至角分）

应税消费品名称	适用税目	应税销售额（数量）	适用税率（单位税额）	当期准予扣除外购应税消费品买价（数量）				
				合计	期初库存外购应税消费品买价（数量）	当期购进外购应税消费品买价（数量）	期末库存外购应税消费品买价（数量）	外购应税消费品适用税率（单位税额）
1	2	3	4	5=6+7−8	6	7	8	9
合计								

应纳消费税		当期准予扣除外购应税消费品已纳税款	当期允许扣除委托加工应税消费品已纳税款			
本期	累计		合计	期初库存委托加工应税消费品已纳税款	当期收回委托加工应税消费品已纳税款	期末库存委托加工应税消费品已纳税款
15=3×4−10或3×4−11或3×4−10−11	16	10=5×9	11=12+13−14	12	13	14

已纳消费税		本期应补（退）税金额			
本期	累计	合计	上期结转税金额	补交本年度欠税	补交以前年度欠税
17	18	19=15−17+20+21+22	20	21	22

截止到上年底累计欠税额	本年度新增欠税额	
	本期	累计
23	24	25

如纳税人填报，由纳税人填写以下各栏		如代理人填报，由代理人填写以下各栏				备注
会计主管（签章）	纳税人（签章）	代理人名称		代理人（公章）		
		代理人地址				
		经办人		电话		

以下由税务机关填写			
收到申报表日期		接收人	

填表说明：

1. 表中第 2 栏"适用税目"必须按照《中华人民共和国消费税暂行条例》规定的税目填写。

2. 本表一式三联，第一联纳税人留存，第二联由主管税务机关留存，第三联税务机关作税收会计原始凭证。

综合练习

一、单项选择题

1. 下列各项中符合消费税纳税义务发生时间规定的是（　　）。

A. 进口的应税消费品为取得进口货物的当天

B. 自产自用的应税消费品为移送使用的当天

C. 委托加工的应税消费品为支付加工费的当天

D. 采取预收货款结算方式为支付加工费的当天

2. 外购已税消费品用于连续生产应税消费品时准予扣除的已纳消费税应当依据(　　)。

A. 当期出库数量　　B. 当期生产领用数量

C. 当期销售数量　　D. 当期完工数量

3. 委托加工应纳消费税消费品,受托方于(　　)时代收代缴税款。

A. 接受委托　　B. 加工完成　　C. 收取加工费用　　D. 委托方提货

4. 下列商品中,征收消费税的有(　　)。

A. 冰箱　　B. 彩电　　C. 空调　　D. 酒精

5. 消费税暂行条例规定,纳税人自产自用应税消费品,用于连续生产应税消费品的(　　)。

A. 视同销售纳税　　B. 于移送使用环节纳税

C. 按组成计税价格纳税　　D. 不纳税

6. 某酒厂自制一批酒精用于本厂医务室,无同类产品售价,该批酒精的实际成本为500元,利润率为10%,则组成计税价格为(　　)。

A. 500　　B. 500×(1+10%)

C. 500×(1+10%)/(1+5%)　　D. 500×(1+10%)/(1-5%)

7. 消费税税收负担的归宿是(　　)。

A. 商品消费者　　B. 生产厂家　　C. 零售商　　D. 批发商

8. 对在我国境内从事生产、委托加工和进口应税消费品的单位和个人,就其销售额和销售数,在特定环节征收的一种税是(　　)。

A. 增值税　　B. 消费税　　C. 营业税　　D. 关税

9. 根据税法规定,委托加工的应税消费品于委托方提货时,由(　　)代扣代缴消费税。

A. 委托方　　B. 中间人　　C. 受托方　　D. 经纪人

10. 税法规定,自1995年1月1日起,所有金、银和金基、银基合金镶嵌首饰,消费税由生产销售环节征收改为(　　)环节征收。

A. 生产　　B. 批发　　C. 零售　　D. 进口

11. 企业进口应税消费品,应当自海关填发税款缴款书之日起(　　)日内缴纳,企业不交税不得提货。

A. 5　　B. 10　　C. 15　　D. 20

12. 纳税人将自己生产的应税消费品用于其他方面,没有同类消费品销售价格的,应按组成计税价格计算纳税,实行从价定率办法计算纳税的组成计税价格的计算公式为(　　)。

A. 组成计税价格=成本÷(1-消费税税率)

B. 组成计税价格=(成本+利润)÷(1-消费税税率)

C. 组成计税价格=利润÷(1-消费税税率)

D. 组成计税价格=(材料成本+加工费)÷(1-消费税税率)

13. 下列说法正确的是(　　)。

A. 征收增值税的产品,一定征收消费税

B. 征收消费税的产品,一定征收增值税

C. 消费税采用概括方法界定征税范围

D. 征收消费税的产品,可能同时征收营业税

14. 消费税的不同应税产品的纳税环节,不包括(　　)。

A. 批发环节　　B. 零售环节　　C. 进口环节　　D. 生产销售环节

15. 委托加工的应税消费品,由(　　)负责向税务机关缴纳消费税。

A. 永远是委托方　B. 永远是受托方　C. 通常是委托方　D. 通常是受托方

16. 下列关于委托加工消费品收回后,用于连续生产应税消费品,允许扣除委托加工消费品已纳税额的项目,不正确的是(　　)。

A. 用委托加工已税烟丝生产卷烟　B. 用委托加工已税酒精生产的白酒

C. 用委托加工已税化妆品生产化妆品　D. 用委托加工已税轮胎生产的高级轮胎

17. 下列项目中可以抵扣外购应税消费品的已纳税额的项目有(　　)。

A. 为生产化妆品而领用的酒精　B. 为零售金银首饰而出库的金银首饰

C. 领用外购已税白酒勾兑的白酒　D. 为生产卷烟而外购的烟丝

18. 纳税人委托加工应税消费品,其纳税义务的发生时间为(　　)。

A. 委托加工环节　B. 纳税人提货的当天

C. 销售环节　D. 领用环节

19. 消费税的纳税人(　　)。

A. 一定是增值税的纳税人　B. 一定不是增值税的纳税人

C. 可能是增值税的纳税人　D. 可能是营业税的纳税人

20. 消费税的纳税人一定不是(　　)。

A. 生产企业　　B. 零售企业　　C. 服务业　　D. 进出口企业

二、多项选择题

1. 下列物品中属于消费税征收范围的有(　　)。

A. 汽油和柴油　B. 烟酒

C. 小轿车　D. 鞭炮、焰火

2. 计算缴纳消费税时,其计税销售额中应包括向购货方收取的(　　)。

A. 消费税税额　B. 增值税销项税额

C. 包装费　D. 运输装卸费

3. 纳税人进口的属于从价定率征收消费税的消费品,其计算应纳消费税税额的组成计税价格的计算公式为(　　)。

A. 关税完税价格+关税+增值税

B. 关税完税价格+关税+消费税

C. (关税完税价格+关税)/(1－消费税)

D. (关税完税价格+关税)/(1+消费税)

4. 适用消费税复合税率的税目有(　　)。

A. 卷烟　　B. 雪茄　　C. 烟丝　　D. 白酒

5. 适用消费税定额税率的税目有(　　)。

A. 白酒　　B. 黄酒　　C. 柴油　　D. 汽油

6. 我国消费税的计征方法有(　　)。

A. 从价定率征收　B. 从量定额征收

C. 从价定额征收　D. 从量定率征收

7. 消费税的纳税环节可分为(　　)。
A. 生产环节　　B. 批发环节　　C. 进口环节　　D零售环节
8. 下列说法正确的是(　　)。
A. 征收增值税的产品,一定征收消费税
B. 征收消费税的产品,一定征收增值税
C. 征收消费税的产品,一定适用17%的增值税税率
D. 征收消费税的产品,可能适用17%的增值税税率,也可能适用13%的增值税税率
9. 消费税不同应税产品的纳税环节包括(　　)。
A. 批发环节　　B. 进口环节　　C. 零售环节　　D. 生产销售环节
10. 关于零售环节征税的陈述,下面正确的有(　　)。
A. 零售环节适用税率5%,在纳税人销售金银首饰、钻石及钻石饰品时征收
B. 金银首饰与其他产品组成成套消费品销售时,应按销售额全额征收消费税
C. 金银首饰连同包装物销售的,无论会计上是否单独计价,也无论会计上如何核算,均应并入金银首饰的销售额,计征消费税。
D. 金银首饰经营单位将金银首饰销售给有金银首饰经营权的单位,视同批发,不缴纳消费税
11. 纳税人收回委托加工的应税消费品后,下列情况中不需再缴纳消费税的有(　　)。
A. 用于直接销售　　B. 继续加工成应税消费品并销售
C. 用于对外投资或无偿赠送他人　　D. 用于职工福利发放
12. 下列关于消费税纳税义务发生时间的问题,表述正确的有(　　)。
A. 某金银珠宝店销售金银首饰10件,收取价款25万元,其纳税义务发生时间为收款当天
B. 纳税人进口应税消费品,其纳税义务发生时间为报关进口当天
C. 某汽车厂采用托收承付结算方式销售汽车,其纳税义务发生时间为发出汽车并办妥托收手续的当天
D. 某化妆品厂销售化妆品采用赊销方式,合同规定收款日为5月份,实际收到货款为6月份,则纳税义务发生时间为6月份
13. 下列各项中,符合消费税纳税地点规定的有(　　)。
A. 委托加工的应税消费品,由委托方向所在地税务机关申报纳税
B. 进口的应税消费品,由进口人或其代理人向报关地海关申报缴纳
C. 纳税人的总机构和分支机构不在同一县(市)的分支机构应回总机构申报缴纳
D. 纳税人到外县(市)销售自产应税消费品的,应向机构所在地或居住地主管税务机关申报缴纳
14. 某企业生产的某系列化妆品,用于下列(　　)用途时应征收消费税。
A. 促销活动中的奖品　　B. 本企业职工运动会奖品
C. 加工生产其他系列化妆品　　D. 电视广告的样品
15. 下列各项中,应征收消费税的有(　　)。
A. 外购的小客车改装成小货车　　B. 委托某个体户加工的鞭炮
C. 进口后用于生产轮胎的橡胶　　D. 商场销售的金银

三、判断题

1. 用于交换、投资、抵债的应税消费品应按照组成计税价格计算缴纳消费税。（ ）

2. 纳税人自产自用应税消费品如用于本企业连续生产应税消费品应当在移送使用时缴纳消费税。（ ）

3. 纳税人自产自用应税消费品如用于本企业连续生产应税消费品的免税。（ ）

4. 消费税的计税依据是含消费税和增值税的销售价格。（ ）

5. 消费税一般不得减税、免税，对于出口的消费品也不免税。（ ）

6. 消费税的纳税环节是生产环节和进口环节。（ ）

7. 凡在我国境内缴纳增值税、消费税和营业税的纳税人同时也是城市维护建设税的纳税人。（ ）

8. 用于交换、投资、抵债的应税消费品应按照同类产品最高售价计算缴纳消费税。（ ）

9. 如果纳税人应税消费品的销售价格中未扣除增值税税额或因不得开具增值税专用发票而发生价款和增值税税额合并收取的，在计算消费税时，应当换算为不含增值税税额的销售额。（ ）

10. 纳税人将自己生产的应税消费品用于其他方面，有同类消费品销售价格的，应按照纳税人生产的同类消费品的销售价格计算纳税。（ ）

11. 纳税人将自己生产的应税消费品用于其他方面，没有同类消费品销售价格的，应按组成计税价格计算纳税，实行从价定率办法计算纳税的组成计税价格的计算公式为：组成计税价格＝(成本＋利润)÷(1－消费税税率)。（ ）

12. 委托加工的应税消费品，按照受托方的同类消费品的销售价格计算纳税；没有同类消费品销售价格的，按照组成计税价格计算纳税。组成计税价格计算公式：组成计税价格＝(材料成本＋加工费)÷(1－消费税税率)。（ ）

13. 纳税人进口应税消费品，按照组成计税价格和规定的税率计算应纳税额。其计算公式为：组成计税价格＝(关税完税价格＋关税)÷(1－消费税税率)。（ ）

14. 实行从价定率征收的应税消费品，以应税消费品的销售数量为计税依据，按照规定的使用税额标准计算应纳税额。应纳税额计算公式：应纳税额＝销售数量×定额税率。（ ）

15. 现行消费税的征收范围中，只有卷烟这种应税消费品采用从价从量复合计税方法。从价从量复合计税方法是指采用从价定率和从量定额相结合的计税方法计算应税消费品的应纳税额。（ ）

16. 为了避免重复课税，现行消费税规定，将外购的应税消费品和委托加工的应税消费品连续生产应税消费品的，其已纳税款准予按照规定从连续生产的应税消费品应纳消费税额中抵扣。（ ）

17. 由于消费税属于价内税，其主要在生产及进口环节征收，通常情况下，企业销售产品缴纳的消费税应计入营业税金以抵减营业收入。（ ）

18. 随同应税消费品出售的包装物，无论是否单独计价核算，均应并入应税消费品的销售额中计算缴纳消费税。（ ）

19. 委托加工的应税消费品收回后直接用于销售的，销售时不再缴纳消费税。（ ）

20. 委托加工的应税消费品收回后用于连续生产消费品的，在计缴消费税时，可以扣除受托方代收代缴的消费税。（　）

四、实务题

1. 某日化工厂 1995 年 1 月份生产、销售化妆品取得销售收入 70 200 元，销售工业用清洁剂 200 000 元，销售民用洗衣粉和洗涤灵 480 000 元（以上销售收入均为含增值税的收入）计算该日化工厂 1 月份应缴纳的消费税金（假设消费税税率为 30%）。

2. 进出口公司从某国进口货物一批，到岸价格为 1740 万元，国外已征出口税 200 万元，支付卖方佣金 10 万元，保险、运费等 50 万元。假设该货物适用的关税税率为 30%、增值税税率为 17%、消费税税率为 20%，请分别计算该公司应纳各种税款是多少？

3. 某化妆品公司委托某化妆品厂加工化妆品 1 000 套，无同类产品销售价格，已知该化妆品实际成本 4 550 元，该公司支付加工费 1 400 元，则该厂应代扣代缴消费税多少？

4. 某汽车轮胎厂为增值税一般纳税人，本月份发生以下经济业务：

(1) 向小规模纳税人销售汽车轮胎，开具的普通发票上注明的销售价款为 8.19 万元；

(2) 向农用拖拉机厂销售拖拉机专用轮胎，开具的增值税专用发票上注明的销售价款为 32.5 万元；

(3) 向设在本地区实行统一核算的本厂门市部调拨一批汽车轮胎，调拨价格为 46 万元，门市部当月取得零售销售收入 60.84 万元；

(4) 轮胎厂上月月末未抵扣完的进项税额为 12.1 万元，本月购进货物取得的专用发票上注明的增值税税额为 55.4 万元，专用发票已认证相符。

计算轮胎厂本月份应纳的增值税、消费税。

5. 某啤酒屋 8 月份销售自制啤酒 0.45 吨，取得零售价款 7 200 元，销售外购瓶装啤酒取得零售价款 52 000 元。计算啤酒屋 8 月份应纳的消费税。

6. 某汽车制造厂 10 月份发生以下业务：

(1) 销售 B1 型小轿车 30 辆，取得不含税收入 450 万元；

(2) 用本厂生产的 2 辆同型号小客车换取轮胎厂的汽车轮胎，2 辆小客车的不含税价分别为 12.5 万元和 13.2 万元；

(3) 向某大学出售大轿车 3 辆，开具的普通发票上注明的销售价款为 81.9 万元。

小轿车税率为 9%，小客车税率为 5%，计算该制造厂 10 月份应纳的消费税。

7. 某卷烟厂 2012 年 9 月份发生以下业务：

(1) 销售甲类卷烟 500 标准箱，取得不含税收入 625 万元；

(2) 委托 A 厂加工烟丝，提供的不含税的原材料价款为 30.4 万元，支付给 A 厂的不含税加工费为 8.1 万元，本月完工提货（A 厂无同类售价）；

(3) 用委托加工收回的全部烟丝为原料生产的乙类卷烟，本月销售 280 标准箱，取得不含税收入 280 万元。

计算该卷烟厂 9 月份应纳的消费税税额、A 厂应纳的增值税及代扣代缴的消费税税额。

8. 某进出口公司进口一批化妆品，已知该批进口化妆品的关税完税价格为 20 万美元，假定当日外汇牌价为 1 美元＝8.3 元人民币。假定进口关税税率是 40%，消费税税率是 30%。计算该批化妆品进口时应纳的增值税和消费税。

9. A 公司为一般纳税人，进口化妆品一批，消费税税率为 30%，海关核定的关税完税价格为 600 000 元,进口关税为 72 000 元。货物已验收入库,款项已通过银行支付。计算该公司应纳进口消费税多少?该企业如何进行会计核算?

10. 某高档手表厂研制一种新型手表,为开拓市场,将该手表赠送给有关客户 10 块。该新型手表无同种类产品销售价格,该产品单位实际成本为 2 000 元(高档手表成本利润率为 20%)。高档手表消费税税率为 20%。

根据上述业务计算应纳增值税、消费税税额,并作会计处理。

11. A 公司领用库存自产汽车轮胎若干,用于连续生产卡车,汽车轮胎的实际成本为 100 000 元(汽车轮胎成本利润率为 5%),无同类应税消费品的销售价格。

根据上述业务,计算应纳消费税税额,并作会计处理。

12. 某汽车制造厂 3 月份将本月自产的小轿车用于以下渠道:1 辆提供给管理部门使用;2 辆赞助给某汽车比赛;10 辆用于销售,销售款已存入银行,该汽车市场售价 20 万元(成本 15 万元),消费税税率为 9%,根据上述资料进行相关会计核算处理。

第四章　营业税纳税实务

知识目标

要求学生掌握营业税的基本规定、应纳税额的计算、会计处理、税收优惠和申报缴纳的相关规定。

能力目标

通过本章学习，要求学生能运用所学的知识正确计算营业税应纳税额，能准确进行营业税的会计核算，能填写纳税申报表等相关资料。

第一节　营业税的基本规定

一、营业税的概念及特点

营业税是以在我国境内提供应税劳务、转让无形资产或销售不动产的单位和个人所取得的营业额为课税对象而征收的一种商品劳务税。营业税是世界各国普遍征收的一种税，也是我国现行税制中的一个重要税种。它和增值税、消费税等一起共同构成我国的流转税体系。

营业税具有以下特点：

1. 税源普遍，征收范围较广

凡是在我国境内提供应税劳务、转让无形资产或销售不动产的单位和个人，无论其经济性质、经营方式等情形如何，都要按照规定缴纳营业税。

2. 计算简便，税收成本较低

营业税以营业额为计税依据，营业额乘以规定税率就可以计算出其应纳税额，且税负较低，纳税人易于掌握和遵守，征税机关征税较易，从而使得营业税的征收成本较低。

3. 按行业设计税目税率

营业税与其他流转税税种不同，它不按商品或征税项目的种类、品种设置税率，而是从应税劳务的综合性经营特点出发，按照不同经营行业设计不同的税率，即行业相同，税率相同；行业不同，税率不同，以体现公平税负、鼓励平等竞争的原则。营业税税率设计的总体水平较低。

二、营业税纳税义务人与扣缴义务人

（一） 纳税义务人的一般规定

按照《中华人民共和国营业税暂行条例》（以下简称《营业税暂行条例》）的规定，在中华人民共和国境内提供应税劳务、转让无形资产或销售不动产的单位和个人，为营业税的纳税义务人。其中，在中华人民共和国境内是指税收行政管辖权的区域。应税劳务是指属于交通运输业、建筑业、金融保险业、邮电通信业、文化体育业、娱乐业、服务业税目征收范围的劳务。单位是指企业、行政单位、事业单位、军事单位、社会团体及其他单位。负有营业税纳税义务的单位在发生应税行为并收取货币、货物或者其他经济利益时，构成营业税纳税人，但不包括单位依法不需要办理税务登记的内设机构。个人是指个体工商户以及其他有经营行为的个人，包括中国公民和外国公民。单位和个体工商户的员工、雇员在为本单位或雇主提供劳务时，不承担纳税义务，不是纳税人。

（二） 纳税义务人的特殊规定

营业税的征税范围使得有些会计主体与纳税主体不一致，为此，《税法》对特殊行为的纳税人做出了具体规定。

（1） 铁路运输的纳税人：中央铁路运营业务的纳税人为铁道部，合资铁路运营业务的纳税人为合资铁路公司，地方铁路运营业务的纳税人为地方铁路管理机构，铁路专用线运营业务的纳税人为企业或其指定的管理机构，基建临管线铁路运营业务的纳税人为基建临管线管理机构。

（2） 从事水路运输、航空运输、管道运输或其他陆路运输业务并负有营业税纳税义务的单位，为从事运输业并计算盈亏的单位。“从事运输业并计算盈亏的单位”是指具备以下条件的单位：① 利用运输工具，从事运输业务，取得运输收入；② 在银行开设有结算账户；③ 在财务上能独立计算出营业收入、营业支出、经营利润。

（3） 企业租赁或承包给他人经营的，以承租人或承包人为纳税人。承租人或承包人是指具有独立的经营权，在财务上独立核算，并定期向出租者或发包者上缴租金或承包费的承租人或承包人。

（4） 建筑安装行业业务实行分包或转包的，分包或转包者为纳税人。

（5） 金融保险业纳税人包括人民银行、商业银行、政策性银行等银行，信用合作社，证券公司，金融租赁公司，证券基金管理公司，财务公司，信托投资公司，证券投资基金，保险公司，其他经中国人民银行、中国证监会、中国保监会批准成立且经营金融保险业务的机构等。

（三）扣缴义务人

在现实生活中，为了加强税源控制，减少税收流失，《营业税暂行条例》和实施细则规定了扣缴义务人。营业税的扣缴义务人主要有以下两种情形。

（1）境外的单位或者个人在境内提供应税劳务、转让无形资产或者销售不动产，在境内未设有经营机构的，以其境内代理人为扣缴义务人；在境内没有代理人的，以受让方或者购买方为扣缴义务人。

（2）国务院财政、税务主管部门规定的其他扣缴义务人。

三、营业税的征税范围

（一）营业税征税范围的一般规定

我国现行营业税的征税范围是指在我国境内提供应税劳务、转让无形资产或销售不动产的经营行为。这里需明确以下几点。

（1）“在我国境内”是指中国税收行政管辖权的区域。具体包括：提供或者接受应税劳务的单位或个人在境内；所转让的无形资产（不含土地使用权）的接受单位或个人在境内；所转让或者出租土地使用权的土地在境内；所销售或者出租的不动产在境内。

（2）“提供应税劳务、转让无形资产或销售不动产”是指有偿提供应税劳务、有偿转让无形资产或有偿转让不动产所有权的行为。“有偿”包括取得货币、货物或其他经济利益。单位或个人自建建筑物后销售，其自建行为视同提供应税劳务。转让不动产有限产权或永久产权以及单位将不动产无偿赠予他人的，视同销售不动产。单位或个体经营者聘用的员工为本单位或雇主提供劳务，不属于营业税的征税范围。

（3）“应税劳务”是指属于交通运输业、建筑业、金融保险业、邮电通信业、文化体育业、娱乐业、服务业税目征税范围的劳务。

（二）营业税征税范围的特殊规定

（1）视同发生营业税应税行为：单位或者个人将不动产或者土地使用权无偿赠送其他单位或个人；单位或者个人自己新建建筑物后销售，其发生的自建行为。

（2）如果单位或者个人发生的一项销售行为既涉及应税劳务（应征营业税的劳务），又涉及货物（为增值税征税范围），即为混合销售行为。从事货物生产、批发或零售的企业、企业性单位、个体工商户以及以从事货物的生产、批发或零售为主，并兼营增值税非应税劳务的企业、企业性单位及个体工商户的混合销售行为，应视为销售货物而征收增值税，不征营业税；其他单位或个人的混合销售行为，应视为提供应税劳务而征收营业税，不征增值税。但对从事建筑业的单位或个人在提供建筑业劳务的同时销售自产货物的混合销售行为，应当分别核算应税劳务的营业额和货物的销售额，其应税劳务的营业额应缴纳营业税，货物销售额应缴纳增值税；未分别核算的，由主管税务机关核定其应税劳务的营业额。纳税人的混合销售行为由国家税务总局所属征收机关确定。

（3）纳税人兼营应税劳务与货物（课营业税的）或非应税劳务（课增值税的），应分别对应税劳务的营业额和货物或非应税劳务的销售额进行核算。未分别核算的，由主管国家税务局、地方税务局分别核定其增值税应税劳务的销售额和营业税应税劳务的营业额。

(4) 随汽车销售提供的汽车按揭服务和代办服务业务应征收增值税，单独提供按揭、代办服务业务而并不销售汽车的，应征收营业税。

(5) 财政部、国家税务总局规定的其他情形。

四、营业税的税目与税率

营业税按不同行业设置 9 个税目，每个税目下又分别按经营业务设置若干子税目。其税率依据中性原则，设计了两档比例税率和一个幅度比例税率。营业税的具体税目税率如表 4-1 所示。

表 4-1　营业税税目税率表

序号	税目	税率
1	交通运输业	3%
2	建筑业	3%
3	金融保险业	5%
4	邮电通信业	3%
5	文化体育业	3%
6	娱乐业	5%～20%
7	服务业	5%
8	转让无形资产	5%
9	销售不动产	5%

需要说明的是：自 2012 年 1 月 1 日起，相继在上海、北京等 9 省市交通运输业和部分现代服务业开展的“营改增”试点，取得了积极的成效。为进一步释放改革的红利，国务院从统揽全局的高度，做出了在全国范围内进一步扩大“营改增”试点的重大战略部署。

五、营业税的优惠政策

下列项目免征营业税：

(1) 托儿所、幼儿园、养老院、残疾人福利机构提供的育养服务，婚姻介绍，殡葬服务；

(2) 残疾人员个人提供的劳务；

(3) 医院、诊所和其他医疗机构提供的医疗服务；

(4) 学校和其他教育机构提供的教育劳务(指学历教育)，学生勤工俭学提供的劳务；

(5) 农业机耕、排灌、病虫害防治、植物保护、农牧保险以及相关技术培训业务，家禽、牲畜、水生动物的配种和疾病防治；

(6) 纪念馆、博物馆、文化馆、文物保护单位管理机构、美术馆、展览馆、书画院、图书馆举办文化活动的门票收入，宗教场所举办文化、宗教活动的门票收入；

(7) 境内保险机构为出口货物提供的保险产品，这里所称为出口货物提供保险产品，包括出口货物保险和出口信用保险。

除前款规定外，营业税的免税、减税项目由国务院规定。任何地区、部门均不得规定免税、减税项目。

六、营业税的起征点

《营业税暂行条例》对纳税人个人取得的属于营业税征税范围的收入规定了起征点，从2011年11月1日开始，起征点调整为：

（1）按期纳税的，月营业额5 000～20 000元；

（2）按次纳税的，为每次（日）营业额300～500元。

各省、自治区、直辖市人民政府所属税务机关应当在规定的幅度内，根据实际情况确定本地区适用的起征点，并报国家税务总局备案。

第二节　营业税的计算

纳税人提供应税劳务、转让无形资产或销售不动产，按照营业额和规定的税率计算营业税的应纳税额。其基本计算公式为：应纳税额＝计税营业额×税率

不同业务的计税依据都有其特殊的规定，熟悉营业税不同业务的特殊性是计算营业税应纳税额的关键。

一、计税依据的确定

（一）计税依据的一般规定

营业税的征税范围涉及应税劳务和应税行为一共九大类，计税依据为营业额。营业额为纳税人提供营业税应税劳务、转让无形资产或者销售不动产向对方收取的全部价款和价外费用。价外费用包括收取的手续费、补贴、基金、集资费、返还利润、奖励费、违约金、滞纳金、延期付款利息、赔偿金、代收款项、代垫款项、罚息及其他各种性质的价外收费。

同时符合以下条件代为收取的政府性基金或者行政事业性收费不包括在营业额内：

（1）由国务院或者财政部批准设立的政府性基金，由国务院或者省级人民政府及其财政、价格主管部门批准设立的行政事业性收费；

（2）收取时开具省级以上财政部门印制的财政票据；

（3）所收款项全额上缴财政。

（二）计税依据的具体规定

1. 交通运输业

交通运输业的计税营业额原则上为运输行为的收入总额，包括运输企业实际取得的客运收入、货运收入、装卸搬运收入及其他运输业务收入和运输票价中包含的保险费收入及各种建设基金。但对下列运输业务有特殊规定：

(1) 纳税人将承揽的运输业务分给其他单位或个人的以其取得的全部价款和价外费用扣除其支付给其他单位或个人的运输费用后的余额为营业额；

(2) 运输企业自境内运输旅客或者货物出境，在境外改由其他运输企业承运旅客或者货物的，以全程运费减去付给该承运企业的运费后的余额为营业额；

(3) 运输企业从事境内联运业务，以实际取得的营业额为计税依据，即以全程联运收入扣除付给对方联运单位的运费后的余额为营业额。

【例 4-1】 兴华运输公司 2012 年 2 月取得客运收入 25 万元、货运收入 38 万元，并取得向旅客收取的客运保险费收入 2 万元；经营联运业务取得全程运费 12 万元，支付其他联运企业运费 7 万元，请计算兴华运输公司当月应纳的营业税。

解答：

该公司 2012 年 2 月应纳的营业税＝(25＋38＋2＋12－7)×3％＝2.1(万元)

2. 建筑业

建筑业的计税营业额为承接建筑、安装、修缮、装饰和其他工程作业向建设单位收取的工程价款(工程造价)及工程价款之外的各种费用。具体应注意以下特殊规定。

(1) 建筑业的总承包人将工程分包或者转包给他人的，以工程的全部承包额减去付给分包人或者转包人的价款后的余额为营业额。

(2) 纳税人提供建筑业劳务(不含装饰劳务)的，其营业额应当包括工程所用原材料、设备及其他物资和动力价款在内，但不包括建设方提供的设备的价款。纳税人从事安装工程作业，凡所安装的设备的价值作为安装工程产值的，其营业额应包括设备的价款在内。

(3) 纳税人采用清包工形式提供的装饰劳务，按照其向客户实际收取的人工费、管理费和辅助材料费等收入(不含客户自行采购的材料价款和设备价款)确认计税营业额。清包工形式提供的装饰劳务是指工程所需的主要原材料和设备由客户自行采购，纳税人只向客户收取人工费、管理费及辅助材料费等费用的装饰劳务。

(4) 自建行为和单位将不动产无偿赠予他人，由主管税务机关按规定程序核定营业额。纳税人自建自用的房屋不纳税，如纳税人将自建房屋对外销售，其自建行为应按建筑业缴纳营业税，再按销售不动产征收营业税。

【例 4-2】 某建筑公司承包一项工程，工程总造价为 700 万元，之后将 300 万元装饰工程分包给另一施工企业。该工程提前竣工，建设单位支付给该建筑公司提前竣工奖 20 万元。计算该建筑公司应缴纳的营业税税额和代扣代缴另一企业的营业税税额。

解答：

应纳营业税＝(700－300＋20)×3％＝12.6(万元)

应代扣代缴营业税＝300×3％＝9(万元)

3. 金融保险业

(1) 金融业的计税营业额是指贷款利息、融资租赁收益、金融商品转让收益及从事金融经纪业务和其他金融业务的手续费收入。根据取得收入的方式不同，金融业营业额的确定有以下几种不同情况。

① 贷款业务。除人民银行对金融机构的贷款业务不征收营业税外，其他不论是否为金融机构，只要发生将资金贷与他人使用的行为，均视为发生贷款行为，一律按贷款业务征收

营业税，一般贷款业务的营业额为贷款利息收入(包括各种加息、罚息等)。凡在规定的核算期内发生的应收未收利息，应按规定申报缴纳营业税；贷款应收利息自结息之日起，超过应收未收利息核算期限或贷款本金到期(含展期)超过 90 天后尚未收回的，按照实际收到的利息申报缴纳营业税。

② 经中国人民银行、商务部和国家经贸委批准经营融资租赁业务的单位，融资租赁以其向承租者收取的全部价款和价外费用(包括残值)减去出租方承担的出租货物的实际成本后的余额，以直线法折算出本期的营业额。计算方法为：

本期营业额＝(应收取的全部价款和价外费用－实际成本)×(本期天数÷总天数)

实际成本＝货物购入原价＋关税＋增值税＋消费税＋运杂费＋安装费＋保险费＋支付给境外的外汇借款利息支出和人民币借款利息

③ 金融企业从事股票、债券买卖业务以股票、债券的卖出价减去买入价后的余额为营业额，即营业额＝卖出价－买入价。卖出价是指卖出原价，不得扣除卖出过程中支付的各种费用和税金。买入价是指购进原价，不包括购进过程中支付的各种费用和税金，但买入价应依照财务会计制度规定，以股票、债券的购入价减去股票、债券持有期间取得的红利收入。

金融企业买卖金融商品(包括股票、债券、外汇及其他金融产品，下同)，可在同一会计年度末，将不同纳税期出现的正差和负差按同一会计年度汇总的方式计算并缴纳营业税。若汇总计算的应交营业税税额小于本年已缴纳的营业税税额，可以向税务机关申请办理退税，但不得将本会计年度内汇总后仍为负数的部分结转到下一年度。

④ 金融企业从事受托收款业务，如代收电话费、水电煤气费、信息费、学杂费、寻呼费、社保统筹费、交通违章罚款、税款等，以全部收入减去支付给委托方价款后的余额为营业额。

(2) 保险业的计税营业额是指利息收入、保费收入以及其他收入之和。具体确定应注意以下几点。

① 办理初保业务。营业额为纳税人经营保险业务向对方收取的全部价款，即向被保险人收取的全部保险费。

② 储金业务。保险公司如采用收取储金方式取得经济利益的(即以被保险人所交保险资金的利息收入作为保费收入，保险期满后将保险资金本金返还被保险人)，其“储金业务”的营业额，为纳税人在纳税期内的储金平均余额乘以人民银行公布的 1 年期存款的月利率。储金平均余额为纳税期期初储金余额与期末余额之和乘以 50%。

③ 保险企业已征收过营业税的应收未收保费，凡在财务会计制度规定的核算期限内未收回的，允许从营业额中减除。在会计核算期限以后收回的已冲减的应收未收保费，可并入当期营业额中。

④ 保险企业开展无赔偿奖励业务的，以向投保人实际收取的保费为营业额。

⑤ 中华人民共和国境内的保险人将其承保的以境内标的物为保险标的的保险业务向境外再保险人办理分保的，以全部保费收入减去分保保费后的余额为营业额。境外再保险人应就其分保收入承担营业税纳税义务，并由境内保险人扣缴境外再保险人应缴纳的营业税税款。

金融保险业以外汇结算营业额的，应将外币折合成人民币后计算营业税。原则上金融业按其收到外汇当天或当季季末中国人民银行公布的基准汇价折合营业额，保险业按其收到外汇当天或当月最后一天中国人民银行公布的基准汇价折合营业额，报经省级税务机关批准后，允许按照财务制度规定的其他基准汇价折合营业额。

【例 4-3】 某市建设银行 2012 年第一季度取得如下收入：发放贷款取得利息收入 800 万元，逾期贷款罚息收入 5 万元，吸收居民储蓄，支付利息 300 万元；为电信部门代收电话费取得手续费收入 90 万元；1 月 6 日，购进有价证券 200 万元，3 月 28 日以 260 万元卖出。请计算银行 2012 年第一季度应缴纳的营业税。

解答：

该建设银行应缴纳的营业税税额如下：

发放贷款应纳营业税＝(800＋5)×5%＝40.25(万元)

手续费收入应纳营业税＝90×5%＝4.5(万元)

金融商品买卖业务应纳营业税＝(260－200)×5%＝3(万元)

4. 邮电通信业

邮电通信业的计税营业额包括邮政业务营业额和电信业务营业额。邮政业务营业额是指提供传递函件或包件、邮汇、报刊发行、邮务物品销售、邮政储蓄和其他邮政业务取得的收入。电信业务营业额是指提供电报、电话、电传、电话机安装、电信物品销售以及其他电信业务的收入。邮电通信业的营业额大多数情况下以其取得的收入全额确定，但下列业务有特殊规定。

(1) 电信部门以集中受理方式为集团客户提供跨省的出租电路业务，由受理地区的电信部门按取得的全部价款减除分割给参与提供跨省电信业务的电信部门的价款后的差额为营业额计征营业税；对参与提供跨省电信业务的电信部门，按各自取得的全部价款为营业额计征营业税。

(2) 共同为用户提供邮政电信业务及其他服务，并由邮政电信单位统一收取价款的，以全部收入减去支付给合作方价款后的余额为营业额。

(3) 中国移动和通信集团公司通过手机短信公益特服号“8858”为中国儿童少年基金会接受捐款业务，以全部收入减去支付给中国儿童少年基金会的价款后的余额为营业额。

(4) 电信单位销售的有价电话卡以按面值确认的收入减去当期财务会计上体现的销售折扣、折让后的余额为营业额。

【例 4-4】 某电信公司 2012 年 3 月取得话费收入 80 万元，电话机安装收入 12 万元，出售移动电话收入 28 万元，销售上网卡收入 10 万元，计算其应纳的营业税。

分析：

该例中，该电信公司话费、话机安装、售上网卡应缴纳邮电通信业营业税；出售移动电话属于混合销售行为，按其主营业务性质缴纳邮电通信业营业税。

解答：

应纳营业税＝(80＋12＋10＋28)×3%＝3.9(万元)

5. 文化体育业

文化体育业的计税营业额是指经营文化、体育活动所取得的全部收入，具体包括演出收入、播映收入、其他文化收入以及经营游览场所的收入和体育收入。具体要注意以下几点：

(1) 单位或个人演出，以全部票价收入或者包场收入减去付给提供演出场所的单位、演出公司或者经纪人的费用后的余额为营业额；

(2) 广播电视有线数字付费频道业务应由直接向用户收取数字付费频道收视费的单位按其向用户收取的收视费全额计征营业税，对各合作单位分得的收视费收入，不再征收营业税。

【例 4-5】 某演出团体在影剧院进行演出，由该影剧院代售门票，共获 10 万元，场地租金 2 万元，支付给安排演出的经纪人 1 万元，计算该剧团此项演出应交营业税税额。

解答：

应纳营业税＝(10－2－1)×3％＝0.21(万元)

6. 娱乐业

娱乐业的计税营业额为经营娱乐业向顾客收取的全部价款和价外费用，包括门票、台位费、点歌费、烟酒、饮料、茶水、鲜花、小吃等收费及经营娱乐业的其他各项收费。对娱乐业提供的饮食服务以及饮食服务场所提供的娱乐服务均按娱乐业征税。但需注意，凡是以观众身份参与听、视和游览某项活动的行为属于“文化体育业”税目征税范围；亲自参与某项活动并以自娱自乐为主要目的的行为属于“娱乐业”税目的征税范围。

【例 4-6】 某娱乐城 2012 年 5 月收入情况如下：门票收入 8 万元，点歌收入 12 万元，销售烟酒饮料收入 15 万元，高尔夫球场收入 18 万元，该市的上述娱乐业项目对应的营业税率均为 20％，计算该娱乐城本月应纳的营业税。

解答：

应纳营业税＝(8＋12＋15＋18)×20％＝10.6(万元)

7. 服务业

服务业的计税营业额是指纳税人提供代理业务、旅店业、饮食业、旅游业、仓储业、广告业或其他服务业的应税劳务向对方收取的全部价款和价外费用。具体应注意以下几种情况。

(1) 旅游业。旅游企业组织旅游团在境内旅游的，以收取的旅游费减去替旅游者支付给其他单位的房费、餐费、交通、门票和其他代付费用后的余额为计税营业额；旅游企业利用自己的交通工具、饮食服务设施为游客提供必需的吃、住、行服务所发生的费用不得扣除。旅游企业组织旅游团到境外旅游，在境外改由其他旅游企业接团的，应以全程旅游费减去付给接团企业的旅游费后的余额为计税营业额。单位或个人在旅游景区经营旅游游船、观光电梯、观光电车、景区环保客运车所取得的收入应征收营业税；单位或个人在旅游景区兼有不同税目应税行为并采取“一票制”收费方式的，应当分别核算不同税目的营业额；未分别核算或核算不清的，从高适用税率。

(2) 广告业。自营广告业务应以取得的收入全额为计税营业额。广告代理业应以代理者向委托方收取的全部价款和价外费用减去付给广告发布者的广告发布费后的余额为计税营业额。

(3) 代理业以纳税人从事代理业务向委托方实际收取的报酬为计税营业额。

(4) 纳税人从事无船承运业务，以其向委托人收取的全部价款和价外费用扣除其支付的海运费以及报关、港杂、装卸等费用后的余额为计税营业额申报缴纳营业税。纳税人从事无船承运业务，应按照其从事无船承运业务取得的全部价款和价外费用向委托人开具发票，同时应凭其取得的开具给本纳税人的发票或其他合法有效凭证作为差额缴纳营业税的扣除凭证。

(5) 电脑福利彩票投注点代销福利彩票取得的任何形式的手续费收入，应照章征收营业税。

(6) 拍卖行向委托方收取的手续费应征收营业税。

(7) 从事物业管理的单位，以与物业管理有关的全部收入减去代业主支付的水、电、燃气以及代承租者支付的水、电、燃气、房屋租金的价款后的余额为营业额。

(8) 代购货物行为同时具备以下条件的，应按服务业征收营业税：受托方不垫付资金；销售方将发票开具给委托方，并由受托方将该项发票转交给委托方；受托方按销售方实际收取的销售额和增值税税额与委托方结算货款并另收取手续费。

【例 4-7】 某旅行社 8 月组织团体旅游，收取旅游费共计 80 万元；其中，组团境内旅游收入 45 万元，替旅游者支付给其他单位餐费、住宿费、交通费、门票费共计 25 万元；组团境外旅游收入 35 万元，付给境外接团企业费用 20 万元，计算该旅行团 8 月应缴纳的营业税。

解答：

应纳营业税＝(45－25＋35－20)×5％＝1.75(万元)

【例 4-8】 某广告公司 2012 年 10 月发生如下业务：为客户制作广告并取得广告业务收入 300 万元，发生广告制作支出 14 万元，向媒体支付广告发布费 60 万元；所属打字复印社取得营业收入 54 万元，购买纸张发生支出 30 万元；举办培训班并提供咨询服务取得收入 38 万元，同时发生资料费支出 2 万元。计算广告公司 10 月份应缴纳的营业税。

解答：

应纳营业税＝(300－60＋54＋38)×5％＝16.6(万元)

8. 转让无形资产

转让无形资产的计税营业额是指转让无形资产向对方收取的全部价款及价外费用。具体应注意以下几点。

(1) 以无形资产投资入股，参与受资方的利润分配，共担风险的行为免征营业税；以无形资产投资为条件，按销售额或营业额的一定比例提取应得的转让费或取得固定收入的，由于其不承担风险，不属于投资入股行为，应征营业税。

(2) 以地换房和以房换地是指一方提供土地使用权，另一方提供资金，合作建房并按协议分配住房的行为。以地换房行为按“转让无形资产”中的“转让土地使用权”税目征税，而以房换地行为按“销售不动产”税目征税。

(3) 单位或个人转让其受让或抵债的土地使用权，以全部收入减去土地使用权的受让原价或抵债作价后的余额为营业额。

(4) 土地所有者出让土地使用权和土地使用者将土地使用权归还给土地所有者的行为，不征收营业税。

【例 4-9】 某生产企业 2012 年 11 月转让一宗土地的使用权，取得转让收入 600 万元，该宗土地系于 2011 年 11 月份接受丙公司抵债时取得，抵债时该宗土地作价 500 万元，2012 年 11 月其账面余值为 490 万元。计算生产企业 11 月份转让土地使用权应缴纳的营业税税额。

解答：

应纳营业税＝(600－500)×5％＝5(万元)

【例 4-10】 某企业将拥有的一项专利权出售，取得收入 30 万元，该项专利权的账面余额为12万元，已计提的减值准备为6万元，计算该项专利出售应缴纳的营业税。

解答：

应纳营业税＝30×5%＝1.5(万元)

9. 销售不动产

销售不动产的计税营业额是指销售不动产的销售额，包括向对方收取的全部价款及价外费用。具体应注意以下几点。

(1) 以不动产投资入股，参与投资方利润分配、共担风险的行为免征营业税。以不动产投资入股，收取固定收入的，由于其属于不承担风险的行为，应按“服务业”项目中的“租赁业”征收营业税。

(2) 单位或者个人将不动产或者土地使用权无偿赠予其他单位或者个人，视同销售不动产，应征收营业税。但对个人无偿赠予不动产、土地使用权，符合下列情形之一的，暂免征营业税：① 离婚财产分割；② 无偿赠予配偶、父母、子女、祖父母、外祖父母、孙子女、外孙子女、兄弟姐妹；③ 无偿赠予对其承担直接抚养或者赡养义务的抚养人或者赡养人；④ 房屋产权所有人死亡，依法取得房屋产权的法定继承人、遗嘱继承人或者受遗赠人。

(3) 对以“还本”方式销售不动产的行为，应按向购买者收取的全部价款及价外费用计算缴纳营业税，不得减除“还本”支出。

(4) 单位和个人销售其购置或抵债的不动产，以全部收入减去不动产的购置原价或抵债作价后的余额为营业额。

(5) 单位和个人由于国家建设需要，其土地被征用而取得的不动产补偿费用免征营业税。

(6) 自建行为是指纳税人自己建造房屋的行为，纳税人自建自用的房屋不纳营业税，如纳税人(不包括个人自建自用房屋销售)将自建房屋对外销售，其自建行为应按建筑业缴纳营业税，再按销售不动产缴纳营业税。

【例4-11】某建筑公司将自建的一栋住宅楼销售给职工，取得销售收入1 000万元；该住宅楼的建筑成本780万元，当地省级税务机关确定的建筑业的成本利润率为15%。计算建筑公司应缴纳的营业税。

解答：

(1) 应纳建筑业营业税＝780×(1＋15%)÷(1－3%)×3%＝27.74(万元)

(2) 销售不动产的营业税＝1 000×5%＝50(万元)

【例4-12】某房地产公司自建写字楼18万平方米，工程成本每平方米2 000元，售价每平方米3 600元。当年销售自建写字楼10万平方米；将0.5万平方米自建写字楼无偿赠送给乙单位。当地营业税成本利润率为10%。计算房地产公司应缴纳的营业税。

解答：

(1) 应纳建筑业营业税＝2 000×(10＋0.5)×(1＋10%)÷(1－3%)×3%＝714.43(万元)

(2) 销售不动产的营业税＝3 600×(10＋0.5)×5%＝1 890(万元)

(三) 组成计税价格的规定

纳税人发生下列情形之一的：① 提供应税劳务、转让无形资产或者销售不动产价格明显偏低而无正当理由；② 单位或者个人将不动产或者土地使用权无偿赠送其他单位或者个人；③ 单位或者个人自己新建建筑物后销售，其所发生的自建行为。主管税务机关有权按下列顺序核定其营业额：

(1) 按纳税人最近时期发生的同类应税劳务或者销售的同类不动产的平均价格核定；

(2) 按其他纳税人最近时期发生的同类应税劳务或者销售的同类不动产的平均价格核定；

(3) 按下列公式核定计税价格：

计税营业额＝营业成本或工程成本×(1＋成本利润率)÷(1－营业税税率)

“成本利润率”由省、自治区、直辖市税务局确定。

(四) 计税营业额的其他规定

(1) 单位和个人提供营业税应税劳务、转让无形资产和销售不动产发生退款，凡该项退款已征收过营业税的，允许退还已征税款，也可以从纳税人以后的营业额中减除；

(2) 单位和个人在提供营业税应税劳务、转让无形资产、销售不动产时，如果将价款与折扣额在同一张发票上注明的，以折扣后的价款为营业额；如果将折扣额另开发票的，不论其在财务上如何处理，均不得从营业额中减除；

(3) 单位和个人在提供营业税应税劳务、转让无形资产、销售不动产时，因受让方违约而从受让方取得的赔偿金收入，应并入营业额中征收营业税；

(4) 单位和个人因财务会计核算办法改变，将已缴纳过营业税的预收性质的价款逐期转为营业收入时，允许从营业额中减除；

(5) 劳务公司接受用工单位的委托，为其安排劳动力，凡用工单位将其应支付给劳动力的工资和为劳动力上交的社会保险以及住房公积金统一交给劳务公司代为发放或办理的，以劳务公司从用工单位收取的全部价款减去代收转付给劳动力的工资和为劳动力办理社会保险及住房公积金后的余额为营业额；

(6) 营业税纳税人购置税控收款机，经主管税务机关审核批准后，可凭购进税控收款机取得的增值税专用发票，按照发票上注明的增值税税额，抵免当期应纳营业税税额，或者按照购进税控收款机取得的普通发票上注明的价款，依照下列公式计算可抵免税额。

可抵免税额＝价款÷(1＋17％)×17％

(7) 纳税人提供应税劳务向对方收取的全部价款和价外费用，按相关规定可以扣除部分金额后确定营业额的，其扣除的金额应提供相关的合法有效凭证。

二、应纳税额的计算

计税营业额的确认方式有三种，其应纳税额的计算方法也有三种。

(1) 全额计税。全额计税是以应税收入的全额作为计税营业额，计算公式为：应纳税额＝营业额×适用税率。

(2) 余额计税。余额计税是以应税收入与应税减除项目金额的差额作为计税营业额，计算公式为：应纳税额＝(全部收入－应税减除项目金额)×适用税率。

(3) 组成计税价格计税。组成计税价格计税是以组成计税价格作为计税营业额，计算公式为：应纳税额＝组成计税价格×适用税率。

营业额以人民币计算。纳税人以人民币以外的货币结算营业额的，其营业额的人民币折合率可以选择营业额发生当天或者当月1日的人民币汇率中间价。纳税人应在事先确定采用何种折合率,一旦确定,一年内不得变更。

第三节 营业税的会计处理

一、会计核算依据

营业税的会计核算依据有以下三种。

(1) 发票和营业收入报告单

企业发生营业行为应向付款人开具发票,以发票的存根作为确定营业收入的记账依据。对有的营业收入不能逐个向消费者开具发票的,在营业收入发生时应填制《营业收入报告单》,经汇总后作为记账依据。

(2) 应税凭证

营业税的应税凭证是《营业税纳税申报表》,它是计算应纳营业税税额的记账依据。

(3) 完税凭证

营业税的完税凭证是《税收(营业税专用)缴款书》,企业纳税后以加盖收款专用章的“收据联”作为完成纳税义务和账务处理的依据。

二、会计科目设置

企业应交纳的营业税,通过“应交税费——应交营业税”科目进行核算。“应交营业税”科目的借方发生额反映企业已缴纳的营业税;其贷方发生额反映应缴纳的营业税;期末贷方余额反映尚未缴纳的营业税。

营业税属于价内税,企业计提的营业税,根据营业税征税对象的不同,应分别设置“营业税金及附加”、“固定资产清理”等账户。提供应税劳务、转让无形资产缴纳的营业税通过“营业税金及附加”科目核算,销售不动产应缴纳的营业税通过“固定资产清理”科目核算。

企业缴纳的营业税借记“应交税费——应交营业税”科目,贷记“银行存款”科目。若出现企业多缴营业税的情况,应冲回多计的营业税,借记“应交税费”科目,贷记“营业税金及附加”等科目,也可以用红字做相同的会计分录。收到退回的营业税时,借记“银行存款”科目,贷记“应交税费——应交营业税”科目。

三、营业税的会计处理

(一) 提供应税劳务的会计处理

企业发生营业税应税劳务时要计算营业税并做相应的会计处理,借记“营业税金及附加”科目,贷记“应交税费——应交营业税”科目。

(二) 转让无形资产的会计处理

无形资产的转让分为所有权转让和使用权转让两种情况。

当企业转让的是无形资产的所有权，即出售无形资产时，应按所取得的价款借记“银行存款”科目；按已计提的累计摊销额借记“累计摊销”科目；原已计提减值准备的，借记“无形资产减值准备”科目；按其账面余额贷记“无形资产”科目；按应交的营业税贷记“应交税费——应交营业税”科目；将形成的借方或贷方差额计入“营业外收入——处置非流动资产利得”科目或“营业外支出——处置非流动资产损失”科目。

当企业转让的是无形资产的使用权，即出租无形资产时，按所取得的租金价款借记“银行存款”科目，贷记“其他业务收入”科目；按月确认应交营业税时，借记“营业税金及附加”科目，贷记“应交税费——应交营业税”科目；出租期间按月计提摊销额时，借记“其他业务成本”或“管理费用”科目，贷记“累计摊销”科目。

（三）销售不动产的会计处理

除房地产开发企业外的企业销售不动产是企业的非主营业务，属于出售固定资产，因此通过“固定资产清理”科目进行核算。按照销售额计算的营业税税额借记“固定资产清理”科目，贷记“应交税费——应交营业税”科目。

【例 4-13】某建筑公司 2012 年 6 月发生如下业务：

(1) 承接一项住宅工程，6 月份收到工程款 2 000 万元；

(2) 签订一项饭店装修工程，6 月份收到工程款 400 万元，其中 100 万元支付给转包的工程公司；

(3) 将闲置的房屋出租，合同注明月租金 2 万元，租期 1 年；

(4) 公司内设的非独立核算的宾馆取得客房收入 5 万元，歌厅收入 2 万元，餐饮收入 8 万元，保龄球收入 2 万元；

(5) 公司下设的非独立核算的汽车队取得货物运营收入 10 万元，其中支付给外省某转运公司运费 3 万元；

(6) 自建的二幢房屋本月竣工结算，工程总成本 1 800 万元，成本利润率为 10%，一幢自用，另一幢出售，取得出售收入 1 200 万元。

计算该建筑公司本月应缴纳的营业税，并进行会计处理。

解答：

首先，判断经济业务类型：

(1)、(2)、(6) 属于建筑业业务；(3)、(4) 属于服务业业务；(4) 属于娱乐业业务；(5) 属于交通运输业业务；(6) 属于销售不动产业务。

其次，分别确定计税依据，逐项计算应纳营业税税额并进行会计处理：

(1) 建筑业承包业务：应纳营业税税额＝2 000×3%＝60(万元)，会计分录为：

借：营业税金及附加　　600 000

　　贷：应交税费——应交营业税　　600 000

(2) 建筑业转包业务：应纳税额＝(400－100)×3%＝9(万元)，会计分录为：

借：营业税金及附加　　90 000

　　贷：应交税费——应交营业税　　90 000

(3) 服务业(租赁业)：应纳税额＝2×5%＝0.1(万元)，会计分录为：

借：营业税金及附加　　1 000

　　贷：应交税费——应交营业税　　1 000

(4) 兼营行为：

客房、餐饮收入属于服务业：应纳税额＝(5＋8)×5%＝0.65(万元)

歌舞厅、保龄球收入属于娱乐业：应纳税额＝2×20%＋2×5%＝0.5(万元)，会计分录为：

借：营业税金及附加　　11 500

　　贷：应交税费——应交营业税　　11 500

(5) 运输业：应纳税额＝(10－3)×3%＝0.21(万元)，会计分录为：

借：营业税金及附加　　2 100

　　贷：应交税费——应交营业税　　2 100

(6) 自建自用房屋不征营业税；自建房屋对外出售，自建行为按建筑业缴纳营业税，销售行为按销售不动产缴纳营业税：

建筑业部分：应纳税额＝1800×(1＋10%)÷(1－3%)÷2×3%＝30.6186(万元)，会计分录为：

借：固定资产清理　　306 186

　　贷：应交税费——应交营业税　　306 186

销售不动产部分：应纳税额＝1 200×5%＝60(万元)，会计分录为：

借：固定资产清理　　600 000

　　贷：应交税费——应交营业税　　600 000

再次，汇总计算本月应纳营业税总额：

本月应纳营业税总额＝60＋9＋0.1＋0.65＋0.5＋0.21＋30.6186＋60＝161.0786(万元)

该建筑公司 2012 年 6 月应该缴纳的营业税为 161.0786 万元。

最后，申报缴纳本月应纳的营业税税款：

会计分录为：

借：应交税费——应交营业税　　1 610 786

　　贷：银行存款　　1 610 786

第四节　营业税的申报与缴纳

一、营业税的征收管理

(一) 纳税义务发生时间

营业税的纳税义务发生时间为纳税人提供应税劳务、转让无形资产或者销售不动产并收讫营业收入款项或者取得索取营业收入款项凭据的当天。取得索取营业收入款项凭据的当天，为书面合同确定的付款日期的当天；未签订书面合同或者书面合同未确定付款日期的，为应税行为完成的当天。收讫营业收入款项，是指纳税人应税行为发生过程中或者完成后收取的款项。对某些具体项目进一步明确如下：

(1) 转让土地使用权或者销售不动产，采用预售款方式的，其纳税义务发生时间为收到预收款的当天；

(2) 纳税人提供建筑业或者租赁业劳务,采取预收款方式的,其纳税义务发生时间为收到预收款的当天;

(3) 单位或者个人自己新建建筑物后销售,其自建行为的纳税义务发生时间为其销售自建建筑物并收讫营业额或取得索取营业额凭据的当天;

(4) 纳税人将不动产或者土地使用权无偿赠送给其他单位或个人的,其纳税义务发生时间为不动产所有权、土地使用权转移的当天;

(5) 扣缴税款义务发生时间为扣缴义务人代纳税人收讫营业收入款项或者取得索取营业收入款项凭据的当天。

(二) 纳税期限

营业税的纳税期限,分别为5日、10日、15日、1个月或者1个季度。纳税人的具体纳税期限,由主管税务机关根据纳税人应纳税额的大小分别核定;不能按照固定期限纳税的,可以按次纳税。

纳税人以一个月或者1个季度为一期纳税的,自期满之日起15日内申报纳税;以5日、10日或者15日为一期纳税的,自期满之日起5日内预缴税款,于次月1日起15日内申报纳税并结清上月应纳税款。

扣缴义务人解缴税款的期限依照上述规定执行。

注意:银行、财务公司、信托投资公司、信用社、外国企业常驻代表机构的纳税期限为1个季度,自纳税期满之日起15日内申报纳税;保险业的纳税期限为1个月。

(三) 纳税地点

营业税的纳税地点原则上采取属地征收的方法,就是纳税人在经营行为发生地缴纳应纳税款。具体规定如下。

(1) 纳税人提供应税劳务应向其机构所在地或者居住地的主管税务机关申报纳税。纳税人提供的建筑业劳务以及国务院财政、税务主管部门规定的其他应税劳务,应向应税劳务发生地的主管税务机关申报纳税;

(2) 纳税人转让无形资产应向其机构所在地或者居住地的主管税务机关申报纳税。纳税人转让、出租土地使用权,应向土地所在地的主管税务机关申请纳税;

(3) 纳税人销售、出租不动产应向不动产所在地的主管税务机关申报纳税;

(4) 扣缴义务人应向其机构所在地或者居住地的主管税务机关申报缴纳其扣缴的税款;

(5) 纳税人应向应税劳务发生地、土地或者不动产所在地的主管税务机关申报纳税,而自应申报之日起超过6个月未申报纳税的,由其机构所在地或者居住地的主管税务机关补征税款;

(6) 纳税人在本省、自治区、直辖市范围内发生应税行为,其纳税地点需要进行调整的,由省、自治区、直辖市人民政府所属税务机关确定。

二、营业税的纳税申报

纳税人无论取得的是应税的营业额还是免税的收入,都应在当期按《营业税暂行条例》的有关规定及时办理纳税申报手续,并如实填报营业税纳税申报表及附表。

营业税纳税申报表的格式和内容如表4-2所示。

表4-2　营业税纳税申报表

营业税纳税申报表
（适用于查账征收的营业税纳税人）

纳税人识别名：
纳税人名称（公章）
税款所属时间：自　年　月　日至　年　月　日　　　　填表日期：　年　月　日　　　　金额单位：　元（列至角分）

税目	营业额				税率(%)	本期税款计算			税款缴纳								
									期初欠缴税额	前期多缴税额	本期已缴税额				本期应缴税额计算		
	应税收入	应税减除项目金额	应税营业额	免税收入		小计	本期应纳税额	免（减）税额			小计	已缴本期应纳税额	本期已被扣缴税额	本期已缴欠缴税额	小计	本期期末应缴税额	本期期末应缴欠缴税额
1	2	3	4=2-3	5	6	7=8+9	8=(4-5)×6	9=5×6	10	11	12=13+14+15	13	14	15	16=17+18	17=8-13-14	18=10-11-15
交通运输业																	
建筑业																	
邮电通讯业																	
服务业	0	0	0	0	5	0	0	0	0	0	0	0	0	0	0	0	0
娱乐业																	
金融保险业																	
文化体育业																	
销售不动产																	
转让无形资产																	
合计	0	0	0	0	5	0	0	0	0	0	0	0	0	0	0	0	0
代扣代缴项目																	
总计	0	0	0	0	5	0	0	0	0	0	0	0	0	0	0	0	0

纳税人或代理人声明：	如纳税人填报，由纳税人填写以下各栏：							
此纳税申报表是根据国家税收法律的规定填报的，我确定它是真实的、可靠的、完整的。	办税人员（签章）		财务负责人（签章）		法定代表人（签章）		联系电话	
	如委托代理人填报，由代理人填写以下各栏：							
	代理人名称		经办人（签章）		联系电话		代理人(公章)	

以下由税务机关填写：
受理人：　　　　受理日期：　年　月　日　　　　受理税务机关（签章）：

本表为A4横式一式三份，一份纳税人留存，一份主管税务机关留存，一份征收部门留存。

营业税纳税人除了填报纳税申报表之外，对于交通运输业、娱乐业、服务业、建筑业等行业还要同时填报相应的交通运输业营业税纳税申报表、娱乐业营业税纳税申报表、服务业营业税纳税申报表以及建筑业营业税纳税申报表等附表。

综合练习

一、单项选择题

1. 纳税人应当向应税劳务发生地、土地或者不动产所在地的主管税务机关申报纳税，而自应当申报纳税之月起超过6个月没有申报纳税的，应由(　　)补征税款。

A. 发生地主管税务机关　　B. 发生地或其机构所在地主管税务机关

C. 居住地或发生地主管税务机关　　D. 其机构所在地或者居住地的主管税务机关

2. 下列行为征收营业税的是(　　)。

A. 境内保险机构为出口货物提供的保险产品

B. 单位聘用的员工为本单位提供装潢劳务

C. 将不动产无偿赠送给自己的朋友

D. 某建筑公司自建自用建筑物所提供的建筑劳务

3. 下面有关营业税特征的说法不正确的是(　　)。

A. 营业税按行业来设计税目税率　　B. 营业税征收面较广但税负都比较低

C. 营业税计算简便，便于征管　　D. 营业税属于中央税

4. 提供文艺演出场所单位的场租收入应按(　　)税目征收营业税。

A. 文化体育业　　B. 娱乐业

C. 服务业——代理业　　D. 服务业——租赁业

5. 营业税的纳税人，是在中华人民共和国境内提供劳务、转让无形资产或者销售不动产的(　　)。

A. 单位和个人　　B. 企业

C. 法人　　D. 机关团体

6. 按有关规定，企业下列行为属于兼营应税劳务与货物或非应税劳务的有(　　)。

A. 运输企业销售货物并负责运输所售货物

B. 商场在顶楼开设所属美食城

C. 商场销售空调并负责安装

D. 建筑公司为承建的某项工程既提供建筑材料又承担建筑、安装业务

7. 某运输公司2012年12月承揽运输业务100万元，支付给其他单位的运输费用为20万元，该公司应纳营业税(　　)。

A. 1.2万元　　B. 2.4万元

C. 3万元　　D. 3.6万元

8. A公司承建B公司的一项工程，总造价5 000万元，其中B公司提供的设备的价款为1 500万元。则A公司应纳的营业税是(　　)。

A. 100万元　　B. 105万元

C. 120万元　　D. 150万元

9. 依据营业税的有关规定，下列说法中正确的是（ ）。

A. 旅游景点的索道经营业务按"交通运输业"征税

B. 金融经纪业按"服务业"征税

C. 交通部门有偿转让高速公路收费权的行为，按"服务业"征税

D. 搬家按照"服务业"征税

10. 单位和个人转让已完成土地前期开发或正在进行土地前期开发，但尚未进入施工阶段的在建项目，按（ ）项目征收营业税。

A. 销售土地　　B. 销售不动产

C. 转让无形资产　　D. 转让土地使用权

11. 关于转让企业产权，以下说法正确的是（ ）。

A. 转让企业产权是转让企业资产的行为，应按企业销售不动产行为征收营业税

B. 转让企业产权是转让企业债权的行为，应按转让资产的性质分别征收增值税、营业税

C. 转让企业产权是转让企业债务的行为，应按转让无形资产的行为征收营业税

D. 转让企业产权是整体转让企业资产、债权、债务及劳动力的行为，其转让价格不仅仅是由资产价值决定的，与企业销售不动产，转让无形资产的行为完全不同，因此，转让企业产权的行为不属于营业税征收范围，不应征收营业税

12. 纳税人转让土地使用权或者销售不动产采用预收款方式的，其纳税义务发生时间为（ ）。

A. 取得索取款项的凭证的当天　　B. 进行款项结算的当天

C. 进行款项结算的次月　　D. 收到预收款的当天

13. 下列项目中，关于营业税的规定表述正确的是（ ）。

A. 纳税人出租不动产应当向其机构所在地的主管税务机关申报纳税

B. 纳税人提供的建筑业劳务以及国务院财政、税务主管部门规定的其他应税劳务，应当向其机构所在地的主管税务机关申报纳税

C. 纳税人转让无形资产应当向其机构所在地或者居住地的主管税务机关申报纳税

D. 纳税人以预收款方式销售不动产的，其纳税义务发生时间为办理权属转移的当天

14. 某纳税人销售购置的不动产，其计税营业额的下列确定方法中，正确的是（ ）。

A. 以全部收入为营业额

B. 以销售时的市场价格为营业额

C. 以全部收入减去不动产购置原价后的余额为营业额

D. 以全部收入减去不动产可变现价值后的余额为营业额

15. 下列（ ）不属于营业税减免项目及免税范围。

A. 残疾协会提供的所有劳务

B. 学校及其他教育机构提供的教育劳务、学生勤工俭学所提供的劳务服务

C. 残疾人福利机构提供的育养服务

D. 婚姻介绍，殡葬服务

二、多项选择题

1. 金融保险业征税的范围包括（ ）。

A. 贷款和保险业　　B. 融资租赁　　C. 金融商品转让　　D. 金融经纪业

2. 下列营业税的确定，符合营业税暂行条例及现行政策规定的有(　　)。

A. 纳税人将承揽的运输业务分给其他单位或者个人的，以其取得的全部价款和价外费用扣除其支付给其他单位或者个人的运输费用后的余额为营业额

B. 娱乐业的营业额为经营娱乐业向顾客收取的各项费用

C. 房地产开发企业预售商品房以取得的销售收入扣除规定项目金额后的余额为营业额

D. 纳税人从事旅游业务的，以其取得的全部价款和价外费用扣除替旅游者支付给其他单位或者个人的住宿费、餐费、交通费、旅游景点门票和支付给其他接团旅游企业的旅游费用后的余额为营业额

3. 对下列行为，不征营业税的有(　　)。

A. 以无形资产投资入股，双方承担投资风险行为

B. 以不动产投资入股，双方承担投资风险行为

C. 单位将不动产无偿赠予他人的行为

D. 个人买卖股票转让行为

4. 纳税人兼有不同税目应税行为的，应当分别核算不同税目的(　　)，未分别核算的，税务部门将从高适用税率。

A. 营业额　　B. 转让额　　C. 销售额　　D. 毛利

5. 纳税人提供应税劳务、转让无形资产或销售不动产价格明显偏低而无正当理由的，主管税务机关有权按下列程序核定其营业额(　　)。

A. 按纳税人最近时期发生同类应税行为的平均价格核定

B. 按其他纳税人最近时期发生同类应税行为的平均价格核定

C. 营业额＝营业成本或者工程成本×(1＋成本利润率)÷(1－营业税税率)

D. 按纳税人当月提供的同类应税劳务或者销售的同类不动产的平均价格核定

6. 以下属于服务业免税项目的是(　　)。

A. 养老院对外提供餐饮取得的收入

B. 残疾人办的企业为社会提供的营业税应税劳务

C. 非营利性医疗机构(包括工会疗养院、所)提供的医疗服务

D. 农业机耕、排灌、病虫害防治、植保、农牧保险以及相关技术的培训业务，家禽、牲畜、水产动物的配种和疾病防治

7. 对于政府性基金、行政事业性收费的征税问题，以下说法正确的是(　　)。

A. 由国务院或者财政部批准设立的政府性基金，由国务院或者省级人民政府及其财政、价格主管部门批准设立的行政事业性收费

B. 收取时开具省级以上财政部门印制的财政票据

C. 所收款项全额上缴财政

D. 具体的名单由省地方税务局制定

8. 根据营业税暂行条例规定，某些行业以营业收入扣除某些费用后的余额作为计税依据，作为扣除项目合法有效的凭证必须是(　　)。

A. 支付给境内单位或者个人的款项，且该单位或者个人发生的行为属于营业税或者增

值税征收范围的，以该单位或者个人开具的发票为合法有效凭证

B. 支付的行政事业性收费或者政府性基金，以开具的财政票据为合法有效凭证

C. 支付给境外单位或者个人的款项，以该单位或者个人的签收单据为合法有效凭证，税务机关对签收单据有疑义的，可以要求其提供境外此笔业务的完税证明

D. 国家税务总局规定的其他合法有效凭证

9. 根据营业税暂行条例的规定，可以实行差额计税的有(　　)。

A. 运输业务　　B. 转让无形资产　　C. 娱乐业　　D. 旅游业

10. 营业税应纳税额按人民币计算。纳税人按外汇结算营业额的，要折合成人民币计算应纳税额。其折合办法是(　　)。

A. 纳税人以人民币以外的货币结算营业额的，其营业额的人民币折合率可以选择营业额发生的当天的人民币汇率中间价

B. 纳税人以人民币以外的货币结算营业额的，其营业额的人民币折合率可以选择营业额发生当月1日的人民币汇率中间价

C. 金融保险企业营业额的人民币折合率为上年度决算报表确定的汇率

D. 纳税人应当在事先确定采用何种折合率，确定后1年内不得变更

11. 纳税人自建行为的纳税义务发生时间为(　　)。

A. 销售自建建筑物签订合同当天

B. 销售自建建筑物实际交付使用的当天

C. 销售自建建筑物并收讫营业额的当天

D. 销售自建建筑物并取得索取营业额的凭证的当天

12. 甲乙双方合作建房，甲方以土地使用权换取乙方的房屋所有权，则(　　)。

A. 甲方按转让无形资产税目缴纳营业税

B. 甲方按销售不动产税目缴纳营业税

C. 乙方按转让无形资产税目缴纳营业税

D. 乙方按销售不动产税目缴纳营业税

13. 营业额是纳税人向对方收取的全部价款和价款之外取得的一切费用，如(　　)。

A. 手续费　　B. 服务费　　C. 基金　　D. 延期付款利息

14. 下列业务中，不征收或免征营业税的有(　　)。

A. 个人转让著作权　　B. 金融机构转让股票

C. 科研单位的技术转让　　D. 垃圾处置劳务

15. 下列关于营业税的优惠政策的陈述，正确的是(　　)。

A. 个人自建自用不动产销售时免征营业税

B. 对企业、行政事业单位按房改成本价、标准价出售住房的收入，暂免征营业税

C. 对住房公积金管理中心用住房公积金在指定的委托银行发放个人住房贷款取得的收入，免征营业税

D. 对个人从事有价证券买卖暂免征收营业税

三、判断题

1. 某行政机关将闲置的房屋出租给他人使用，则该行政机关也是营业税纳税人，应就取得租金收入计算交纳营业税。　　(　　)

2. 国家机关、事业单位、社会团体，凡涉及征税的收费项目，均应纳入税务管理，进行税务登记，其收费项目应进行纳税申报并使用省级以上财政部门统一印制或监制的收费、基金票据。（ ）

3. 商业企业的混合销售行为既涉及应税劳务又涉及货物的销售行为，视为提供应税劳务，征收营业税。（ ）

4. 以非专利技术等投资入股，收取固定利润的，属于转让无形资产使用权的行为，应按“转让无形资产”税目征收营业税。（ ）

5. 凡价外费用，无论会计制度规定如何核算，均应并入营业额计算应纳税额。（ ）

6. 对于营业税来说，以营业额全额计税是基本的规定，凡是没有另作特殊规定的，都应当以纳税人取得的营业额全额计算营业税。（ ）

7. 除有特殊规定之外，营业税的纳税义务发生时间，为纳税人收到营业款项或者取得索取营业收入款项凭证的当天。（ ）

8. 营业税的纳税期限，分别为5日、10日、15日、一个月或一个季度。纳税人的具体纳税期限，由主管税务机关根据纳税人应纳税额的大小分别核定；不能按固定期限纳税的，可以按次纳税。（ ）

9. 营业税的起征点适用范围包括公民、法人和其他组织。（ ）

10. 将土地使用权转让给农业生产者从事农业生产的免征营业税。（ ）

11. 纳税人营业额达到起征点的，按全额减去起征点后的余额征税。（ ）

12. 单位或个人自建建筑物后销售，应同时缴纳销售不动产和提供建筑劳务两种税目的营业税。（ ）

13. 纳税人发生应税行为，如果将价款与折扣额在同一张发票上注明的，以折扣后的价款为营业额。（ ）

14. 企业的分支机构，只要提供了营业税劳务，并取得了收益，就是营业税的纳税人。（ ）

15. 支付给境外单位或者个人的款项，以该单位或者个人的签收单据为合法有效凭证，税务机关对签收单据有疑义的，可以要求其提供境外公证机构的确认证明。（ ）

四、实务题

1. 力天建筑公司承包一项工程，工程总造价6 000万元，其中由建设方提供设备价值1 500万元，力天建筑公司将2 000万元的工程分包给精诚建筑公司。工程竣工后，建设单位支付给力天建筑公司提前竣工奖150万元，优质工程奖100万元。计算力天公司应纳的营业税。

2. 某运输公司2012年3月份取得货物运输收入100万元，从事联运业务取的运输收入50万元，向境外运输旅客收入20万元，另代收各类运输保险费2万元、出关手续费2万元，付给联运承运者运费30万元，付给境外企业承运旅客运费10万元。计算该企业3月份应缴营业税是多少？

3. 某有线电视台2012年10月份取得收入500万元，其中广告收入200万元，有线电视收视费收入200万元，有线电视用户初装费收入100万元。试计算该月应纳营业税税额。

4. 滨河信用社2012年3季度取得贷款利息收入43万元，取得公司债券转让收入250万元，该笔债券购买价款是220万元，取得代办汇款等各类手续费8万元。试计算本月应纳营业税税额。

5. 中国人民保险公司所属某财产保险公司1月份收取保险费50万元，其中有10万元的保费是对境外货物公司和个人的保险所收取的保费，有20万元是为出口商品提供信用保险所收取的保费。试计算本月应纳营业税税额。

6. 某邮局6月取得邮政收入80万元，其中邮件收入50万元，报刊发行手续费收入5万元，邮政储蓄业务利差收入8万元，邮电局集邮销售收入10万元，各种服务费收入7万元，门面房出租收入10万元。计算该邮政局当月应纳的营业税税额。

7. 某娱乐城2012年2月份取得营业收入20万元，其中台球收入3万元，高尔夫球收入4万元，保龄球收入11万元，电视放像厅收入2万元。试计算当月应纳营业税税额。

8. 媒体广告公司2月取得如下广告收入：(1) 代理广告收入总额100万元，付给媒体广告发布费80万元；(2) 自营广告收入20万元，付给外聘人员设计费5万元；(3) 灯箱广告收入50万元，付灯箱制作费35万元。请计算该广告公司本月应纳的营业税税额。

9. 某金融机构2012年1季度发生下列业务：

(1) 从事融资租赁业务为某企业从国外进口一台设备，租赁期限自2012年1月1日至2016年12月31日，为期5年。设备进口的关税完税价格为150万元，设备进口后，发生的运保费为3万元，安装调试费为2万元，为进口设备发生境外外汇借款利息支出折合人民币5万元。该金融机构向企业收取的全部价款为300万元。设备进口的关税税率为20%，增值税税率为17%；

(2) 该季度卖出股票60万股，扣除交易费用1.2万元和印花税4万元后取得净收入250万元。该批股票的买入成本为180万元(其中，交易费用0.8万元，印花税2.4万元)；

(3) 吸收居民存款，支付存款利息120万元，全部贷放出去取得利息收入160万元，同时以2%的季度利率从境外筹借外汇3 000万元，并将其转贷给企业，获得转贷利息收入90万元，另外取得结算业务手续费10万元；

(4) 将两栋楼房转让，取得转让收入3 000万元，当时的购进价格是1 500万元。

要求：计算该金融机构2季度应纳营业税税额(计算到万元，保留2位小数)。

10. 某工业生产企业将沿街厂房一幢转让给某公司，转让价格8 500 000元，款项已通过银行收讫。该厂房账面原值15 000 000元，已累计折旧6 000 000元；计提减值准备2 000 000元；发生清理费用20 000元。该企业处理完该业务应怎样做会计处理(只考虑营业税)。

第五章 关税纳税实务

知识目标

要求学生掌握关税的基本规定、完税价格的确定、税额计算、会计处理、税收优惠和申报缴纳的相关规定。

能力目标

通过本章学习，要求学生能运用所学的知识正确计算关税完税价格、应纳税额，能准确进行关税会计核算，能填写纳税申报表等相关资料。

第一节 关税的基本规定

一、关税的概念和特点

（一） 关税的概念

关税是海关依法对进出境货物、物品征收的一种税。所谓"境"指关境，又称"海关境域"或"关税领域"，是国家《海关法》全面实施的领域。在通常情况下，一国关境与国境是一致的，包括国家全部的领土、领海、领空。但当某一国家在国境内设立了自由港、自由贸易区等，这些区域就进出口关税而言处在关境之外，这时，该国家的关境小于国境，如我国。根据《中华人民共和国香港特别行政区基本法》和《中华人民共和国澳门特别行政区基本法》，香港和澳门保持自由港地位，为我国单独的关税地区，即单独关境区。单独关境区是不完全适用该国海关法律、法规或实施单独海关管理制度的区域。

（二） 关税的特点

关税作为独特的税种，除了具有一般税收的特点以外，还具有以下特点。

1. 征收的对象是进出境的货物和物品

关税是对进出境的货品征税，在境内和境外流通的货物，不进出关境的不征关税。

2. 关税是单一环节的价外税

关税的完税价格中不包括关税，即在征收关税时，是以实际成交价格为计税依据，关税不包括在内。但海关代为征收增值税、消费税时，其计税依据包括关税在内。

3. 有较强的涉外性

关税税则的制定、税率的高低，直接会影响到国际贸易的开展。关税政策、关税措施也往往和经济、外交政策紧密相关，具有涉外性。

二、关税的分类

（一） 按征收对象划分

（1）进口税。它是指海关在外国货物进口时所课征的关税。进口税通常在外国货物进入关境或国境时征收；或在外国货物从保税仓库提出运往国内市场时征收。现今世界各国的关税，主要是征收进口税。征收进口税的目的在于保护本国市场和增加财政收入。

（2）出口税。它是指海关在本国货物出口时所课征的关税。为了降低出口货物的成本，提高本国货物在国际市场上的竞争能力，世界各国一般少征或不征出口税。但为了限制本国某些产品或自然资源的输出，或为了保护本国生产、本国市场供应和增加财政收入以及某些特定的需要，有些国家也征收出口税。

（3）过境税。过境税又称通过税，它是对外国货物通过本国国境或关境时征收的一种关税。过境税最早主要是为了增加国家财政收入而征收的。后由于各国的交通事业发展，竞争激烈，征收过境税，不仅妨碍国际商品流通，而且还减少港口、运输、仓储等方面的收入，于是便逐步废除了过境税的条款。

（二） 按征收目的划分

（1）财政关税。财政关税又称收入关税，它以增加国家财政收入为主要目的而课征的关税。财政关税的税率比保护关税低，因为过高的关税会阻碍进出口贸易的发展，达不到增加财政收入的目的。随着世界经济的发展，财政关税的意义逐渐减低，而为保护关税所代替。

（2）保护关税。它是以保护本国经济发展为主要目的而课征的关税。保护关税主要是进口税，税率较高，有的高达百分之几百。通过征收高额进口税，使进口商品成本增高，从而削弱它在进口国市场的竞争能力，甚至阻碍其进口，以达到保护本国经济发展的目的。保护关税是实现一个国家对外贸易政策的重要措施之一。

（三） 按计征方式划分

（1）从量关税。以征税对象的数量为计税依据，按每单位数量预先制定的应税额计征。

（2）从价关税。以征税对象的价格为计税依据，根据一定比例的税率进行计征。

（3）混合关税。对一种进口货物同时制定出从价、从量两种方式，分别计算税额，以两种税额之和作为该货物的应征税额。

（4）选择性关税。对同一种货物在税则中规定从价、从量两种税率，在征税时选择其中征收税额较多的一种，以免因物价波动影响财政收入。也可以选择税额较少的一种标准计算关税。

(5) 滑动关税。滑动关税又称滑准税，它是指对某种货物在税则中预先按该商品的价格规定几档税率，同一种货物当价格高时适用较低税率，价格低时适用较高税率，目的是使该物品的价格在国内市场上保持相对稳定。

(四) 按税率制定划分

(1) 自主关税。自主关税又称国定关税，它是指一个国家基于其主权，独立自主地制定并有权修订的关税，包括关税税率及各种法规、条例。国定税率一般高于协定税率，适用于没有签订关税贸易协定的国家。

(2) 协定关税。它是指两个或两个以上的国家，通过缔结关税贸易协定而制定的关税税率。协定关税有双边协定税率、多边协定税率和片面协定税率。双边协定税率是两个国家达成协议而相互减让的关税税率。多边协定税率，是两个以上的国家之间达成协议而相互减让的关税税率，如关税及贸易总协定中的相互减让税率的协议。片面协定税率是一国对他国输入的货物降低税率，为其输入提供方便，而他国并不以降低税率回报的税率制度。

(五) 按差别待遇和特定的实施情况划分

(1) 进口附加税。它是指除了征收一般进口税以外，还根据某种目的再加征额外的关税。它主要有反贴补税和反倾销税。

(2) 差价税。差价税又称差额税，它是指当某种本国生产的产品国内价格高于同类的进口商品价格时，为了削弱进口商品的竞争能力，保护国内生产和国内市场，按国内价格与进口价格之间的差额征收关税。

(3) 特惠税。特惠税又称优惠税，它是指对某个国家或地区进口的全部商品或部分商品，给予特别优惠的低关税或免税待遇。但它不适用于从非优惠国家或地区进口的商品。特惠税有的是互惠的，有的是非互惠的。

(4) 普遍优惠制。普遍优惠制简称普惠制，它是发展中国家在联合国贸易与发展会议上经过长期斗争，在 1968 年通过建立普惠制决议后取得的。该决议规定，发达国家承诺对从发展中国家或地区输入的商品，特别是制成品和半成品，给予普遍的、非歧视性的和非互惠的优惠关税待遇。

三、纳税人和征税对象

(一) 纳税义务人

进口货物的收货人、出口货物的发货人、进出境物品的所有人，是关税的纳税义务人。进出口货物的收、发货人是依法取得对外贸易经营权，并进口或者出口货物的法人或者其他社会团体。进出境物品的所有人包括该物品的所有人和推定为所有人的人。一般情况下，对于携带进境的物品，推定其携带人为所有人；对分离运输的行李，推定相应的进出境旅客为所有人；对以邮递方式进境的物品，推定其收件人为所有人；以邮递或其他运输方式出境的物品，推定其寄件人或托运人为所有人。

（二）征税对象

关税的征税对象是准许进出境的货物和物品。货物是指贸易性商品；物品指入境旅客随身携带的行李物品、个人邮递物品、各种运输工具上的服务人员携带进口的自用物品、馈赠物品以及其他方式进境的个人物品。

四、税率

关税税率是指海关税则规定的对课征对象征税时计算税额的比例。关税税率分为进口关税税率、出口关税税率和特别关税。关税的税目和税率由《海关进出口税则》规定。

（一）进口关税的税率

1. 税率设置

我国进口关税的法定税率设置最惠国税率、协定税率、特惠税率和普通税率。

（1）最惠国税率。最惠国税率适用原产于与我国共同适用最惠国待遇条款的世界贸易组织成员国或地区的进口货物，或原产于与我国签订有相互给予最惠国待遇条款的双边贸易协定的国家或地区的进口货物，以及原产于中华人民共和国境内的进口货物。

（2）协定税率。协定税率适用原产于与我国参加的含关税优惠条款的区域性贸易协定有关缔约方的进口货物。

（3）特惠税率。特惠税率适用原产于与我国签订有特殊优惠关税协定的国家或地区的进口货物。

（4）普通税率。普通税率适用原产于上述国家或地区以外的国家和地区的进口货物；或者原产地不明的国家或者地区的进口货物。

按照普通税率征税的进口货物，经国务院关税税则委员会特别批准，可以适用最惠国税率。适用最惠国税率、协定税率、特惠税率的国家或者地区名单，由国务院关税税则委员会决定。

2. 暂定税率与关税配额税率

根据经济发展需要，国家对部分进口原材料、零部件、农药原药和中间体、乐器及生产设备实行暂定税率。暂定税率优先适用于优惠税率或最惠国税率，按普通税率征税的进口货物不适用暂定税率。同时，对部分进口农产品和化肥产品实行关税配额，即一定数量内的上述进口商品适用税率较低的配额内税率，超出该数量的进口商品适用税率较高的配额外税率。现行税则对700多个税目进口商品实行了暂定税率，对小麦、玉米等7种农产品和尿素等3种化肥产品实行关税配额管理。

（二）出口关税税率

我国出口税则为一栏税率，即出口税率。国家仅对少数资源性产品及易于竞相杀价、盲目进口、需要规范出口秩序的半制成品征收出口关税。与进口暂定税率一样，出口暂定税率优先适用于出口税则中规定的出口税率。

（三） 特别关税

特别关税包括报复性关税、反倾销税与反补贴税、保障性关税。征收特别关税的货物、适用国别、税率、期限和征收办法，由国务院关税税则委员会决定，海关总署负责实施。

（四） 税率的运用

我国《进出口关税条例》规定，进出口货物，应当依照税则规定的归类原则归入合适的税号，并按照适用的税率征税。其中：

（1）进出口货物，应当按照纳税义务人申报进口或者出口之日实施的税率征税；

（2）进口货物到达前，经海关核准先行申报的，应当按照装载此货物的运输工具申报进境之日实施的税率征税；

（3）进出口货物的补税和退税，适用该进出口货物原申报进口或者出口之日所实施的税率，但下列情况除外：

① 按照特定减免税办法批准予以减免税的进口货物，后因情况改变经海关批准转让或出售或移作他用需予补税的，适用海关接受纳税人再次填写报关单申报办理纳税及有关手续之日实施的税率征税；

② 加工贸易进口料、件等属于保税性质的进口货物，如经批准转为内销，应按向海关申报转为内销之日实施的税率征税；如未经批准擅自转为内销的，则按海关查获日期所施行的税率征税；

③ 暂时进口货物转为正式进口需予补税时，应按其申报正式进口之日实施的税率征税；

④ 分期支付租金的租赁进口货物，分期付税时，适用海关接受纳税人再次填写报关单申报办理纳税及有关手续之日实施的税率征税；

⑤ 溢卸、误卸货物事后确定需征税时，应按其原运输工具申报进口日期所实施的税率征税，如原进口日期无法查明的，可按确定补税当天实施的税率征税；

⑥ 对由于税则归类的改变、完税价格的审定或其他工作差错而需补税的，应按原征税日期实施的税率征税；

⑦ 对经批准缓税进口的货物以后交税时，不论是分期或一次交清税款，都应按货物原进口之日实施的税率征税；

⑧ 查获的走私进口货物需补税时，应按查获日期实施的税率征税。

五、税收优惠

关税减免是对某些纳税人和征税对象给予鼓励和照顾的一种特殊调节手段，使关税政策兼顾了普遍性和特殊性、原则性和灵活性。关税减免是贯彻国家关税政策的一项重要措施，关税减免分为法定减免税、特定减免税和临时减免税。根据《海关法》规定，除法定减免税外的其他减免税均由国务院决定。

（一）法定减免税

法定减免税是税法中明确列出的减税或免税。符合税法规定可予减免税的进出口货物，纳税义务人无须提出申请，海关可按规定直接予以减免税。海关对法定减免税货物一般不进行后续管理。

我国《海关法》和《中华人民共和国进出口关税条例》明确规定，下列货物、物品予以减免关税。

（1）关税税额在人民币50元以下的一票货物，可免征关税。

（2）无商业价值的广告品和货样，可免征关税。

（3）外国政府、国际组织无偿赠送的物资，可免征关税。

（4）进出境运输工具装载的途中必需的燃料、物料和饮食用品，可予免税。

（5）经海关核准暂时进境或者暂时出境，并在6个月内复运出境或者复运进境的货样、展览品、施工机械、工程车辆、工程船舶、供安装设备时使用的仪器和工具、电视或者电影摄制器械、盛装货物的容器以及剧团服装道具，在货物收发货人向海关缴纳相当于税款的保证金或者提供担保后，可予暂时免税。

（6）为境外厂商加工、装配成品和为制造外销产品而进口的原材料、辅料、零件、部件、配套件和包装物料，海关按照实际加工出口的成品数量免征进口关税，或者对进口料、件先征进口关税，再按照实际加工出口的成品数量予以退税。

（7）因故退还的中国出口货物，经海关审查属实，可予免征进口关税，但已征收的出口关税不予退还。

（8）因故退还的境外进口货物，经海关审查属实，可予免征出口关税，但已征收的进口关税不予退还。

（9）进口货物如有以下情形，经海关查明属实，可酌情减免进口关税：

① 在境外运输途中或者在起卸时，遭受损坏或者损失的；

② 起卸后海关放行前，因不可抗力遭受损坏或者损失的；

③ 海关查验时已经破漏、损坏或者腐烂，经证明不是保管不慎造成的。

（10）无代价抵偿货物，即进口货物在征税放行后，发现货物残损、短少或品质不良，而由国外承运人、发货人或保险公司免费补偿或更换的同类货物，可以免税。但有残损或质量问题的原进口货物如未退运国外，其进口的无代价抵偿货物应照章征税。

（11）我国缔结或者参加的国际条约规定减征、免征关税的货物、物品，按照规定予以减免关税。

（12）法律规定减征、免征的其他货物。

（二）特定减免税

特定减免税也称政策性减免税。在法定减免税之外，国家按照国际通行规则和我国实际情况，制定发布的有关进出口货物减免关税的政策，称为特定或政策性减免税。特定减免税货物一般有地区、企业和用途的限制，海关需要进行后续管理，也需要进行减免税统计。

1. 科教用品

为有利于我国科研、教育事业发展，国务院制定了《科学研究和教学用品免征进口税收暂行规定》，该规定对享受该优惠的科研机构和学校资格、类别以及可以免税的物品都做了明确规定。

2. 残疾人专用品

为支持残疾人的康复工作，国务院制定了《残疾人专用品免征进口税收暂行规定》，对规定的残疾人个人专用品，免征进口关税和进口环节增值税、消费税；对康复、福利机构、假肢厂和荣誉军人康复医院进口国内不能生产的、该规定明确的残疾人专用品，免征进口关税和进口环节增值税。该规定对可以免税的残疾人专用品种类和品名做了明确规定。

3. 扶贫、慈善性捐赠物资

为促进公益事业的健康发展，经国务院批准，财政部、国家税务总局、海关总署发布了《扶贫、慈善性捐赠物资免征进口税收的暂行办法》。该办法对捐赠和可以免税的捐赠物资种类和品名做了明确规定。

4. 加工贸易产品

(1) 加工装配和补偿贸易

进境料件不予征税，准许在境内保税加工为成品后返销出口；进口外商的不作价设备和作价设备，分别比照外商投资项目和国内投资项目的免税规定执行；剩余料件或增产的产品，经批准转内销时，价值在进口料件总值2%以内，且总价值在3 000元以下的，可予免税。

(2) 进料加工

对专为加工出口商品而进口的料件，海关按实际加工复出口的数量，免征进口税；加工的成品出口，免征出口税，但内销料件及成品照章征税；对加工过程中产生的副产品、次品、边角料，海关根据其使用价值分析估价征税或者酌情减免税；剩余料件或增产的产品，经批准转内销时，价值在进口料件总值2%以内，且总价值在5 000元以下的，可予免税。

5. 边境贸易进口物资

边境贸易有边民互市贸易和边境小额贸易两种形式。边民通过互市贸易进口的商品，每人每日价值在3 000元以下的，免征进口关税和进口环节增值税。边境小额贸易企业通过指定边境口岸进口原产于毗邻国家的商品，除烟、酒、化妆品以及国家规定必须照章征税的其他商品外，进口关税和进口环节增值税减半征收。

6. 保税区进出口货物

进口供保税区使用的机器、设备、基建物资、生产用车辆，为加工出口产品进口的原材料、零部件、元器件、包装物料，供储存的转口货物以及在保税区内加工运输出境的产品免征进口关税和进口环节税；保税区内企业进口专为生产加工出口产品所需的原材料、零部件、包装物料，以及转口货物予以保税；从保税区运往境外的货物，一般免征出口关税，等等。

7. 出口加工区进出口货物

从境外进入区内生产性的基础设施建设项目所需的机器、设备和建设生产厂房、仓储设施所需的基建物资，区内企业生产所需的机器、设备、模具及其维修用零配件，区内企业和行政管理机构自用合理数量的办公用品，予以免征进口关税和进口环节税；区内企业为加工出口产品所需的原材料、零部件、元器件、包装物料及消耗性材料，予以保税；对加工区运往区外的货物，海关按照对进口货物的有关规定办理报关手续，并按照制成品征税；对从区外进入加工区的货物视同出口，可按规定办理出口退税。

8. 进口设备

为进一步扩大利用外资，引进国外先进技术和设备，促进产业结构的调整和技术进步，保持国民经济持续、快速、健康发展，国务院决定自1998年1月1日起，对国家鼓励发展的国内投资项目和外商投资项目进口设备，在规定范围内免征进口关税和进口环节增值税。2009年起，配合国内增值税转型改革，调整为仅免征进口关税，照常征收进口环节增值税。

9. 特定行业或用途的减免税政策

为鼓励、支持部分行业或特定产品的发展，国家制定了部分特定行业或用途的减免税政策，这类政策一般对可减免税的商品列有具体清单。

第二节　关税的计算

一、关税完税价格的确定

进出口货物的完税价格，由海关以该货物的成交价格为基础审查确定。成交价格不能确定时，完税价格由海关依法估定。我国海关依据《中华人民共和国海关审定进出口货物完税价格办法》(以下简称《完税价格办法》)，审定进出口货物的完税价格。

(一) 一般进口货物的完税价格

1. 以成交价格为基础的完税价格

进口货物的完税价格包括货物的货价、货物运抵我国境内输入地点起卸前的运输及其相关费用、保险费。我国境内输入地为入境海关地，包括内陆河、江口岸，一般为第一口岸。货物的货价以成交价格为基础。进口货物的成交价格是指买方为购买该货物，并按《完税价格办法》有关规定调整后的实付或应付价格。

2. 对实付或应付价格进行调整的有关规定

"实付或应付价格"指买方为购买进口货物直接或间接支付的总额，即作为卖方销售进口货物的条件，由买方向卖方或为履行卖方义务向第三方已经支付或将要支付的全部款项。

(1) 如下列费用或者价值未包括在进口货物的实付或者应付价格中，应当计入完税价格。

① 由买方负担的除购货佣金以外的佣金和经纪费。"购货佣金"指买方为购买进口货物向自己的采购代理人支付的劳务费用。"经纪费"指买方为购买进口货物向代表买卖双方利益的经纪人支付的劳务费用。

② 由买方负担的与该货物视为一体的容器费用。

③ 由买方负担的包装材料和包装劳务费用。

④ 与该货物的生产和向中华人民共和国境内销售有关的，由买方以免费或者以低于成本的方式提供并可以按适当比例分摊的料件、工具、模具、消耗材料及类似货物的价款，以及

在境外开发、设计等相关服务的费用。

⑤ 与该货物有关并作为卖方向我国销售该货物的一项条件，应当由买方直接或间接支付的特许权使用费。“特许权使用费”指买方为获得与进口货物相关的、受著作权保护的作品、专利、商标、专有技术和其他权利的使用许可而支付的费用。但是在估定完税价格时，进口货物在境内的复制权费不得计入该货物的实付或应付价格之中。

⑥ 卖方直接或间接从买方对该货物进口后转售、处置或使用所得中获得的收益。

上列所述的费用或价值，应当由进口货物的收货人向海关提供客观量化的数据资料。如果没有客观量化的数据资料，完税价格由海关按《完税价格办法》规定的方法进行估定。

(2) 下列费用，如能与该货物实付或者应付价格区分，不得计入完税价格：

① 厂房、机械、设备等货物进口后的基建、安装、装配、维修和技术服务的费用；

② 货物运抵境内输入地点之后的运输费用、保险费和其他相关费用；

③ 进口关税及其他国内税收。

3. 对买卖双方之间有特殊关系的规定

买卖双方之间有特殊关系的，经海关审定其特殊关系未对成交价格产生影响，或进口货物的收货人能证明其成交价格与同时或大约同时发生的下列任一价格相近，该成交价格海关应当接受：

(1) 向境内无特殊关系的买方出售的相同或类似货物的成交价格；

(2) 按照使用倒扣价格有关规定所确定的相同或类似货物的完税价格；

(3) 按照使用计算价格有关规定所确定的相同或类似货物的完税价格。

海关在使用上述价格做比较时，应当考虑商业水平和进口数量的不同，以及实付或者应付价格的调整规定所列各项目和交易中买卖双方有无特殊关系造成的费用差异。

4. 进口货物海关估价方法

进口货物的价格不符合成交价格条件或者成交价格不能确定的，海关应当依次以相同货物成交价格方法、类似货物成交价格方法、倒扣价格方法、计算价格方法及其他合理方法确定的价格为基础，估定完税价格。如果进口货物的收货人提出要求，并提供相关资料，经海关同意，可以选择倒扣价格方法和计算价格方法的适用次序。

(二) 特殊进口货物的完税价格

1. 加工贸易进口料件及其制成品

加工贸易进口料件及其制成品需征税或内销补税的，海关按照一般进口货物的完税价格规定，审定完税价格。其中：

(1) 进口时需征税的进料加工进口料件，以该料件申报进口时的价格估定；

(2) 内销的进料加工进口料件或其制成品(包括残次品、副产品)，以料件原进口时的价格估定；

(3) 内销的来料加工进口料件或其制成品(包括残次品、副产品)，以料件申报内销时的价格估定；

(4) 出口加工区内的加工企业内销的制成品(包括残次品、副产品)，以制成品申报内销时的价格估定；

(5) 保税区内的加工企业内销的进口料件或其制成品(包括残次品、副产品)，分别以料件或制成品申报内销时的价格估定，如果内销的制成品中含有从境内采购的料件，则以所含从境外购入的料件原进口时的价格估定；

(6) 加工贸易加工过程中产生的边角料，以申报内销时的价格估定。

2. 保税区、出口加工区货物

从保税区或出口加工区销往区外、从保税仓库出库内销的进口货物(加工贸易进口料件及其制成品除外)，以海关审定的价格估定完税价格。对经审核销售价格不能确定的，海关应当按照一般进口货物估价办法的规定，估定完税价格。如销售价格中未包括在保税区、出口加工区或保税仓库中发生的仓储、运输及其他相关费用的，应当按照客观量化的数据资料予以计入。

3. 运往境外修理的货物

运往境外修理的机械器具、运输工具或其他货物，出境时已向海关报明，并在海关规定期限内复运进境的，应当以海关审定的境外修理费和料件费为完税价格。

4. 运往境外加工的货物

运往境外加工的货物，出境时已向海关报明，并在海关规定期限内复运进境的，应当以海关审定的境外加工费和料件费，以及该货物复运进境的运输及其相关费用、保险费估定完税价格。

5. 暂时进境货物

对于经海关批准的暂时进境的货物，应当按照一般进口货物估价办法的规定，估定完税价格。

6. 租赁方式进口货物

租赁方式进口的货物中，以租金方式对外支付的租赁货物，在租赁期间以海关审定的租金作为完税价格；留购的租赁货物，以海关审定的留购价格作为完税价格；承租人申请一次性缴纳税款的，经海关同意，按照一般进口货物估价办法的规定估定完税价格。

7. 留购的进口货样等

对于境内留购的进口货样、展览品和广告陈列品，以海关审定的留购价格作为完税价格。

8. 予以补税的减免税货物

减税或免税进口的货物需予补税时，应当以海关审定的该货物原进口时的价格，扣除折旧部分价值作为完税价格，计算公式为：

完税价格＝海关审定的该货物原进口时的价格×[1－申请补税时实际已使用的时间(月)÷(监管年限×12)]

9. 以其他方式进口的货物

以易货贸易、寄售、捐赠、赠送等其他方式进口的货物，应当按照一般进口货物估价办法的规定，估定完税价格。

（三）出口货物的完税价格

1. 以成交价格为基础的完税价格

出口货物的完税价格，由海关以该货物向境外销售的成交价格为基础审查确定，并应包括货物运至我国境内输出地点装载前的运输及其相关费用、保险费，但其中包含的出口关税税额，应当扣除。

出口货物的成交价格，是指该货物出口销售到我国境外时买方向卖方实付或应付的价格。出口货物的成交价格中含有支付给境外的佣金的，如果单独列明，应当扣除。

2. 出口货物海关估价方法

出口货物的成交价格不能确定时，完税价格由海关依次使用下列方法估定：

（1）同时或大约同时向同一国家或地区出口的相同货物的成交价格；

（2）同时或大约同时向同一国家或地区出口的类似货物的成交价格；

（3）根据境内生产相同或类似货物的成本、利润和一般费用、境内发生的运输及其相关费用、保险费计算所得的价格；

（4）按照合理方法估定的价格。

（四）进出口货物完税价格中的运输及相关费用、保险费的计算

1. 以一般陆运、空运、海运方式进口的货物

在进口货物的运输及相关费用、保险费计算中，海运进口货物，计算至该货物运抵境内的卸货口岸；如果该货物的卸货口岸是内河（江）口岸，则应当计算至内河（江）口岸。陆运进口货物，计算至该货物运抵境内的第一口岸；如果运输及其相关费用、保险费支付至目的地口岸，则计算至目的地口岸。空运进口货物，计算至该货物运抵境内的第一口岸；如果该货物的目的地为境内的第一口岸外的其他口岸，则计算至目的地口岸。

陆运、空运和海运进口货物的运费和保险费，应当按照实际支付的费用计算。如果进口货物的运费无法确定或未实际发生，海关应当按照该货物进口同期运输行业公布的运费率（额）计算运费；按照“货价加运费”两者总额的3‰计算保险费。

2. 以其他方式进口的货物

邮运的进口货物，应当以邮费作为运输及其相关费用、保险费；以境外边境口岸价格条件成交的铁路或公路运输进口货物，海关应当按照货价的1%计算运输及其相关费用、保险费；作为进口货物的自驾进口的运输工具，海关在审定完税价格时，可以不另行计入运费。

3. 出口货物

出口货物的销售价格如果包括离境口岸至境外口岸之间的运输、保险费的，该运费、保险费应当扣除。

（五）完税价格的审定

（1）进出口货物的收发货人应当向海关如实申报进出口货物的成交价格，提供包括发票、合同、装箱清单及其他证明申报价格真实、完整的单证、书面资料和电子数据。海关认为

必要时，还应当向海关补充申报反映买卖双方关系和成交活动的情况，以及其他与成交价格有关的资料。

(2) 海关为审查申报价格的真实性和准确性，可以查阅、复制与进出口货物有关的合同、发票、账册、结付汇凭证、单据、业务函电和其他反映买卖双方关系及交易活动的书面资料和电子数据；可以向进出口货物的收发货人及与其有资金往来或有其他业务往来的公司、企业调查与进出口货物价格有关的问题；可以对进出口货物进行查验或提取货样进行检验或化验；可以进入进出口货物收发货人的生产经营场所、货物存放场所，检查与进出口活动有关的货物和生产经营情况；可以向有关金融机构或税务部门，查询了解与进出口货物有关的收付汇资料或缴纳国内税的情况。

(3) 海关对申报价格的真实性或准确性有疑问时，应当书面将怀疑的理由告知进出口货物的收发货人，要求其以书面形式作进一步说明，提供资料或其他证据，证明其申报价格是真实、准确的。自海关书面通知发出之日起 15 日内，进出口货物的收发货人未能提供进一步说明，或海关审核所提供的资料或证据后，仍有理由怀疑申报价格的真实性或准确性时，海关可以不接受其申报价格，并按照一般进口货物海关估价方法估定完税价格。

(4) 海关有理由认为买卖双方之间的特殊关系影响成交价格时，应当书面将怀疑的理由告知进出口货物的收发货人，要求其以书面形式作进一步说明，提供资料或其他证据，证明双方之间的关系未影响成交价格。自海关书面通知发出之日起 15 日内，进口货物的收货人未能提供进一步说明，或海关审核所提供的资料或证据后，仍有理由认为买卖双方的关系影响成交价格时，海关可以不接受其申报价格，并按照一般进口货物海关估价方法估定完税价格。

(5) 海关不接受申报价格，按照相同货物或类似货物成交价格的规定估定完税价格时，为获得合适的相同或类似进出口货物的成交价格，可以与进出口货物的纳税义务人进行价格磋商。

(6) 进出口货物的收发货人可以提供书面申请，要求海关就如何确定其进出口货物的完税价格做出书面说明。

(7) 海关为确定进出口货物的完税价格需要推迟做出估价决定时，进出口货物的收发货人可以在依法向海关提供担保后，先行提取货物。海关对于实行担保放行的货物，应当自具保之日起 90 天内核查完毕，并将核查结果通知进出口货物收发货人。

二、应纳税额的计算

（一）从价税的计算

应纳税额＝应税进(出)口货物数量×单位完税价格×税率

1. 进口环节

(1) 以我国口岸到岸价格(CIF)成交的，或者和我国毗邻的国家以两国共同边境地点交货价格成交的进口货物，其成交价格即为完税价格。应纳关税计算公式为：

应纳进口关税额＝CIF×关税税率

【例 5-1】 某公司从日本进口铁盘条 100 吨，成交价格为 CIF 上海新港 125 000 美元。海关填发税款缴款通知书之日的美元外汇牌价（中间价）为 6.5，该商品进口关税税率 15%，计算该公司应纳进口关税。

解答：

该货物关税完税价格＝125 000×6.5＝812 500（元）

应纳关税税额＝812 500×15%＝121 875（元）

（2）以国外口岸离岸价（FOB）或国外口岸到岸价格成交的，应另加从发货口岸或国外交货口岸运到我国口岸以前的运杂费和保险费作为完税价格。应纳关税的计算公式为：

应纳进口关税额＝（FOB＋运杂费＋保险费）×关税税率

在国外口岸成交情况下，完税价格中包括的运杂费、保险费，原则上应按实际支付的金额计算，若无法得到实际支付金额，也可以外贸系统海运进口运杂费率或按协商规定的固定运杂费率计算运杂费，保险费按中国人民保险公司的保险费率计算。计算公式为：

应纳税额＝（FOB＋运杂费）÷（1—保险费率）×关税税率

【例 5-2】 前例中，假设以 FOB 价格成交，已知单位运费 500 元/吨，保险费率为 2.5‰，计算该公司应纳关税税额。

解答：

该货物关税完税价格＝（FOB 价格＋运费）×（1—保险费率）

＝（125 000×6.5＋100×500）×（1—2.5‰）

＝860 343.75（元）

应纳关税税额＝860 343.75 ×15%＝129 051.56（元）

（3）以国外口岸离岸价格加运费（即 CFR 价格）成交的，应另加保险费作为完税价格。计算公式为：

应纳税额＝（CFR＋保险费）×关税税率＝CFR÷（1—保险费率）×关税税率

【例 5-3】 某企业从中国香港进口原产地为韩国的设备 3 台，该设备的总成交价格为 CFR 上海港 180 000 港元，保险费率为 3‰，设备进口关税税率为 10%，当日港元外汇牌价为 0.83，计算该企业应纳进口关税。

解答：

该货物关税完税价格＝180 000×0.83÷（1－3‰）＝149 849.55（元）

应纳关税税额＝149 849.55×10%＝14 984.96（元）

（4）进口货物海关估价。进口货物的成交价格经海关审查未能确定的，应先估定其完税价格，再计算其应纳税额，应纳关税的计算公式为：

应纳税额＝海关估定完税价格×关税税率

（5）特殊进口商品关税计算。特殊进口货物种类繁多，需在确定完税价格基础上，再计算应纳税额，应纳关税的计算公式为：

应纳税额＝特殊进口货物完税价格×关税税率

【例 5-4】 某企业将以前年度进口的设备运往境外修理，设备进口时成交价格 580 000 元，发生境外运费和保险费共计 60 000 元；在海关规定的期限内复运进境，进境时同类设备价格 650 000 元；发生境外修理费 80 000 元，料件费 90 000 元，境外运输费和保险费共计 30 000 元，进口关税税率 20%。计算该设备复运进境时应纳的进口关税。

解答：

运往境外修理的机械器具、运输工具或其他货物，出境时已向海关报明，并在海关规定期限内复运进境的，应当以海关审定的境外修理费和料件费为完税价格。

该货物关税完税价格＝80 000＋90 000＝170 000(元)

应纳关税税额＝170 000×20%＝34 000(元)

2. 出口环节

(1) 以我国口岸离岸价格(FOB)成交的出口关税计算公式为：

应纳关税税额＝FOB÷(1＋关税税率)×关税税率

(2) 以国外口岸到岸价格(CIF)成交的出口关税计算公式为：

应纳关税税额＝(CIF—保险费—运费)÷(1＋关税税率)×关税税率

(3) 以国外口岸价格加运费价格(CFR)成交的出口关税公式为：

应纳关税税额＝(CFR—运费)÷(1＋关税税率)×关税税率

【例 5-5】 某进出口公司自营出口商品一批，我国口岸 FOB 价格折合人民币为 720 000 元，出口关税税率为 20%，根据海关开出的专用缴款书，以银行转账支票付讫税款。计算应纳的出口关税。

解答：

该货物关税完税价格＝720 000÷(1＋20%)＝600 000(元)

应纳关税税额＝600 000 ×20%＝120 000(元)

(二) 从量税的计算

应纳税税额＝应税进(出)口货物数量×单位货物税额

【例 5-6】 某公司进口美国产蓝带啤酒 600 箱，每箱 24 瓶，每瓶 500 毫升，价格为 CIF 3 000美元。计算应纳进口关税。

解答：

已知进口报关日美元外汇牌价中间价 6.5，该啤酒适用 3 元/升的关税税率。

应纳关税税额＝3×600×24×500÷1 000＝21 600(元)

(三) 复合税的计算

我国目前实行的复合税都是先计征从量税，再计征从价税。

应纳税税额＝应税进(出)口货物数量×单位货物税额＋应税进(出)口货物数量×单位完税价格×税率

(四) 滑准税的计算

应纳税税额＝应税进(出)口货物数量×单位完税价格×滑准税税率

第三节　关税的会计处理

一、会计账户设置

为了全面反映企业关税的缴纳、结余情况及进出口关税的计算，应在“应交税费”账户下分别设置“应交进口关税”、“应交出口关税”明细账户。

“应交税费——应交进口关税”账户的贷方发生额反映应缴的进口关税，借方发生额反映实际上缴的进口关税，贷方余额表示欠缴的进口关税，借方余额表示多缴的进口关税。

“应交税费——应交出口关税”账户的贷方发生额反映应缴的出口关税，借方发生额反映实际上缴的出口关税，贷方余额表示欠缴的出口关税，借方余额表示多缴的出口关税。

当企业计算出应缴的进口关税时，借记有关账户，贷记“应交税费——应交进口关税”账户，实际缴纳时，借记“应交税费——应交进口关税”账户，贷记“银行存款”等账户。当企业计算出应缴的出口关税时，借记有关账户，贷记“应交税费——应交出口关税”账户，实际缴纳时，借记“应交税费——应交出口关税”账户，贷记“银行存款”账户等。

二、会计核算

（一）一般企业

进口关税的会计处理：工业企业通过外贸企业代理或直接从国外进口原材料或其他产品，按规定计算应交纳的进口关税，不通过“应交税费——应交进口关税”账户核算，而是与进口原材料等的价款及其他费用一并计入进口原材料的采购成本，借记“材料采购”或“原材料”账户，贷记“银行存款”等账户。对于企业根据与外商签订的加工装配和中小型补偿贸易合同而引进的国外设备，其应支付的进口关税在支付时，借记“在建工程——引进设备工程”账户，贷记“长期应付款——补偿贸易引进设备应付款”、“银行存款”等账户。

出口关税的会计处理：企业出口产品如果需要交纳出口关税，支付时可直接计入销售税金，借记“营业税金及附加”账户，贷记“银行存款”账户。

【例 5-7】某冶金厂向美国出口磷一批，国内港口离岸价 FOB 价格折合人民币为 1 400 000元，磷出口关税税率为 10%，关税以支票付讫。

解答：

应纳出口关税税额＝1 400 000÷(1＋10%)×10%

＝127 273(元)

借：营业税金及附加　　127 273

　　贷：银行存款　　127 273

（二）商品流通企业

有进出口经营权的商品流通企业（包括商业、粮食、外贸、物资供销、医药商业、供销合作社等），按其进出口业务经营方式的不同，关税的核算可分为自营和代理两大类。

1. 自营进出口业务关税的核算

商品流通企业自营进口业务所计缴的关税，在会计核算上是通过设置"应交税费——应交进口关税"和"材料采购"账户加以反映的。应缴纳的进口关税，借记"材料采购"账户，贷记"应交税费——应交进口关税"账户；实际缴纳时，借记"应交税费——应交进口关税"账户，贷记"银行存款"账户。也可不通过"应交税费——应交进口关税"账户，而直接借记"物资采购"账户，贷记"银行存款"、"应付账款"等账户（出口业务会计处理亦然）。

商品流通企业自营出口业务所计缴的关税，在会计核算上是通过设置"应交税费——应交出口关税"和"营业税金及附加"账户加以反映的。应缴纳的出口关税，借记"营业税金及附加"账户，贷记"应交税费——应交出口关税"账户；实际缴纳时，借记"应交税费——应交出口关税"账户，贷记"银行存款"账户。

【例 5-8】 某外贸企业从国外自营进口商品一批，CIF 价格折合人民币为 400 000 元，进口关税税率为 40%，代征增值税税率为 17%，根据海关开出的专用缴款书，以银行转账支票付讫税款。计算应交关税和物资采购成本。

解答：

应纳关税＝400 000×40%＝160 000（元）

材料采购成本＝400 000＋160 000＝560 000（元）

代征增值税＝560 000×17%＝95 200（元）

作会计分录如下：

计提关税和增值税时：

借：材料采购	560 000	
贷：应交税费——应交进口关税		160 000
应付账款		400 000

支付关税和增值税时：

借：应交税费——应交进口关税	160 000	
贷：银行存款		160 000
借：应交税费——应交增值税（进项税额）	95 200	
贷：银行存款		95 200

商品验收入库时：

借：库存商品	560 000	
贷：材料采购		560 000

2. 代理进出口业务关税的核算

代理进出口业务，对受托方来说，一般不垫付货款，大多以收取手续费形式为委托方提供代理服务。因此，由于进出口而计缴的关税均由委托单位负担，受托单位即使向海关缴纳了关税，也只是代垫或代付，日后仍要从委托方收回。

代理进出口业务所计缴的关税，在会计核算上也是通过设置“应交税费”账户来反映的，其对应账户是“应付账款”、“应收账款”、“银行存款”等账户。

【例 5-9】甲单位委托某进出口公司进口商品一批，进口货款 1 850 000 元已汇入进出口公司存款户。该进口商品我国口岸 CIF 价格为 USD240 000 元，进口关税税率为 20%，当日的外汇牌价为 USD1＝RMB6.2，代理手续费按货价 2%收取，现该批商品已运达，向委托单位办理结算。

解答：

商品货价＝240 000×6.2＝1 488 000(元)

进口关税＝1 488 000×20%＝297 600(元)

代理手续费＝1 488 000×2%＝29 760(元)

根据上述计算资料，该进出口公司接受委托单位货款及向委托单位收取关税和手续费等。作会计分录如下：

收到委托单位划来进口货款时：

借：银行存款　　1 850 000

　　贷：应付账款——甲单位　　1 850 000

对外付汇进口商品时：

借：应收账款——××外商　　1 488 000

　　贷：银行存款　　1 488 000

支付进口关税时：

借：应付账款——甲单位　　297 600

　　贷：应交税费——应交进口关税　　297 600

借：应交税费——应交进口关税　　297 600

　　贷：银行存款　　297 600

将进口商品交付委托单位并收取手续费时：

借：应付账款——甲单位　　1 517 760

　　贷：其他业务收入(或主营业务收入)　　29 760

　　　　应收账款——××外商　　1 488 000

将委托单位剩余的进口货款退回时：

借：应付账款——甲单位　　34 640

　　贷：银行存款　　34 640

【例 5-10】某进出口公司代理乙工厂出口一批商品。我国口岸 FOB 价折合人民币为 360 000 元，出口关税税率为 20%，手续费为 10 800 元。

解答：

计算应缴出口关税如下：

出口关税＝360 000÷(1＋20%)×20%＝60 000(元)

作会计分录如下：

计缴出口关税时：

借：应收账款——乙工厂　　60 000

　　贷：应交税费——应交出口关税　　60 000

缴纳出口关税时：

借：应交税费——应交出口关税　　60 000

　　贷：银行存款　　60 000

应收手续费时：

借：应收账款——乙工厂　　10 800

　　贷：其他业务收入（或主营业务收入）　　10 800

收到委托单位付来的税款及手续费时：

借：银行存款　　70 800

　　贷：应收账款——乙工厂　　70 800

第四节　关税的申报与缴纳

一、进出口货物报关

报关是指进出口货物收发货人、进出境运输工具负责人、进出境物品所有人或者他们的代理人向海关办理货物、物品或运输工具进出境手续及相关海关事务的过程，包括向海关申报、交验单据证件，并接受海关的监管和检查等。报关是履行海关进出境手续的必要环节之一。

（一）报关时间规定

进口货物自运输工具申报进境之日起 14 日内，出口货物在货物运抵海关监管区后装货的 24 小时以前，应由进出口货物的纳税义务人向海关办理进（出）口货物的通关申报手续。

（二）报关应提交的相关材料

进出口商向海关报关时，需提交以下单证。

（1）进出口货物报关单。一般进口货物应填写一式两份；需要由海关核销的货物，如加工贸易货物和保税货物等，应填写专用报关单一式三份；货物出口后需国内退税的，应另填一份退税专用报关单。

（2）发票。货物发票一式两份，对货物出口委托国外销售，结算方式是待货物销售后按实销金额向出口单位结汇的，出口报关时可准予免交。

（3）陆运单、空运单和海运进口的提货单及海运出口的装货单。海关在审单和验货后，在正本货运单上签章放行退还报关单，凭此提货或装运货物。

（4）装箱单。其份数等同货物发票，但是散装货物或单一品种且包装内容一致的件装货物可免交。

（5）合同。进出口货物报关时需提供买卖双方签订的外贸合同。

（6）进口付汇核销单/出口收汇核销单。一切进出口货物报关时，应交验外汇管理部门加盖“监督收/付汇”章的进/出口付/收汇核销单，并将核销编号填在每张报关单的右上角处。

(7) 海关认为必要时，还应交验贸易合同、货物产地证书等。

(8) 其他有关单证。包括：① 经海关批准准予减税、免税的货物，应交海关签章的减免税证明；② 已向海关备案的加工贸易合同进出口的货物，应交验海关核发的“登记手册”。

二、关税的缴纳

(一) 缴纳地点

根据纳税人的申请及进出口货品的具体情况，关税可以在关境地缴纳，也可以在主管地缴纳。

(1) 关境地缴纳，即口岸纳税，它不管纳税人的地址在哪里，进出口货品在哪里通关，纳税人即在哪里缴纳关税。这是关税常见的缴纳方法。

(2) 主管地纳税，亦称集中纳税。纳税人缴纳关税时，经海关办理有关手续，进出口货品由纳税人住址所在地海关(主管地海关)监管其通关，关税也在纳税人住址所在地(主管地)缴纳。这种方式只适用于集装箱运载货物时使用。

(二) 缴纳凭证

海关在接受进出口货物通关手续申报后，逐票计算应征关税，并向纳税人或其代理人填发《海关进(出)口关税专用缴款书》，纳税人或其代理人持《海关进(出)口关税专用缴款书》在规定期限内向银行办理税款交付手续。

进出口货物收货人或其代理人缴纳税款后，应将盖有“收讫”章的《海关进(出)口关税专用缴款书》第一联送签发海关验核，海关凭此予以办理有关手续。

(三) 缴纳期限

纳税人应当自海关填发税款缴款书之日起15日内，向指定银行缴纳税款。如果关税缴纳期限的最后一日是周末或法定节假日，则关税缴纳期限顺延至周末或法定节假日过后的第一个工作日。

关税纳税人因不可抗力或者在国家税收政策调整的情形下，不能按期缴纳税款的，经海关总署批准，可以延期缴纳税款，但最长不得超过六个月。

三、关税的强制执行

纳税义务人未在关税缴纳期限内缴纳税款，即构成关税滞纳。为保证海关征收关税决定的有效执行和国家财政收入的及时入库，《海关法》赋予海关对滞纳关税的纳税义务人强制执行的权利。强制措施主要有以下两类。

1. 征收关税滞纳金

滞纳金自关税缴纳期限届满滞纳之日起，至纳税义务人缴纳关税之日止，按滞纳税款万分之五的比例按日征收，周末或法定节假日不予扣除。具体计算公式为：

关税滞纳金金额＝滞纳关税税额×滞纳金征收比率×滞纳天数

2. 强制征收

如纳税义务人自海关填发缴款书之日起3个月仍未缴纳税款，经海关关长批准，海关可以采取强制扣缴、变价抵缴等强制措施。强制扣缴即海关从纳税义务人在开户银行或者其他金融机构的存款中直接扣缴税款。变价抵缴即海关将应税货物依法变卖，以变卖所得抵缴税款。

四、关税退还

关税退还是关税纳税义务人按海关核定的税额缴纳关税后，因某种原因的出现，海关将实际征收多于应当征收的税额（称为溢征关税）退还给原纳税义务人的一种行政行为。根据《海关法》规定，海关多征的税款，海关发现后应当立即退还。

按规定，有下列情形之一的，进出口货物的纳税义务人可以自缴纳税款之日起1年内，书面声明理由，连同原纳税收据向海关申请退税并加算银行同期活期存款利息，逾期不予受理：

（1）因海关误征，多纳税款的；

（2）海关核准免验进口的货物，在完税后，发现有短卸情形，经海关审查认可的；

（3）已征出口关税的货物，因故未将其运出口，申报退关，经海关查验属实的。

对已征出口关税的出口货物和已征进口关税的进口货物，因货物品种或规格原因（非其他原因）原状复运进境或出境的，经海关查验属实的，也应退还已征关税。海关应当自受理退税申请之日起30日内，做出书面答复并通知退税申请人。本规定强调的是，“因货物品种或规格原因，原状复运进境或出境的”。如果属于其他原因且不能以原状复运进境或出境，不能退税。

五、关税补征和追征

补征和追征是海关在关税纳税义务人按海关核定的税额缴纳关税后，发现实际征收税额少于应当征收的税额（称为短征关税）时，责令纳税义务人补缴所差税款的一种行政行为。《海关法》根据短征关税的原因，将海关征收原短征关税的行为分为补征和追征两种。由于纳税人违反海关规定造成短征关税的，称为追征；非因纳税人违反海关规定造成短征关税的，称为补征。区分关税追征和补征的目的是为了区别不同情况适用不同的征收时效，超过时效规定的期限，海关就丧失了追补关税的权力。根据《海关法》规定，进出境货物和物品放行后，海关发现少征或者漏征的税款，应当自缴纳税款或者货物、物品放行之日起1年内，向纳税义务人补征；因纳税义务人违反规定而造成的少征或者漏征的税款，自纳税义务人应缴纳税款之日起3年以内可以追征，并从缴纳税款之日起按日加收少征或者漏征税款万分之五的滞纳金。

六、关税纳税争议

为保护纳税人合法权益，我国《海关法》和《关税条例》都规定了纳税义务人对海关确定的进出口货物的征税、减税、补税或者退税等有异议时，有提出申诉的权利。在纳税义务人同海关发生纳税争议时，可以向海关申请复议，但同时应当在规定期限内按海关核定的税额缴纳关税，逾期则构成滞纳，海关有权按规定采取强制执行措施。

纳税争议的内容一般为进出境货物和物品的纳税义务人对海关在原产地认定、税则归类、税率或汇率适用、完税价格确定、关税减征、免征、追征、补征和退还等征税行为是否合法或适当，是否侵害了纳税义务人的合法权益，而对海关征收关税的行为表示异议。

纳税争议的申诉程序：纳税义务人自海关填发税款缴款书之日起 30 日内，向原征税海关的上一级海关书面申请复议。逾期申请复议的，海关不予受理。海关应当自收到复议申请之日起 60 日内做出复议决定，并以复议决定书的形式正式答复纳税义务人；纳税义务人对海关复议决定仍然不服的，可以自收到复议决定书之日起 15 日内，向人民法院提起诉讼。

综合练习

一、单项选择题

1. 下列各项中，(　　)不属于关税的纳税义务人。

A. 进口货物的收货人　　B. 出口货物的发货人

C. 进境物品的所有人　　D. 进口货物的发货人

2. 当一个国家存在自由港、自由区时，该国国境(　　)关境。

A. 大于　　B. 等于

C. 小于　　D. 无法比较

3. 对同一种进口货物，由于输出国或生产国不同，或输入情况不同而使用不同税率征收的关税，这种关税是(　　)。

A. 反倾销税　　B. 歧视关税

C. 报复关税　　D. 优惠关税

4. 对某种货物在税则中预先按照该商品的价格规定几档税率，价格高的该物品适用较低税率，价格低的该货物适用较高税率，其目的是使该物品的价格在国内市场上保持稳定，这种关税是(　　)。

A. 反倾销税　　B. 复合关税

C. 滑动关税　　D. 歧视关税

5. 缔约国一方承诺现在或将来给予第三方的一切优惠、特权或豁免等待遇，缔约国另一方可以享受同样待遇，指的是(　　)。

A. 互惠关税　　B. 特惠关税

C. 最惠国待遇关税　　D. 普遍优惠制关税

6. 任何国家或者地区对其进口的原产于我国的货物征收歧视性关税或者给予其他歧视性待遇的，我国对原产于该国家或者地区的进口货物征收(　　)。

A. 保障性关税　　B. 报复性关税

C. 反倾销税　　D. 反补贴税

7. 下列项目中，属于进口完税价格组成部分的是(　　)。

A. 进口人向境外自己的采购代理人支付的劳务费

B. 进口人向中介机构支付的经纪费

C. 设备进口后的安装调试费用

D. 进口关税

8. 根据我国关税法规，减免进出口关税的权限属于(　　)。

A. 中央　　B. 地方

C. 省　　D. 市

9. 根据税法规定，一张票据上应税货物的关税税额在人民币(　　)元以下的，可以免征关税。

A. 10　　B. 30　　C. 50　　D. 100

10. 根据我国税法规定，进口货物以海关审定的成交价格为基础的(　　)为完税价格。

A. 公允价格　　B. 到岸价格

C. 离岸价格　　D. 货价

二、多项选择题

1. 我国关税税则设有(　　)。

A. 最惠国税率　　B. 协定税率

C. 普通税率　　D. 特惠税率

2. 按照关税的计征方式，可以将关税分为(　　)。

A. 从量关税　　B. 从价关税

C. 复合关税　　D. 选择性关税

3. 下列各项中，(　　)属于优惠关税。

A. 互惠关税　　B. 特惠关税

C. 最惠国待遇关税　　D. 普遍优惠制关税

4. 关税政策可以分为(　　)。

A. 财政关税　　B. 特惠关税

C. 保护关税　　D. 普遍关税

5. 关于关税的征收管理的规定，下列正确的有(　　)。

A. 进口货物自运输工具申报进境之日起 14 日内，出口货物在货物运抵海关监管区后装货的 24 小时以前，向货物进(出)境地海关申报

B. 关税的延期缴纳税款，最长不得超过 6 个月

C. 关税滞纳按滞纳税款万分之五的比例按日征收，法定节假日可予扣除

D. 进出境货物和物品放行后，海关发现少征或者漏征税款，应当自缴纳税款或者货物、物品放行之日起 1 年内，向纳税义务人补征

6. 进口货物的下列(　　)费用应当计入完税价格。

A. 由买方负担的购货佣金

B. 由买方负担的在审查确定完税价格时与该货物视为一体的容器的费用

C. 由买方负担的包装材料费用和包装劳务费用

D. 作为该货物向中华人民共和国境内销售的条件，买方必须支付的、与该货物有关的特许权使用费

7. 进口时在货物的价款中列明的下列(　　)税收、费用，不计入该货物的完税价格。

A. 机械、设备进口后安装、装配、维修和技术服务的费用

B. 进口货物运抵境内输入地点起卸后的运输及其相关费用、保险费

C. 由买方负担的购货佣金以外的佣金和经纪费

D. 进口关税及国内税收

8. 进口货物的成交价格不符合进出口关税条例有关规定的，或者成交价格不能确定的，可以使用(　　)方法估定该货物的完税价格。

A. 相同或类似货物成交价格法　　B. 倒扣价格法

C. 计算价格法　　D. 比较价格法

三、判断题

1. 中华人民共和国准许进出口的货物、进境物品，除法律、行政法规另有规定外，由海关依照规定征收进出口关税。(　　)

2. 适用出口税率的出口货物有暂定税率的，应当适用暂定税率。(　　)

3. 进出口货物，应当适用海关接受该货物申报进口或者出口之日实施的税率。(　　)

4. 进口货物时，与该货物的生产和向中华人民共和国境内销售有关的，由买方以免费或者以低于成本的方式提供并可以按适当比例分摊的料件、工具、模具、消耗材料及类似货物的价款，以及在境外开发、设计等相关服务的费用不计入完税价格。(　　)

5. 以租赁方式进口的货物，以海关审查确定的该货物的租金作为完税价格。(　　)

6. 进口货物的纳税义务人应当自运输工具申报进境之日起 14 日内，出口货物的纳税义务人除海关特准的外，应当在货物运抵海关监管区后、装货的 24 小时以前，向货物的进出境地海关申报。(　　)

7. 纳税义务人因不可抗力或者在国家税收政策调整的情形下，不能按期缴纳税款的，经海关总署批准，可以延期缴纳税款，但是最长不得超过 6 个月。(　　)

8. 外国政府、国际组织无偿赠送的物资免征关税。(　　)

9. 海关发现海关监管货物因纳税义务人违反规定造成少征或者漏征税款的，应当自纳税义务人应缴纳税款之日起 3 年内追征税款，并从应缴纳税款之日起按日加收少征或者漏征税款万分之三的滞纳金。(　　)

10. 出口货物的成交价格，是指该货物出口时卖方为出口该货物应当向买方直接收取和间接收取的价款总额。出口关税应计入完税价格。(　　)

四、实务题

1. 江苏某企业将一批产品从南京出口到日本，日本到岸价格为 500 万元(其中含有运费 40 万元，保险费 20 万元，支付国外的佣金 30 万元)，另外还支付包装费 10 万元，出口关税税率为 40%，关税以支票付讫。计算应交关税，并作相应会计分录。

2. A 外贸公司接受 B 生产企业委托代理进口乙商品一批，进口货款 50 万元已汇入 A 外贸公司存款户。进口关税税率为 20%，代征增值税税率 17%，协议进口手续费 8 500 元，现该批商品已运达，根据海关开出的专用缴款书，以银行转账支票付讫税款。计算应交关税、应交增值税及物资采购成本，并作相应会计分录。

第六章　企业所得税纳税实务

知识目标

要求学生掌握企业所得税的基本规定、应纳税所得额的确定、税额计算、会计处理、税收优惠和申报缴纳的相关规定。

能力目标

通过本章学习，要求学生能运用所学的知识正确计算应纳税所得额、所得税额，能准确进行企业所得税会计核算，能填写纳税申报表等相关资料。

第一节　企业所得税的基本规定

一、企业所得税的概念和特点

（一） 企业所得税的概念

企业所得税是指对中华人民共和国境内的企业和其他取得收入的组织以其生产经营所得为课税对象所征收的一种所得税。

企业所得税是规范和处理国家与企业分配关系的重要形式。在我国现行税制中，企业所得税是仅次于增值税的第二大税种。目前，世界上有160多个国家和地区开征了企业所得税（或称公司所得税），英国于1909年开征公司所得税，是最早实行公司所得税的国家。

（二） 企业所得税的特点

1. 征税范围广

企业所得税的征税范围为企业和其他取得收入的组织；征税对象为生产经营所得和其他所得。

2. 税负公平

企业所得税对企业不分所有制、不分地区行业层次，实行统一的比例税率。企业所得税是对企业的经营净收益征收,以及经营所得征收,多得多征、少得少征、不得不征。

3. 税基约束力强

企业所得税的税基是应纳税所得额,即纳税人每个纳税年度的收入总额减去准予扣除的项目金额之后的余额。企业所得税明确了收入总额、扣除项目金额的确定以及资产的税务处理等内容,使应税所得额的计算相对独立于企业的会计核算,体现了税法的强制性与统一性。

4. 纳税人和负税人一致

企业所得税属于企业的终端税种,纳税人缴纳的所得税不易转嫁给他人,自己负担纳税。

二、纳税人、课税对象和税率

(一) 企业所得税的纳税人

在中华人民共和国境内的企业和其他取得收入的组织是企业所得税的纳税人。

我国选择了地域管辖权和居民管辖权标准,将企业所得税的纳税人分为"居民企业"和"非居民企业"。

地域管辖权是按照属地原则确立的税收管辖权,又称"收入来源地管辖权"。它是指一国政府只对来自或被认为是来自本国境内所得拥有征税权力。在实行地域管辖权国家,一般只对跨国纳税人一切来自本国国境以内的收入或在本国境内从事经济活动,不分本国人或外国人,一概行使税收管辖权,依照本国税法全部进行征税;而对跨国纳税人来源于国境以外的收入,不论其所在国是否征税,都不在本国税收管辖权力范围之内,即对其来自本国境外的收入不征税。

居民管辖权是按照属人原则确立的税收管辖权,又称"居住管辖权"。它是指一国政府对本国居民来自世界范围的全部所得行使的征税权力。居民管辖权的行使其关键是确定纳税人(包括自然人和法人)的居民身份。只要纳税人符合一国的居民身份判定标准,即被确认为具有本国居民身份。本国政府就有权对它的居民来自国内和国外的全部所得征税。

居民企业是指,依法在中国境内成立,或者依照外国(地区)法律成立但实际管理机构在中国境内的企业。

非居民企业是指,依照外国(地区)法律成立且实际管理机构不在中国境内,但在中国境内设立机构、场所的,或者在中国境内未设立机构、场所,但有来源于中国境内所得的企业。

(二) 课税对象

企业所得税的征税对象是指企业的生产经营所得、其他所得和清算所得。

居民企业应当就其来源于中国境内、境外的所得缴纳企业所得税。所得包括销售货物所得、提供劳务所得、转让财产所得、股息红利所得、利息所得、租金所得、特许权使用费所得、接受捐赠所得和其他所得。

非居民企业在中国境内设立机构、场所的，应当就其所设机构、场所取得的来源于中国境内的所得，以及发生在中国境外但与其所设机构、场所有实际联系的所得，缴纳企业所得税；对非居民企业在中国境内未设立机构、场所的，或者虽设立机构、场所但取得的所得与其所设机构、场所没有实际联系的，应当就其来源于中国境内的所得缴纳企业所得税。

（三） 税率

企业所得税的税率为25%的比例税率，国家需要重点扶持的高新技术企业为15%，小型微利企业为20%，非居民企业为20%。

小型微利企业标准：(1) 工业企业，年度应纳税所得额不超过30万元，从业人数不超过100人，资产总额不超过3 000万元；(2) 其他企业，年度应纳税所得额不超过30万元，从业人数不超过80人，资产总额不超过1 000万元。

三、税收优惠

《中华人民共和国企业所得税法》(以下简称《企业所得税法》)规定了我国企业所得税实行“产业优惠为主，区域优惠为辅”的税收优惠政策，国家对重点扶持和鼓励发展的产业和项目，给予企业所得税优惠，引导资金和资源投入到国家需要重点扶持和鼓励发展的产业和项目，包括促进技术创新和技术进步，鼓励基础设施建设，鼓励农业发展及环境保护与节能节水、支持安全生产。

（一） 免税收入

免税收入，是指属于企业的应税所得，但是按照《企业所得税法》的规定免予征收企业所得税的收入。企业的免税收入包括：

1. 国债利息收入

国债利息收入，是指企业持有国务院财政部门发行的国债取得的利息收入。

2. 符合条件的居民企业之间的股息、红利等权益性投资收益

权益性投资收益是指居民企业直接投资于其他居民企业取得的投资收益。

3. 在中国境内设立机构、场所的非居民企业从居民企业取得与该机构、场所有实际联系的股息、红利等权益性投资收益

股息、红利等权益性投资收益，不包括连续持有居民企业公开发行并上市流通的股票不足12个月取得的投资收益。

4. 符合条件的非营利组织的收入

(1) 接受其他单位或者个人捐赠的收入；

(2) 除《企业所得税法》规定的财政拨款以外的其他政府补助收入，但不包括因政府购买服务取得的收入；

(3) 按照省级以上民政、财政部门规定收取的会费；

(4) 不征税收入和免税收入孳生的银行存款利息收入；

(5) 财政部、国家税务总局规定的其他收入。

(二) 可以减免税的所得

1. 从事农、林、牧、渔业项目的所得

(1) 企业从事农、林、牧、渔业项目的所得，可以免征、减征企业所得税，是指：

① 蔬菜、谷物、薯类、油料、豆类、棉花、麻类、糖料、水果、坚果的种植；

② 农作物新品种的选育；

③ 中药材的种植；

④ 林木的培育和种植；

⑤ 牲畜、家禽的饲养；

⑥ 林产品的采集；

⑦ 灌溉、农产品初加工、兽医、农技推广、农机作业和维修等农、林、牧、渔服务业项目；

⑧ 远洋捕捞。

(2) 企业从事下列项目的所得，减半征收企业所得税：

① 花卉、茶以及其他饮料作物和香料作物的种植；

② 海水养殖、内陆养殖。

企业从事国家限制和禁止发展的项目，不得享受上述企业所得税优惠。

2. 从事国家重点扶持的公共基础设施项目投资经营的所得

国家重点扶持的公共基础设施项目，是指《公共基础设施项目企业所得税优惠目录》规定的港口、码头、机场、铁路、公路、城市公共交通、电力、水利等项目。

(1) 企业从事上述国家重点扶持的公共基础设施项目的投资经营的所得，自项目取得第 1 笔生产经营收入所属纳税年度起，第 1 年至第 3 年免征企业所得税，第 4 年至第 6 年减半征收企业所得税，简称“三免三减半”。

(2) 企业承包经营、承包建设和内部自建自用上述项目，不得享受上述企业所得税优惠。

3. 从事符合条件的环境保护、节能节水项目的所得

符合条件的环境保护、节能节水项目，包括公共污水处理、公共垃圾处理、沼气综合开发利用、节能减排技术改造、海水淡化等。项目的具体条件和范围由国务院财政、税务主管部门同国务院有关部门制定，报国务院批准后公布施行。

企业从事上述规定的符合条件的环境保护、节能节水项目的所得，自项目取得第 1 笔生产经营收入所属纳税年度起，第 1 年至第 3 年免征企业所得税，第 4 年至第 6 年减半征收企业所得税。

4. 符合条件的技术转让所得

符合条件的技术转让所得免征、减征企业所得税，是指一个纳税年度内，居民企业技术转让所得不超过 500 万元的部分，免征企业所得税；超过 500 万元的部分，减半征收企业所得税。其计算公式为：

技术转让所得＝技术转让收入－技术转让成本－相关税费

5. 非居民企业的应纳税所得

在中国境内未设立机构、场所的，或者虽设立机构、场所但取得的所得与其所设机构、场所没有实际联系的非居民企业，其取得的来源于中国境内的所得，减按10%的税率征收企业所得税。下列所得可以免征企业所得税。

(1) 外国政府向中国政府提供贷款取得的利息所得。

(2) 国际金融组织向中国政府和居民企业提供优惠贷款取得的利息所得。国际金融组织，包括国际货币基金组织、世界银行、亚洲开发银行、国际开发协会、国际农业发展基金、欧洲投资银行以及财政部和国家税务总局确定的其他国际金融组织；所称优惠贷款，是指低于金融企业同期同类贷款利率水平的贷款。

(3) 经国务院批准的其他所得。

(三) 高新技术企业优惠

国家需要重点扶持的高新技术企业，减按15%的税率征收企业所得税。

(四) 小型微利企业优惠

符合条件的小型微利企业，减按20%的税率征收企业所得税。

(五) 加计扣除优惠

1. 研发费用

研究开发费用的加计扣除，是指企业为开发新技术、新产品、新工艺发生的研究开发费用，未形成无形资产计入当期损益的，在按照规定据实扣除的基础上，按照研究开发费用的50%加计扣除；形成无形资产的，按照无形资产成本的150%摊销。

2. 安置残疾人员就业工资

企业安置残疾人员的，在按照支付给残疾职工工资据实扣除的基础上，可以在计算应纳税所得额时按照支付给残疾职工工资的100%加计扣除。

(六) 创业投资企业优惠

创业投资企业从事国家需要重点扶持和鼓励的创业投资，可以按投资额的一定比例抵扣应纳税所得额。

(七) 加速折旧优惠

企业拥有并用于生产经营的主要或关键的固定资产，由于以下原因确需加速折旧的，可以缩短折旧年限或者采取加速折旧的方法：一是由于技术进步，产品更新换代较快的；二是常年处于强震动、高腐蚀状态的。

(八) 减计收入

企业综合利用资源，生产符合国家产业政策规定的产品所取得的收入，可以在计算应纳税所得额时减计收入。

减计收入，是指企业以《资源综合利用企业所得税优惠目录》规定的资源作为主要原材料，生产国家非限制和禁止并符合国家和行业相关标准的产品取得的收入，减按90%计入收入总额。

（九）税额抵免所得税

企业购置用于环境保护、节能节水、安全生产等专用设备的投资额，可以按一定比例实行税额抵免。

（十）民族自治地方的优惠

民族自治地方的自治机关对本民族自治地方的企业应缴纳的企业所得税中属于地方分享的部分，可以决定减征或者免征。自治州、自治县决定减征或者免征的，须报省、自治区、直辖市人民政府批准。

（十一）非居民企业优惠

非居民企业减按10%的税率征收企业所得税。

第二节 应纳税所得额的确定

应纳税所得额是企业所得税的计税依据。应纳税所得额是指纳税人每一纳税年度的收入总额减除不征税收入、免税收入、各项扣除，以及允许弥补的以前年度亏损后的余额。其计算公式为：

应纳税所得额＝收入总额－不征税收入－免税收入－各项扣除－以前年度亏损

一、收入总额

企业的收入总额包括以货币形式和非货币形式取得的各种收入，具体有：销售货物收入，提供劳务收入，转让财产收入，股息、红利等权益性投资收益，利息收入，租金收入，特许权使用费收入，接受捐赠收入，其他收入。

（一）一般收入的确认

（1）销售货物收入，是指纳税人销售商品、产品、半成品、原材料、周转材料以及其他存货取得的收入。

（2）劳务收入，是指纳税人提供交通运输、建筑安装、金融保险、仓储、邮政、电信、旅游、旅店、广告、教育、文化、体育、卫生、技术、法律、会计、咨询、代理和其他劳务服务活动取得的收入。

（3）转让财产收入，是指纳税人转让固定资产、生物资产、无形资产、有价证券、股权等财产取得的收入。

（4）股息、红利等权益性投资收益，是指纳税人对外进行权益性投资而从被投资方分得的股息、利息和其他利润分配收入。

(5) 利息收入，包括存款利息、贷款利息、债券利息、欠款利息等收入。利息收入，按照合同约定的债务人应付利息的日期确认收入的实现。

(6) 租金收入，是指纳税人出租固定资产、包装物以及其他财产而取得的租金收入。

(7) 特许权使用费收入，是指纳税人提供或者依法转让商标权、专利权、非专利技术、著作权以及其他特许权的使用权而取得的收入。

(8) 接受捐赠收入，是指纳税人接受外部捐赠的货币和非货币资产的收入，应全部计入收入总额中。

(9) 其他收入，是指除上述各项收入以外的一切收入，包括固定资产盘盈收入、罚款收入、现金及其他物资的溢余收入、教育费附加返还款、包装物押金收入、在建工程发生的试运营收入等。

(二) 特殊收入的确认

(1) 以分期收款方式销售货物的，按照合同约定的收款日期确认收入的实现。

(2) 企业受托加工制造大型机械设备、船舶、飞机，以及从事建筑、安装、装配工程业务或者提供其他劳务等持续时间超过 12 个月的，按照纳税年度内完工进度或者完成的工作量确认收入的实现。

(3) 采取产品分成方式取得收入的，按照企业分得产品的日期确认收入的实现，其收入额按照产品的公允价值确定。

(4) 企业发生非货币性资产交换，以及将货物、财产、劳务用于捐赠、偿债、赞助、集资、广告、样品、职工福利或者利润分配等用途的，应当视同销售货物、转让财产或者提供劳务，但国务院财政、税务主管部门另有规定的除外。

二、不征税收入

不征税收入是指从性质和根源上不属于企业营利性活动带来的经济利益、不负有纳税义务并不作为应纳税所得额组成部分的收入。《企业所得税法》所称的不征税收入包括财政拨款、依法收取并纳入财政管理的行政事业性收费、政府性基金等。

三、免税收入

免税收入是指属于企业的应税所得但按照税法规定免予征收企业所得税的收入。《企业所得税法》所称的免税收入包括国债利息收入，符合条件的居民企业之间的股息、红利收入，在中国境内设立机构、场所的非居民企业从居民企业取得与该机构、场所有实际联系的股息、红利收入，符合条件的非营利公益组织的收入等。

四、扣除原则和范围

(一) 税前扣除项目的原则

企业申报的扣除项目和金额要真实、合法。真实是指能提供证明有关支出确属已经实际发生;合法是指符合国家税法的规定。一般应遵循以下原则。

(1) 权责发生制原则。企业费用应在发生的所属期扣除,而不是在实际支付时确认扣除。

(2) 配比原则。企业发生的费用应当与收入配比扣除。除特殊规定外,企业发生的费用不得提前或滞后申报扣除。

(3) 相关性原则。企业可扣除的费用从性质和根源上必须与取得应税收入直接相关。

(4) 确定性原则。企业可扣除的费用不论何时支付,其金额必须是确定的。

(5) 合理性原则。符合生产经营活动常规,应当计入当期损益或者有关资产成本的必要和正常的支出。

(二) 扣除项目的范围

《企业所得税法》规定,企业实际发生的与取得收入有关的、合理的支出,包括成本、费用、税金、损失和其他支出,准予在计算应纳税所得额时扣除。

1. 成本

成本是指企业在生产经营活动中发生的销售成本、销货成本、业务支出以及其他耗费,即企业销售商品(产品、材料、下脚料、废料、废旧物资等)、提供劳务、转让固定资产、无形资产(包括技术转让)的成本。

2. 费用

费用是指企业每一个纳税年度为生产、经营商品和提供劳务等所发生的销售(经营)费用、管理费用和财务费用。已经计入成本的有关费用除外。

3. 税金

税金是指企业发生的除企业所得税和允许抵扣的增值税以外的企业缴纳的各项税金及其附加。即企业按规定缴纳的消费税、营业税、城市维护建设税、关税、资源税、土地增值税、房产税、车船税、土地使用税、印花税、教育费附加等产品销售税金及附加。这些已纳税金准予税前扣除。扣除的方式有两种:一是在发生当期扣除;二是在发生当期计入相关资产的成本,在以后各期分摊扣除。

4. 损失

损失是指企业在生产经营活动中发生的固定资产和存货的盘亏、毁损、报废损失,转让财产损失,呆账损失,坏账损失,自然灾害等不可抗力因素造成的损失以及其他损失。企业发生的损失减除责任人赔偿和保险赔款后的余额,依照国务院财政、税务主管部门的规定扣除。

企业已经作为损失处理的资产,在以后纳税年度又全部收回或者部分收回时,应当计入当期收入。

5. 其他支出

其他支出是指除成本、费用、税金、损失外，企业在生产经营活动中发生的与生产经营活动有关的、合理的支出。

（三） 扣除项目及其标准

在计算应纳税所得额时，下列项目可按照实际发生额或规定的标准扣除。

1. 工资、薪金支出

企业发生的合理的工资、薪金支出准予据实扣除。工资、薪金支出是企业每一纳税年度支付给本企业任职或与其有雇佣关系的员工的所有现金或非现金形式的劳动报酬，包括基本工资、资金、津贴、补贴、年终加薪、加班工资，以及与任职或者是受雇有关的其他支出。

2. 职工福利费、工会经费、职工教育经费支出

(1) 企业发生的职工福利费支出，不超过工资薪金总额 14%的部分，准予扣除。

(2) 企业拨缴的工会经费，不超过工资薪金总额 2%的部分，准予扣除。

(3) 除国务院财税主管部门另有规定外，企业发生的职工教育经费支出，不超过工资薪金总额 2.5%的部分，准予扣除；超过部分，准予在以后纳税年度结转扣除。

3. 保险支出

(1) 基本社会保险支出和住房公积金支出

企业依照国务院有关主管部门或者省级人民政府规定的范围和标准为职工缴纳的基本养老保险费、基本医疗保险费、失业保险费、工伤保险费、生育保险费等基本社会保险费和住房公积金，准予扣除。

(2) 补充养老保险和补充医疗保险支出

企业为投资者或者职工支付的补充养老保险费、补充医疗保险费，在国务院财政、税务主管部门规定的范围和标准内，准予扣除。

(3) 财产保险支出

企业参加财产保险，按照规定缴纳的保险费，准予扣除。“财产”包括与生产经营活动有关的各类财产。与生产经营活动无关的财产保险支出，不得在税前扣除。

4. 借款费用支出

企业在生产经营活动中发生的合理的不需要资本化的借款费用，准予扣除。资本化的借款费用，可以通过对资产进行折旧、摊销、结转成本等方式间接在税前扣除。

企业为购置、建造固定资产、无形资产和经过 12 个月以上的建造才能达到预定可销售状态的存货发生借款的，在有关资产购置、建造期间发生的合理的借款费用，应当作为资本性支出计入有关资产的成本，并依照税收规定扣除。

企业在生产经营过程中发生的下列利息支出，准予扣除：

(1) 非金融企业向金融企业借款的利息支出、金融企业的各项存款利息支出和同业拆借利息支出、企业经批准发行债券的利息支出，准予扣除；

(2) 非金融企业向非金融企业借款的利息支出，不超过按照金融企业同期同类贷款利

率计算的数额，准予扣除。

企业从其关联方接受的债权性投资与权益性投资的比例超过规定标准而发生的利息支出，不得在计算应纳税所得额时扣除。

5. 业务招待费

企业发生的与生产经营活动有关的业务招待费支出，按照发生额的60%扣除，但最高不得超过当年销售(营业)收入的5‰。

企业在筹建期间，发生的与筹办活动有关的业务招待费支出，可按实际发生额的60%计入企业筹办费，并按有关规定在税前扣除。

6. 广告费和业务宣传费

企业发生的符合条件的广告费和业务宣传费支出，除国务院财税主管部门另有规定外，不超过当年销售(营业)收入15%的部分，准予扣除；超过部分，准予在以后纳税年度结转扣除。

企业在筹建期间，发生的广告费和业务宣传费，可按实际发生额计入企业筹办费，可按上述规定在税前扣除。

7. 劳动保护支出

企业发生的合理的劳动保护支出，准予扣除。

8. 汇兑损失

除已经计入有关资产成本以及与向所有者进行利润分配相关的部分外，企业在货币交易中，以及纳税年度终了时将人民币以外的货币性资产、负债按照期末即期人民币汇率中间价折算为人民币时产生的汇兑损失，准予扣除。

9. 专项资金支出

企业依照法律、行政法规有关规定提取的用于环境保护、生态恢复等方面的专项资金，准予扣除。上述专项资金提取后改变用途的，不得扣除。可按专用设备投资的10%抵免当年企业所得税应纳税额。

10. 租赁费支出

企业根据生产经营活动的需要租入固定资产支付的租赁费，按照以下方法扣除：

(1) 以经营租赁方式租入固定资产发生的租赁费支出，按照租赁期限均匀扣除；

(2) 以融资租赁方式租入固定资产发生的租赁费支出，按照规定构成融资租入固定资产价值的部分应当提取折旧费用，分期扣除。

11. 公益性捐赠支出

企业通过公益性社会团体或者县级以上人民政府及其部门，用于《中华人民共和国公益事业捐赠法》规定的公益事业的捐赠，在其年度利润总额12%以内的部分，准予扣除。

五、不得扣除的项目

在计算应纳税所得额时，下列项目不得从收入总额中扣除。

(1) 向投资者支付的股息、红利等权益性投资收益款项。

(2) 企业所得税税款。

(3) 税收滞纳金。

(4) 罚金、罚款和被没收财物的损失。但企业因经济违约支付的违约金支出可以税前扣除,支付的银行罚息可以税前扣除。

(5) 非公益性捐赠支出。超过税法规定标准的公益性捐赠支出,不得税前扣除。

(6) 非广告性质的赞助支出。

(7) 未经国务院财税主管部门核定的准备金支出。如资产减值准备、存货跌价准备等均不得税前扣除。

(8) 与取得收入无关的其他支出。

除上述项目外,根据企业所得税法实施条例有关规定,企业特别纳税调整加收的利息,企业之间支付的管理费,企业内设营业机构之间支付的租金、特许权使用费等均不得在税前扣除。

六、亏损弥补

亏损是指企业依照《企业所得税法》和实施条例的规定,将每一纳税年度的收入总额减除不征税收入、免税收入和各项扣除后小于零的数额。而不是企业财务报表中反映的亏损额。

纳税人发生年度亏损的,可以用下一纳税年度的所得弥补;下一纳税年度的所得不足弥补的,可以逐年延续弥补,但是延续弥补期最长不得超过5年。5年内不论是盈利或亏损,都作为实际弥补期限计算。

第三节　企业所得税的计算

一、居民企业应纳税额的计算

居民企业应纳税额=应纳税所得额×适用税率-减免税额-抵免税额

(一) 直接计算法

应纳税所得额=收入总额-不征税收入-免税收入-各项扣除金额-弥补亏损

(二) 间接计算法

应纳税所得额=会计利润总额±纳税调整项目金额

【例 6-1】甲公司是生产混凝土搅拌机的生产企业,在2012年汇算清缴年度企业所得税时,对有关收支项目进行纳税调整后,将全年会计利润500万元按税法规定调整为全年应纳税所得额600万元。税务部门在税务检查时,发现该企业以下几项业务尚未进行调整:(1) 4月,该企业购入机器设备一台,购置总成本80万元,使用期为10年,支出全部计入当期费用。(残值比例按5%);(2) 6月,该企业为解决职工子女上学问题,直接向某小学捐款50万元,在营业外支出中列支。在计算应纳税所得额时未作纳税调整;(3) 7月,该企业将在建工程应负担的贷款利息10万元计入当年财务费用。在计算应纳税所得额时未作纳税调整。(4) 12月,该企业购进环境保护专用设备一台,购置价格300万元。该设备符合设备抵免的相关规定。

要求:(1) 计算该企业当年设备折旧税前扣除额;(2) 计算该企业当年公益性捐赠税前扣除额;(3) 计算该企业当年建工程贷款利息税前扣除额;(4) 计算该企业当年应纳税所得额;(5) 计算该企业当年应缴纳企业所得税税额。

解答:

(1) 纳税人新购置的固定资产,应当从使用月份的次月起计提折旧。

计算该企业当年设备折旧税前扣除额=80×(1－5%)÷10÷12×8=5.07(万元)

(2) 直接向某小学捐款50万元,不属于公益性捐赠支出,在计算应纳税所得额时不得扣除。

(3) 在建工程应负担贷款利息10万元,在计算应税所得时不得扣除。

(4) 该企业当年应纳税所得额=600＋(80－5.07)＋ 50＋10=734.93(万元)

(5) 环境保护专用设备的投资额的10%可以从企业当年额应纳税额中抵免,抵免额为300×10%=30(万元)

该企业当年度应缴纳企业所得税税额=734.93×25%－30=153.73(万元)

【例6-2】乙公司2012年度会计报表上的利润总额为100万元,已累计预缴企业所得税25万元。该企业同年度其他有关情况如下:(1) 发生的公益性捐赠支出18万元;(2) 开发新技术的研究开发费用20万元;(3) 直接向某足球队捐款35万元;(4) 支付诉讼费2.3万元;(5) 支付违反交通法规罚款0.8万元。

要求:(1) 计算该企业公益性捐赠支出所得税前纳税调整额;(2) 计算该企业研究开发费用所得税前扣除数额;(3) 计算该企业应纳税所得额;(4) 计算该企业年度应纳所得税税额;(5) 计算该企业年度应汇算清缴的所得税税额。

解答:

(1) 根据现行规定,企业发生的公益性捐赠支出,在年度利润总额12%以内的部分,准予在计算应纳税所得额时扣除。

公益性捐赠支出所得税前扣除限额=100×12%=12(万元)

实际发生的公益性捐赠支出18万元,超过限额6万元,应调增应纳税所得额6万元。

(2) 该企业研究开发费用所得税前扣除数额=20＋20×50%=30(万元),应调减应纳税所得额10万元。

(3) 该企业2012年度应纳税所得额:

向某足球队捐款不得扣除,应调增应纳税所得额35万元;

支付违反交通法规罚款不得扣除,应调增应纳税所得额0.8万元。

该企业2012年度应纳税所得额=100＋6－10＋35＋0.8=131.8(万元)

(4) 该企业2012年度应纳所得税税额=131.8×25%=32.95(万元)

(5) 该企业2012年度应汇算清缴的所得税税额=32.95－25=7.95(万元)

二、境外所得已纳税额的扣除

《企业所得税法》规定，纳税人来源于中国境外的所得，已在境外缴纳的所得税税款，准予在汇总纳税时，从其应纳税额中扣除，但是扣除额不得超过其境外所得依照中国税法规定计算的应纳税额。

所谓已在境外缴纳的所得税税款，是指纳税人来源于中国境外的所得，在境外实际缴纳的所得税税款，不包括减免税或纳税后又得到补偿，以及由他人代为承担的税款。

境外所得依税法规定计算的应纳税额，是指纳税人的境外所得，依照企业所得税法的有关规定，扣除为取得该项所得摊计的成本、费用以及损失，得出应纳税所得额，据以计算的应纳税额。该应纳税额即为扣除限额，也称抵免限额，应当分国（地区）不分项计算。计算公式为：

抵免限额＝中国境内、境外所得依照企业所得税法和条例规定计算的应纳税总额×（来源于某国或地区的应纳税所得额÷中国境内、境外应纳税所得总额）

在计算实际应抵免的境外已缴纳和间接负担的所得税税额时，企业在境外一国（地区）当年缴纳和间接负担的符合规定的所得税税额低于所计算的该国（地区）抵免限额的，应以该项税额作为境外所得税抵免额从企业应纳税总额中据实抵免；超过抵免限额的，当年应以抵免限额作为境外所得税抵免额进行抵免，超过抵免限额的余额允许从次年起在连续5个纳税年度内，用每年度抵免限额抵免当年应抵税额后的余额进行抵补。

【例6-3】 丙公司2012年度应纳税所得额为100万元，适用25%的企业所得税税率。另外，该企业分别在A、B两国设有分支机构（我国与A、B两国已缔结避免双重征税协定），在A国分支机构的应纳税所得额为60万元，A国税率为20%；B国的分支机构的应纳税所得额为50万元，B国税率为30%。假设该企业在A、B两国所得按我国税法计算的应纳税所得额和按A、B两国税法计算的应纳税所得额是一致的，两个分支机构在A、B两国分别缴纳12万元和15万元的所得额。

要求：请计算该企业汇总在我国应缴纳的企业所得税税额。

解答：

(1) 该企业按我国税法计算的境内、境外所得的应纳税额：

应纳税额＝(100＋60＋50)×25%＝52.5(万元)

(2) A、B两国的扣除限额：

A国抵免限额＝52.5×[60÷(100＋60＋50)]＝15(万元)

B国抵免限额＝52.5×[50÷(100＋60＋50)]＝12.5(万元)

在A国缴纳的所得税为12万元，低于抵免限额15万元，可全额扣除。

在B国缴纳的所得税为15万元，高于抵免限额12.5万元，其超过抵免限额的部分2.5万元不能扣除。

(3) 在我国应缴纳的所得税：

应纳税额＝52.5—12—12.5＝28(万元)

三、非居民企业应纳税额的计算

对于在中国境内未设立机构、场所的，或者虽设立机构、场所但取得的所得与其所设机构、场所没有实际联系的非居民企业的所得，按照下列方法计算应纳税所得额：

(1) 股息、红利等权益性投资收益和利息、租金、特许权使用费所得，以收入全额为应纳税所得额；

(2) 转让财产所得，以收入全额减除财产净值后的余额为应纳税所得额；

(3) 其他所得，参照前两项规定的方法计算应纳税所得额。

第四节　资产的税务处理

企业的资产，包括固定资产、生物资产、无形资产、长期待摊费用、投资资产、存货等。企业的各项资产以历史成本（企业取得该项资产时实际发生的支出）为计税基础。企业持有各项资产期间资产增值或者减值，除国务院财政、税务主管部门规定可以确认损益外，不得调整该资产的计税基础。

一、固定资产的税务处理

固定资产，是指企业为生产产品、提供劳务、出租或者经营管理而持有的、使用时间超过12个月的非货币性资产，包括房屋、建筑物、机器、机械、运输工具以及其他与生产经营活动有关的设备、器具、工具等。

（一）固定资产计税基础

(1) 外购的固定资产，以购买价款和支付的相关税费以及直接归属于使该资产达到预定用途发生的其他支出为计税基础；

(2) 自行建造的固定资产，以竣工结算前发生的支出为计税基础；

(3) 融资租入的固定资产，以租赁合同约定的付款总额和承租人在签订租赁合同过程中发生的相关费用为计税基础，租赁合同未约定付款总额的，以该资产的公允价值和承租人在签订租赁合同过程中发生的相关费用为计税基础；

(4) 盘盈的固定资产，以同类固定资产的重置完全价值为计税基础；

(5) 通过捐赠、投资、非货币性资产交换、债务重组等方式取得的固定资产，以该资产的公允价值和支付的相关税费为计税基础；

(6) 改建的固定资产，除已足额提取折旧的固定资产的和租入固定资产以外的其他固定资产，以改建过程中发生的改建支出增加为计税基础。

（二）固定资产折旧的范围

在计算应纳税所得额时，企业按照规定计算的固定资产折旧，准予扣除。

下列固定资产不得计算折旧扣除：

（1）房屋、建筑物以外未投入使用的固定资产；

（2）以经营租赁方式租入的固定资产；

（3）以融资租赁方式租出的固定资产；

（4）已足额提取折旧仍继续使用的固定资产；

（5）与经营活动无关的固定资产；

（6）单独估价作为固定资产入账的土地；

（7）其他不得计算折旧扣除的固定资产。

（三）固定资产折旧的计提方法

（1）企业应当自固定资产投入使用月份的次月起计算折旧；停止使用的固定资产，应当自停止月份的次月起停止计算折旧。

（2）企业应当根据固定资产的性质和使用情况，合理确定固定资产的预计净残值。固定资产的预计净残值一经确定，不得变更。

（3）固定资产按照直线法计算的折旧，准予扣除。

（四）固定资产折旧的计提年限

除国务院财政、税务主管部门另有规定外，固定资产计算折旧的最低年限如下：

（1）房屋、建筑物，为20年；

（2）飞机、火车、轮船、机器、机械和其他生产设备，为10年；

（3）与生产经营活动有关的器具、工具、家具等，为5年；

（4）飞机、火车、轮船以外的运输工具，为4年；

（5）电子设备，为3年。

二、生产性生物资产的税务处理

生产性生物资产是指企业为生产农产品、提供劳务或者出租等而持有的生物资产，包括经济林、薪炭林、产畜和役畜等。

（一）生产性生物资产的计税基础

（1）外购的生产性生物资产，以购买价款和支付的相关税费为计税基础。

（2）通过捐赠、投资、非货币性资产交换、债务重组等方式取得的生产性生物资产，以该资产的公允价值和支付的相关税费为计税基础。

（二）生物资产的折旧方法和折旧年限

企业应当自生产性生物资产投入使用月份的次月起计算折旧；停止使用的生产性生物资产，应当自停止使用月份的次月起停止计算折旧。企业应当根据生产性生物资产的性质和使用情况，合理确定生产性生物资产的预计净残值。生产性生物资产的预计净残值一经确定，不得变更。

生产性生物资产计算折旧的最低年限如下：

(1) 林木类生产性生物资产，为 10 年；

(2) 畜类生产性生物资产，为 3 年。

三、无形资产的税务处理

无形资产是指企业为生产产品、提供劳务、出租或者经营管理而持有的、没有实物形态的非货币性长期资产，包括专利权、商标权、著作权、土地使用权、非专利技术、商誉等。

(一) 无形资产的计税基础

(1) 外购的无形资产，以购买价款和支付的相关税费以及直接归属于使该资产达到预定用途发生的其他支出为计税基础；

(2) 自行开发的无形资产，以开发过程中该资产符合资本化条件后至达到预定用途前发生的支出为计税基础；

(3) 通过捐赠、投资、非货币性资产交换、债务重组等方式取得的无形资产，以该资产的公允价值和支付的相关税费为计税基础。

(二) 无形资产摊销的范围

下列无形资产不得计算摊销费用扣除：

(1) 自行开发的支出已在计算应纳税所得额时扣除的无形资产；

(2) 自创商誉；

(3) 与经营活动无关的无形资产；

(4) 其他不得计算摊销费用扣除的无形资产。

(三) 无形资产的摊销方法及年限

无形资产按照直线法计算的摊销费用，准予扣除。无形资产的摊销年限不得低于 10 年。作为投资或者受让的无形资产，有关法律规定或者合同约定了使用年限的，可以按照规定或者约定的使用年限分期摊销。外购商誉的支出，在企业整体转让或者清算时，准予扣除。

四、长期待摊费用的税务处理

在计算应纳税所得额时，企业发生的下列支出作为长期待摊费用，按照规定摊销的，准予扣除：

(1) 已足额提取折旧的固定资产的改建支出；

(2) 租入固定资产的改建支出；

(3) 固定资产的大修理支出；

(4) 其他应当作为长期待摊费用的支出。自支出发生月份的次月起，分期摊销，摊销年限不得低于 3 年。

五、投资资产的税务处理

投资资产是指企业对外进行权益性投资和债权性投资形成的资产。

投资资产按照以下方法确定成本：

(1) 通过支付现金方式取得的投资资产，以购买价款为成本；

(2) 通过支付现金以外的方式取得的投资资产，以该资产的公允价值和支付的相关税费为成本。

企业对外投资期间，投资资产的成本在计算应纳税所得额时不得扣除。企业在转让或者处置投资资产时的投资资产成本，准予扣除。

六、存货的税务处理

存货，是指企业持有以备出售的产品或者商品、处在生产过程中的在产品、在生产或者提供劳务过程中耗用的材料和物料等。

存货按照以下方法确定成本：

(1) 通过支付现金方式取得的存货，以购买价款和支付的相关税费为成本；

(2) 通过支付现金以外的方式取得的存货，以该存货的公允价值和支付的相关税费为成本；

(3) 生产性生物资产收获的农产品，以产出或者采收过程中发生的材料费、人工费和分摊的间接费用等必要支出为成本。

企业使用或者销售的存货的成本计算方法，可以在先进先出法、加权平均法、个别计价法中选用一种。计价方法一经选用，不得随意变更。

第五节　企业所得税的会计处理

财政部 2006 年发布的《企业会计准则第 18 号——所得税》要求，上市公司企业所得税核算采用资产负债表债务法。适用《小企业会计制度》的单位，可以采用应付税款法进行账务处理。

一、税前会计利润与纳税所得的差异

财务会计和企业所得税法两者目的不同，对收入实现和费用支出的时间，以及费用支出的范围和标准也不同，从而导致税前会计利润与应纳税所得之间产生差异。这种差异包括永久性差异与暂时性差异。

(一) 永久性差异

永久性差异是指某一会计期间，由于会计制度和税法在计算收益、费用或损失时的口径不同，所产生的税前会计利润与应纳税所得额之间的差异。这种差异一旦发生，即永久存在，不会在以后各期转回。基于税收政策、社会政策及经济政策的考虑，有些会计报表上的收入或费用，在税法上不属于收入或费用；而有些财务报表上不属于收入的项目，在税法上却作为应课税收入。

（二）暂时性差异

暂时性差异是指资产或负债的计税基础与其列示在会计报表上的账面价值之间的差异。

根据暂时性差异对未来期间应税金额影响不同，分为应纳税暂时性差异和可抵扣暂时性差异。

1. 应纳税暂时性差异

应纳税暂时性差异，是指在确定未来收回资产或清偿负债期间的应纳税所得额时，将导致产生应税金额的暂时性差异。该差异在未来期间转回时，会增加转回期间的应纳税所得额，即在未来期间不考虑该事项影响的应纳税所得额的基础上，由于该暂时性差异的转回，会进一步增加转回期间的应纳税所得额和应缴所得税金额。在应纳税暂时性差异产生当期，应当确认相关的递延所得税负债。应纳税暂时性差异通常产生于以下情况：一是资产的账面价值大于其计税基础；二是负债的账面价值小于其计税基础。

2. 可抵扣暂时性差异

可抵扣暂时性差异，是指在确定未来收回资产或清偿负债期间的应纳税所得额时，将导致产生可抵扣金额的暂时性差异。该差异在未来期间转回时会减少转回期间的应纳税所得额，减少未来期间的应缴所得税。在可抵扣暂时性差异产生当期，应当确认相关的递延所得税资产。可抵扣暂时性差异一般产生于以下情况：一是资产的账面价值小于其计税基础；二是负债的账面价值大于其计税基础。

二、应付税款法

应付税款法是将本期税前会计利润与纳税所得之间的差异造成的影响纳税的金额直接计入当期损益，而不递延到以后各期。在应付税款法下，当期计入损益的所得税费用等于当期应缴的所得税。

在应付税款法下，企业应按照税法规定对税前会计利润进行调整，得出应纳税所得额即纳税所得，再按税法规定的税率计算出当期应缴的所得税，作为费用直接计入当期损益。

企业按照税法规定计算应缴的所得税时，作如下会计分录：

借：所得税费用

　　贷：应交税费——应交所得税

月末或季末企业按规定预缴本月（或本季）应纳所得税税额时，作如下会计分录：

借：应交税费——应交所得税

　　贷：银行存款

月末，企业应将“所得税”科目借方余额作为费用转入“本年利润”科目，作如下会计分录：

借：本年利润

　　贷：所得税费用

三、资产负债表债务法

资产负债表债务法是从暂时性差异产生的本质出发，分析暂时性差异产生的原因及其对期末资产负债表的影响。其特点是：当税率变动或税基变动时，必须按预期税率对“递延所得税负债”和“递延所得税资产”账户余额进行调整。也就是说，首先确定资产负债表上期末递延所得税资产(负债)，然后，倒挤出利润表项目当期所得税费用。

资产负债表债务法的关键是确定当期应交所得税以及利润表中的所得税费用。在按照资产负债表债务法核算所得税的情况下，利润表中的所得税费用包括当期所得税和递延所得税两部分。

(一) 当期所得税

当期所得税是指企业按照税法规定计算确定的针对当期发生的交易和事项，应交纳给税务部门的所得税金额，即当期应交所得税。

企业在确定当期应交所得税时，对于当期发生的交易或事项，会计处理与税收处理不一致的，应在会计利润的基础上，按照适用税收法规的规定进行调整，计算出当期应纳税所得额，按照应纳税所得额与适用税率计算当期应纳所得税。

(二) 递延所得税

递延所得税是指按照所得税法规定应予确认的递延所得税资产和递延所得税负债在期末应有的金额相对于原已确认金额之间的差额，即递延所得税资产及递延所得税负债当期发生额的综合结果。其计算公式为：

递延所得税＝(递延所得税负债的期末余额－递延所得税负债的期初余额)－(递延所得税资产的期末余额－递延所得税资产的期初余额)

(三) 所得税费用

确定了当期所得税及递延所得税后，两者合计即为利润表中应予确认的所得税费用。其计算公式为：

所得税费用＝当期所得税＋递延所得税

(四) 账户设置

企业在核算所得税时，应设置“所得税费用”、“应交税费——应交所得税”、“递延所得税资产”、“递延所得税负债”账户。

1. 所得税费用

“所得税费用”账户属于损益类账户，用来核算和监督企业按规定在本期损益中减去的所得税费用。其借方登记企业应计入本期损益的所得税额；贷方登记企业期末转入“本年利润”账户的所得税额;结转后该账户应无余额。

2. 应交税费——应交所得税

“应交税费——应交所得税”账户属于负债类账户,贷方登记按规定应交的所得税,借方登记实际缴纳的所得税。借方余额反映多交的税款,贷方余额表示企业尚未缴纳的税款。

3. 递延所得税资产

“递延所得税资产”账户是资产类账户,用于核算企业根据所得税准则确认的可抵扣暂时性差异产生的所得税资产。根据税法规定可用以后年度税前利润弥补的亏损及税款抵减产生的所得税资产,也在本科目核算。借方反映确认的递延所得税资产,贷方反映当企业确认的递延所得税资产的抵扣暂时性差异情况发生回转时转回的所得税影响额,及税率变动或开征新税调整的递延所得税资产。余额反映尚未转回的递延所得税资产。

(1) 资产负债表日,企业根据所得税准则应予确认的递延所得税资产,借记本科目,贷记“所得税费用——递延所得税费用”、“资本公积——其他资本公积”等科目。本期应确认的递延所得税资产大于其账面余额的,应按其差额确认;本期应确认的递延所得税资产小于其账面余额的差额,做相反的会计分录。

非同一控制下企业合并中取得资产、负债的入账价值与其计税基础不同形成可抵扣暂时性差异的,应于购买日根据所得税准则确认递延所得税资产,同时调整商誉,借记本科目,贷记“商誉”科目。

(2) 资产负债表日,预计未来期间很可能无法获得足够的应纳税所得额用以抵扣可抵扣暂时性差异的,按原已确认的递延所得税资产中应减记的金额,借记“所得税费用——当期所得税费用”、“资本公积——其他资本公积”科目,贷记本科目。

4. 递延所得税负债

“递延所得税负债”账户是负债类账户,用于核算企业由于应纳税暂时性差异确认的递延所得税负债。贷方反映确认的递延所得税负债,借方反映当企业确认的递延所得税负债的应纳税暂时性差异情况发生回转时转回的所得税影响额,及税率变动或开征新税调整的递延所得税负债。余额反映尚未转回的递延所得税负债。

资产负债表日,企业根据所得税准则应予确认的递延所得税负债,借记“所得税费用——递延所得税费用”、“资本公积——其他资本公积”等科目,贷记本科目。本期应予确认的递延所得税负债大于其账面余额的,借记“所得税费用——递延所得税费用”、“资本公积——其他资本公积”等科目,贷记本科目;应予确认的递延所得税负债小于其账面余额的,做相反的会计分录。

非同一控制下企业合并中取得资产、负债的入账价值与其计税基础不同形成应纳税暂时性差异的,应于购买日根据所得税准则确认递延所得税负债,同时调整商誉,借记“商誉”科目,贷记本科目。

【例 6-4】 丁公司于 2008 年年底购入生产设备一台,成本为 600 000 元,预计使用年限为 5 年,预计净残值为零。企业会计按直线法计提折旧。该设备符合税法规定的税收优惠,计税时采用年数总和法计列折旧,假定税法规定的使用年限及净残值与会计一致。假定该公司各会计期间均未对固定资产计提减值准备,除该项固定资产产生的会计与税收之间的差异外,不存在其他会计与税收的差异。假设每年应纳税所得额均为

200 000元，适用税率为25%，即每年应交企业所得税额为50 000元。该公司确认的递延所得税情况见表6-1。

表6-1　丁公司递延所得税情况

单位：元

项目	第一年	第二年	第三年	第四年	第五年
实际成本	600 000	600 000	600 000	600 000	600 000
累计会计折旧	120 000	240 000	360 000	480 000	600 000
账面价值	480 000	360 000	240 000	120 000	0
累计计税折旧	200 000	360 000	480 000	560 000	600 000
计税基础	400 000	240 000	120 000	40 000	0
暂时性差异	80 000	120 000	120 000	80 000	0
递延所得税负债余额	20 000	30 000	30 000	20 000	0

要求：根据上表作出各年度资产负债表日的所得税会计业务的账务处理。

解答：

(1) 第一年资产负债表日

借：所得税费用　70 000

　贷：递延所得税负债　20 000

　　应交税费——应交所得税　50 000

(2) 第二年资产负债表日

借：所得税费用　60 000

　贷：递延所得税负债　10 000

　　应交税费——应交所得税　50 000

(3) 第三年资产负债表日

借：所得税费用　50 000

　贷：应交税费——应交所得税　50 000

(4) 第四年资产负债表日

借：所得税费用　40 000

　递延所得税负债　10 000

　贷：应交税费——应交所得税　50 000

(5) 第五年资产负债表日

借：所得税费用　30 000

　递延所得税负债　20 000

　贷：应交税费——应交所得税　50 000

【例6-5】 戊公司在2011年度利润表中利润总额3 000万元，该公司适用所得税税率为25%。递延所得税负债及递延所得税资产无期初余额。该公司本年度发生的有关交易和事项中，会计处理与税收处理存在差异的有：

(1) 1月开始计提折旧的一项固定资产，成本为1 000万元，使用年限为10年，无残值，会计处理按双倍余额递减法计提折旧，税收法规要求按直线法计提折旧。假定税法规定的使用年限及净残值与会计规定相同。

(2) 3月初，向关联企业捐赠现金350万元。假定按照税法规定，企业向关联方的捐赠不允许税前扣除。

(3) 8月，购入某公司股票1 200万元，作为交易性金融资产核算；假定2011年12月31日该股票的公允价值为1 800万元。

(4) 11月，因违反环保规定应支付罚款180万元，按税法规定不得在税前扣除。

(5) 年末，对持有的存货计提了70万元的存货跌价准备，按税法规定不得在税前扣除。

该公司2011年度年末资产负债表相关项目金额及其计税基础如表6-2所示。

表6-2 戊公司2011年年末资产负债表相关事项及其计税基础 金额单位：万元

项目	账面价值	计税基础	差异	
			应纳税暂时性差异	可抵扣暂时性差异
存货	1 300	1 370		70
固定资产：				
固定资产原价	1 000	1 000		
减：累计折旧	200	100		
减：固定资产减值准备	0	0		
固定资产账面价值	800	900		100
交易性金融资产	1 800	1 200	600	
其他应付款	180	180		
总计			600	170

要求：计算2011年度应纳税所得额和应交所得税；计算递延所得税；计算利润表中应确认的所得税费用，并作对应账务处理。

(1) 应纳税所得额和应交所得税

应纳税所得额＝3 000＋(200－100)＋350－600＋180＋70＝3 100(万元)

应交所得税＝3 100×25%＝775(万元)

(2) 年度递延所得税

递延所得税资产＝170×25%＝42.5(万元)

递延所得税负债＝600×25%＝150(万元)

递延所得税＝150－42.5＝107.5(万元)

(3) 利润表中应确认的所得税费用

所得税费用＝775＋107.5＝882.5(万元)

借：所得税费用　　8 825 000

　　递延所得税资产　　425 000

　贷：应交税费——应交所得税　　7 750 000

　　　递延所得税负债　　1 500 000

第六节　企业所得税的申报与缴纳

一、纳税年度

企业所得税纳税年度，自公历1月1日起至12月31日止。

企业在一个纳税年度中间开业，或者终止经营活动，使该纳税年度的实际经营期不足12个月的，应当以其实际经营期为一个纳税年度。

企业依法清算时，应当以清算期间作为一个纳税年度。

二、纳税期限

企业所得税按年计征，分月或者分季预缴，年终汇算清缴，多退少补。

企业应当自月份或者季度终了之日起15日内，向税务机关报送预缴企业所得税纳税申报表，预缴税款。

企业应当自年度终了之日起5个月内，向税务机关报送年度企业所得税纳税申报表，并汇算清缴，结清应缴应退税款。

无论纳税人在纳税年度内是盈利或亏损，都应当在规定的期限内进行纳税申报。

纳税人享受减税、免税待遇的，在减税、免税期间应当按照规定办理纳税申报。

企业在报送企业所得税纳税申报表时，应当按照规定附送财务会计报告和其他有关资料。

企业在年度中间终止经营活动的，应当自实际经营终止之日起60日内，向税务机关办理当期企业所得税汇算清缴。

企业办理注销登记的，应当在办理注销登记前，就其清算所得向税务机关申报并依法缴纳企业所得税。

三、纳税地点

除税收法律、行政法规另有规定外，居民企业以企业登记注册地为纳税地点；但登记注册地在境外的，以实际管理机构所在地为纳税地点。

居民企业在中国境内设立不具有法人资格的营业机构的，应当汇总计算并缴纳企业所得税。

非居民企业在中国境内设立机构、场所的，并且其取得的所得来源于中国境内，以及取得发生在中国境外但与其所设机构、场所有实际联系的所得，以机构、场所所在地为纳税地点。非居民企业在中国境内设立两个或者两个以上机构、场所的，经税务机关审核批准，可以选择由其主要机构、场所汇总缴纳企业所得税。

非居民企业在中国境内未设立机构、场所的，或者虽设立机构、场所但取得的所得与其所设机构、场所没有实际联系的，取得的所得以扣缴义务人所在地为纳税地点。

除国务院另有规定外，企业之间不得合并缴纳企业所得税。

四、扣缴义务人规定

(1) 对在中国境内未设立机构、场所的，或者虽设立机构、场所但取得的所得与其所设机构、场所没有实际联系的非居民企业，其来源于中国境内的所得应缴纳的所得税，实行源泉扣缴，以支付人为扣缴义务人。税款由扣缴义务人在每次支付或者到期应支付时，从支付或者到期应支付的款项中扣缴。

(2) 对非居民企业在中国境内取得工程作业和劳务所得应缴纳的所得税，税务机关可以指定工程价款或者劳务费的支付人为扣缴义务人。

(3) 上述扣缴义务人未依法扣缴或者无法履行扣缴义务的，由纳税人在所得发生地缴纳。纳税人未依法缴纳的，税务机关可以从该纳税人在中国境内其他收入项目的支付人应付的款项中，追缴该纳税人的应纳税款。

(4) 扣缴义务人每次代扣的税款，应当自代扣之日起 7 日内缴入国库，并向所在地的税务机关报送扣缴企业所得税报告表。

五、办理纳税申报须报送的资料

(1)《企业所得税纳税申报表》、年终汇算清缴时还须报送《销售(营业)收入明细表》、《投资所得(损失)明细表》、《销售(营业)成本明细表》、《工资薪金和职工福利等三项经费明细表》、《资产折旧、摊销明细表》、《坏账损失明细表》、《广告支出明细表》、《公益救济性捐赠明细表》、《税前弥补亏损明细表》等附表；

(2) 财务会计报表；

(3) 已加盖银行“收讫”章的《税收缴款书》报查联；

(4) 经税务机关审批，属于企业所得税税前扣除项目的相关批复文件。

六、企业所得税申报表的填写

企业所得税申报表种类较多，此处只简要介绍年度纳税申报表 A 类的基本知识。表格样式如表 6-3 所示。

(一) 适用范围

本表适用于实行查账征收企业所得税的居民纳税人填报。

(二) 填报依据及内容

根据《企业所得税法》及其实施条例、相关税收政策，以及国家统一会计制度(企业会计制度、企业会计准则、小企业会计制度、分行业会计制度、事业单位会计制度和民间非营利组织会计制度)的规定，填报计算纳税人利润总额、应纳税所得额、应纳税额和附列资料等有关项目。

表 6-3　中华人民共和国企业所得税年度纳税申报表(A 类)

税款所属期间：年　月　日至　年　月　日
纳税人名称：
纳税人识别号：□□□□□□□□□□□□□□□□□□□□　　　　金额单位：元(列至角分)

类别	行次	项目	金额
利润总额计算	1	一、营业收入(填附表一)	
	2	减：营业成本(填附表二)	
	3	营业税金及附加	
	4	销售费用(填附表二)	
	5	管理费用(填附表二)	
	6	财务费用(填附表二)	
	7	资产减值损失	
	8	加：公允价值变动收益	
	9	投资收益	
	10	二、营业利润	
	11	加：营业外收入(填附表一)	
	12	减：营业外支出(填附表二)	
	13	三、利润总额(10＋11－12)	
应纳税所得额计算	14	加：纳税调整增加额(填附表三)	
	15	减：纳税调整减少额(填附表三)	
	16	其中：不征税收入	
	17	免税收入	
	18	减计收入	
	19	减、免税项目所得	
	20	加计扣除	
	21	抵扣应纳税所得额	
	22	加：境外应税所得弥补境内亏损	
	23	纳税调整后所得(13＋14－15＋22)	
	24	减：弥补以前年度亏损(填附表四)	
	25	应纳税所得额(23－24)	

续表

类别	行次	项目	金额
应纳税额计算	26	税率(25%)	
	27	应纳所得税额(25×26)	
	28	减：减免所得税额(填附表五)	
	29	减：抵免所得税额(填附表五)	
	30	应纳税额(27－28－29)	
	31	加:境外所得应纳所得税额(填附表六)	
	32	减:境外所得抵免所得税额(填附表六)	
	33	实际应纳所得税额(30＋31－32)	
	34	减：本年累计实际已预缴的所得税额	
	35	其中：汇总纳税的总机构分摊预缴的税额	
	36	汇总纳税的总机构财政调库预缴的税额	
	37	汇总纳税的总机构所属分支机构分摊的预缴税额	
	38	合并纳税(母子体制)成员企业就地预缴比例	
	39	合并纳税企业就地预缴的所得税额	
	40	本年应补(退)的所得税额(33－34)	
附列资料	41	以前年度多缴的所得税额在本年抵减额	
	42	以前年度应缴未缴在本年入库所得税额	

纳税人公章： 经办人： 申报日期：年　月　日	代理申报中介机构公章： 经办人及执业证件号码： 代理申报日期：年　月　日	主管税务机关受理专用章： 受理人： 受理日期：年　月　日

综合练习

一、单项选择题

1. 下列单位不缴纳企业所得税的纳税人是(　　)。

A. 私营企业　　B. 联营企业　　C. 个体企业　　D. 个体工商户

2. 企业所得税规定的亏损企业连续弥补亏损的最长期限是(　　)。

A. 5年　　B. 7年　　C. 10年　　D. 15年

3. 某企业所得税的纳税人2012年应纳税所得额为308万元,全年已预缴所得税55万元,年终应补缴的所得税税额是(　　)。

A. 59.4万元　　B. 55万元　　C. 4.4万元　　D. 22万元

4. 企业发生的职工福利费支出,不超过工资薪金总额(　　)的部分,准予扣除。

A. 10%　　B. 2%　　C. 2.5%　　D. 14%

5. 下列收入不是企业所得税应税收入的有(　　)。

A. 转让财产收入　　　　B. 财政拨款收入

C. 提供劳务收入　　　　D. 接受捐赠收入

6. 根据企业所得税的有关规定,以下对于所得来源确定的表述中,正确的是(　　)。

A. 权益性投资资产转让所得按照投资企业所在地确定

B. 股息、红利等权益性投资所得,按照分配所得的企业所在地确定

C. 提供劳务所得,按照所得支付地确定

D. 转让不动产,按照转让不动产的企业或机构、场所所在地确定

7. 根据企业所得税法的规定,下列关于特殊收入的确认说法不正确的是(　　)。

A. 采取产品分成方式取得收入的,按照企业分得产品的日期确认收入的实现

B. 企业从事建筑、安装、装配工程业务,持续时间超过 12 个月的,按照纳税年度内完成的工作量确认收入的实现

C. 以分期收款方式销售货物的,按照合同约定的收款日期确认收入的实现

D. 采取产品分成方式取得收入的,其收入额按照产品的成本确定

8. 根据企业所得税法规定,下列说法正确的是(　　)。

A. 企业发生的费用一律不得重复扣除

B. 企业的不征税收入产生的费用可以按一般的费用进行扣除

C. 企业发生的工资都可以在税前扣除

D. 企业依照有关规定为特殊工种职工支付的人身安全保险费可以扣除

9. 某居民企业 2008 年度产品销售收入 4 800 万元,销售成本 3 600 万元,材料销售收入 400 万元,分回的投资收益 761 万元(被投资方税率为 15%),实际发生业务招待费 15 万元,该企业 2008 年度所得税前可以扣除的业务招待费用为(　　)万元。

A. 26　　B. 9　　C. 15　　D. 18

10. 在计算应纳税所得额时,下列项目可以从收入总额中扣除的是(　　)。

A. 职工教育经费支出　　　　B. 税收滞纳金

C. 非广告性质的赞助支出　　　　D. 非公益性捐赠支出

11. 畜类生产性生物资产折旧的最低年限为(　　)。

A. 3 年　　B. 6 年　　C. 10 年　　D. 20 年

12. 在确定未来收回资产或清偿负债期间的应纳税所得额时,将导致产生可抵扣金额的暂时性差异是(　　)。

A. 递延所得税负债　　　　B. 可抵扣暂时性差异

C. 递延所得税资产　　　　D. 应纳税暂时性差异

13. 根据企业所得税法的规定,下列对长期待摊费用的税务处理不正确的是(　　)。

A. 固定资产修理支出,增加固定资产价值,计提折旧

B. 固定资产改良支出,有关固定资产已提足折旧,可作为长期待摊费用,在规定的期间平均摊销

C. 固定资产大修理支出,按照固定资产尚可使用年限分期摊销

D. 已足额提取折旧的固定资产的改建支出,按照固定资产预计尚可使用年限分期摊销

14. 企业应当自年度终了之日起(　　)内,向税务机关报送年度企业所得税纳税申报

表,并汇算清缴,结清应缴应退税款。

A. 15 日　　B. 12 个月　　C. 5 个月　　D. 60 日

15. 企业的下列所得,不符合免征、减征企业所得税条件的是(　　)。

A. 从事农、林、牧、渔业项目的所得

B. 从事符合条件的环境保护、节能节水项目的所得

C. 企业内部自建自用的基础设施项目

D. 外国政府向中国政府提供贷款取得的利息所得

16. 国家需要重点扶持的高新技术企业,减按(　　)的税率征收企业所得税。

A. 5%　　B. 10%　　C. 15%　　D. 20%

17. 某企业 2009 年 3 月份购进机器设备一台并于当月投入使用,取得增值税专用发票,注明价款 30 万元、增值税 5.1 万元,企业自己负担的保险费和安装调试费 4.9 万元,该台设备企业全年计提的折旧费 7.6 万元已列入产品销售成本中。按照税法规定,该设备应采用直线折旧法,期限为 10 年,残值率为 5%。新购机器设备的折旧费用应调增应纳税所得额(　　)万元。

A. 4.43　　B. 4.75　　C. 5.12　　D. 7.6

18. 根据《企业所得税法》的规定,飞机、火车、轮船以外的运输工具计算折旧的最低年限为(　　)。

A. 3 年　　B. 4 年　　C. 5 年　　D. 10 年

19. 下列各项中,依据企业所得税法相关规定可计提折旧的生物资产是(　　)。

A. 经济林　　B. 防风固沙林

C. 用材林　　D. 存栏待售的牲畜

20. 2008 年某居民企业实现产品销售收入 1 200 万元,视同销售收入 400 万元,债务重组收益 100 万元,发生的成本费用总额 1 600 万元,其中业务招待费支出 20 万元。假定不存在其他纳税调整事项,2008 年度该企业应缴纳企业所得税(　　)万元。

A. 16.2　　B. 16.8　　C. 27　　D. 28

二、多项选择题

1. 下列企业中符合《企业所得税法》所称居民企业的有(　　)。

A. 依照中国法律、法规在中国境内成立的企业

B. 依照中国法律、法规在中国境外成立的企业

C. 依照外国(地区)法律成立但实际管理机构在中国境内的企业

D. 依照外国(地区)法律成立且实际管理机构在中国境外的企业

2. 下列是非居民企业征税对象的有(　　)。

A. 设立机构、场所取得的来源于中国境内的所得

B. 与其机构、场所有实际联系的中国境外所得

C. 没有设立机构、场所,但是来源于中国境内所得

D. 来源于境外,且和境内的机构场所没有实际联系的所得

3. 下列项目中,应计入应纳税所得额的有(　　)。

A. 非金融企业让渡资金使用权的收入

B. 因债权人原因确定无法支付的应付款项

C. 出口货物退还的增值税

D. 将自产货物用于职工福利

4. 关于扣除项目及其标准的规定，下列说法正确的是(　　)。

A. 企业发生的合理的工资、薪金支出准予据实扣除

B. 企业发生的合理的劳动保护支出，准予扣除

C. 企业拨缴的工会经费，不超过工资、薪金总额 2%的部分，准予扣除

D. 企业通过公益性社会团体或者县级以上人民政府及其部门，用于《中华人民共和国公益事业捐赠法》规定的公益事业的捐赠，在其年度利润总额 12%以内的部分，准予扣除

5. 企业取得的下列各项所得，应当缴纳企业所得税的有(　　)。

A. 股息、红利所得　　B. 特许权使用费所得

C. 销售货物所得　　D. 国债利息收入

6. 关于固定资产的计价和折旧的规定，下列说法中错误的是(　　)。

A. 自行建造的固定资产，以竣工结算前发生的支出为计税基础

B. 盘盈的固定资产，按照同类新设备的市价确定

C. 房屋、建筑物的最低折旧年限为 20 年

D. 电子设备的折旧年限为不得低于 5 年

7.《企业所得税法》所称的不征税收入包括(　　)。

A. 接受捐赠收入

B. 财政拨款

C. 政府性基金

D. 依法收取并纳入财政管理的行政事业性收费

8. 某生产企业 2008 年发生将公允价值 30 万元的自产货物用作公益性捐赠，该产品的成本为 18 万元，企业已按账面价结转了库存商品，并按 18 万元确认了营业外支出，未作其他处理，下面对于此项业务说法正确的有(　　)。

A. 应在申报纳税时调增 30 万元收入

B. 应在申报纳税时调增 18 万元成本

C. 应在申报纳税时确认公允价乘以 17%计算得出的增值税销项税额

D. 应在账上补记此笔业务的收入及结转成本分录

9. 下列各项属于无形资产的有(　　)。

A. 土地使用权　　B. 与生产经营活动有关的家具

C. 产畜和役畜　　D. 商誉

10. 下列各项可以作为企业销售存货的成本计算方法的有(　　)。

A. 先进先出法　　B. 加权平均法

C. 个别计价法　　D. 后进先出法

11. 企业在核算所得税时，应设置的账户有(　　)。

A. 所得税费用　　B. 应交税费——应交所得税

C. 递延所得税资产　　D. 递延所得税负债

12. 根据企业所得税法的规定，下列说法不正确的是(　　)。

A. 企业自年度终了之日起 4 个月内，向税务机关报送年度企业所得税纳税申报表，并

汇算清缴，结清应缴应退税款

B. 企业在年度中间终止经营活动的，应当自实际经营终止之日起 30 日内，向税务机关办理当期企业所得税汇算清缴

C. 企业清算时，应当以清算期间作为一个纳税年度

D. 企业所得税按年计征，分月或者分季预缴，年终汇算清缴，多退少补

13. 根据企业所得税相关规定，下列固定资产不得计提折旧在税前扣除的有(　　)。

A. 未投入使用的机器设备　　B. 以经营租赁方式租入的生产线

C. 已足额提取折旧但仍在使用的旧设备　　D. 与经营活动无关的小汽车

14. 企业所得税计算中，允许扣除的税金有(　　)。

A. 资源税　　B. 增值税　　C. 消费税　　D. 教育费附加

15. 下列各项免征企业所得税的有(　　)。

A. 社会团体接受社会各界捐赠收入

B. 社会团体取得的各级政府资助

C. 纳入财政预算管理的政府基金

D. 按省级以上民政、财政部门的规定收取的会费

三、判断题

1. 在纳税年度内发生亏损的纳税人，也必须按照规定的期限向税务机关报送企业所得税申报表和年度会计报表。(　　)

2. 企业所得税的计税依据为企业的收入总额扣除《企业所得税暂行条例》允许扣除的成本、损失及税金等项目后的余额。(　　)

3. 企业所得税规定的允许扣除的工资、薪金支出，是指以货币形式支付给职工的基本工资、浮动工资、补贴、津贴、奖金等。(　　)

4. 企业所得税的纳税人必须是我国境内的企业或有生产经营所得的组织。(　　)

5. 企业所得税纳税人直接给予受赠人的公益救济性捐赠，不超过本年利润 12%的部分允许从总收入中扣除。(　　)

6. 地域管辖权是按照属地原则确立的税收管辖权，是指一国政府只对来自或被认为是来自本国境内所得拥有征税权力。(　　)

7. 纳税人缴纳的企业所得税很容易转嫁给他人，从而产生纳税人与负税人不一致的现象。(　　)

8. 税前扣除项目的相关性原则，是指企业可扣除的费用从性质和根源上必须与取得应税收入直接相关。(　　)

9. 企业在生产经营活动中发生的合理的不需要资本化的借款费用，不准扣除。(　　)

10. 企业发生的与生产经营活动有关的业务招待费支出，按照发生额的 60%扣除，但最高不得超过当年销售(营业)收入的 5‰。(　　)

11. 纳税人发生年度亏损的，可以用下一纳税年度的所得弥补；下一纳税年度的所得不足弥补的，可以逐年延续弥补，但是延续弥补期最长不得超过 10 年。(　　)

12. 无形资产的摊销年限不得低于 5 年。(　　)

13. 非居民企业减按 15%的税率征收企业所得税。(　　)

14. 企业在一个纳税年度中间开业，或者终止经营活动，使该纳税年度的实际经营期不足 12 个月的，应当以其实际经营期为一个纳税年度。(　　)

15. 非居民企业在中国境内未设立机构、场所的，或者虽设立机构、场所但取得的所得与其所设机构、场所没有实际联系的，取得的所得以非居民企业所在地为纳税地点。(　　)

四、实务题

1. A公司是一家国家扶持的高新技术企业，2012年实现销售收入总额2 000万元(包括产品销售收入1 800万元，购买国库券利息收入100万元)，发生各项成本费用1 000万元，其中包括：合理工资薪金总额200万元，业务招待费100万元。职工福利费50万元，职工教育经费10万元，工会经费10万元，税收滞纳金10万元，提取各项准备金100万元。另外，企业购置环境保护专用设备500万元，购置完毕立即投入使用。假设无以前年度亏损。

要求：计算应税收入总额，税前扣除总额，应纳税所得额，企业允许抵免税额，该年度应纳所得税额。

2. B公司为居民企业，2012年经营业务如下：

取得销售收入2 500万元；销售成本1 100万元；发生销售费用670万元(其中广告费450万元)；管理费用480万元(其中业务招待费15万元)；财务费用60万元；销售税金160万元(含增值税120万元)；营业外收入70万元，营业外支出50万元(含通过公益性社会团体向贫困山区捐款30万元，支付税收滞纳金6万元)；计入成本费用中的实发工资总额150万元，拨缴职工工会经费3万元，支出职工福利费和职工教育经费29万元。

要求：计算该企业本年度实际应缴纳的企业所得税。

3. C公司2012年度主营业务收入1 625万元，转让专有技术取得收入160万元，专有技术成本80万元，出租专有技术取得租金收入30万元，主营业务成本700万元，营业税金及附加为25万元，三项费用合计326万元，其中业务招待费13万元，广告费50万元；营业外支出3.5万元，其中0.2万元的交通罚款，当期支付2007年的税收滞纳金2万元；当期用自产货物投资，同类售价80万元，货物成本38万元，企业只是按照成本进行了结转。不考虑其他税费。

要求：计算该企业应纳营业税；会计利润；业务招待费应调整的应纳税所得额；广告费、业务宣传费应调整的应纳税所得额；营业外支出应调整的应纳税所得额；应纳税所得额；应纳所得税。

4. D公司为增值税一般纳税人，员工30人，注册资本50万元。主营办公用品。2012年有关经营情况和纳税情况如下：

(1) 销售办公用品开具专用发票150万元，开具普通发票58.5万元，以物换货取得原材料一批，换出资产公允价值20万元(不含税)，企业已经确认收入，出租商铺，取得租金收入10万元。(2) 销售成本120万元(3) 全年购进原材料取得专用发票上注明金额50万元，水费取得专用发票金额6万元，电费专用发票注明10万元。(4) 销售费用60元，其中业务宣传费5万元，自制凭证支付给单位销售员佣金2万元，管理费用20万元，其中业务招待费5.5万元，财务费用5万元。

要求：计算当年应纳的增值税；计算所得税前可以扣除的税费；所得税前可以扣除的销售费用；所得税前可以扣除的管理费用；应纳税所得额；应纳所得税税额。

5. E公司2012年度持有的某项可供出售金融资产，成本为546万元，假定会计期末其公允价值为626万元，该公司适用的所得税税率为25%。除该事项外，该企业不存在其他会计与税收之间的差异，且递延所得税资产和递延所得税负债不存在期初余额。

要求：确认公允价值变动额；确认应纳税暂时性差异的所得税影响；作出相关会计处理。

6. F公司在2012年度利润表中利润总额2 840万元，该公司适用所得税税率为25%。

递延所得税负债及递延所得税资产无期初余额。该公司本年度发生的有关交易和事项中，会计处理与税收处理存在差异的有：

(1) 1月开始计提折旧的一项固定资产，成本为1 000万元，使用年限为10年，无残值，会计处理按双倍余额递减法计提折旧，税收法规要求按直线法计提折旧。假定税法规定的使用年限及净残值与会计规定相同。

(2) 4月初，向关联企业捐赠现金300万元。假定按照税法规定，企业向关联方的捐赠不允许税前扣除。

(3) 10月，购入某公司股票2 200万元，作为交易性金融资产核算；假定2012年12月31日该股票的公允价值为2 800万元。

(4) 12月，因违反环保规定应支付罚款200万元，按税法规定不得在税前扣除。

(5) 年末，对持有的存货计提了60万元的存货跌价准备，按税法规定不得在税前扣除。

该公司2012年度年末资产负债表相关项目金额及其计税基础如表6-4所示。

表6-4 F公司2012年年末资产负债表相关事项及其计税基础 金额单位：万元

项目	账面价值	计税基础	差异	
			应纳税暂时性差异	可抵扣暂时性差异
存货	2 290	2 350		60
固定资产：				
固定资产原价	1 000	1 000		
减：累计折旧	200	100		
减：固定资产减值准备	0	0		
固定资产账面价值	800	900		100
交易性金融资产	2 800	2 200	600	
其他应付款	200	200		
总计			600	160

要求：计算2012年度应纳税所得额和应交所得税；计算递延所得税；计算利润表中应确认的所得税费用，并作对应账务处理。

7. 华润雪花啤酒(冀南)有限公司2012年度有关账户资料如表6-5所示。

表6-5 中华人民共和国企业所得税年度纳税申报表(A类)

税款所属期间：2012年1月1日至2012年12月31日

纳税人名称：华润雪花啤酒(冀南)有限公司

纳税人识别号：□□□□□□□□□□□□□□□□□□□□ 金额单位：元(列至角分)

类别	行次	项目	金额
利润总额计算	1	一、营业收入(填附表一)	6 820 000
	2	减：营业成本(填附表二)	4 130 000
	3	营业税金及附加	341 000
	4	销售费用(填附表二)	65 000
	5	管理费用(填附表二)	38 000
	6	财务费用(填附表二)	47 000
	7	资产减值损失	5 600
	8	加：公允价值变动收益	
	9	投资收益	126 000
	10	二、营业利润	
	11	加：营业外收入(填附表一)	797 000
	12	减：营业外支出(填附表二)	83 000
	13	三、利润总额(10+11-12)	

续表

类别	行次	项目	金额
应纳税所得额计算	14	加：纳税调整增加额(填附表三)	148 000
	15	减：纳税调整减少额(填附表三)	30 600
	16	其中：不征税收入	10 000
	17	免税收入	
	18	减计收入	
	19	减、免税项目所得	
	20	加计扣除	
	21	抵扣应纳税所得额	
	22	加：境外应税所得弥补境内亏损	88 000
	23	纳税调整后所得(13＋14－15＋22)	
	24	减：弥补以前年度亏损(填附表四)	150 000
	25	应纳税所得额(23－24)	
应纳税额计算	26	税率(25%)	
	27	应纳所得税额(25×26)	
	28	减：减免所得税额(填附表五)	40 000
	29	减：抵免所得税额(填附表五)	7 200
	30	应纳税额(27－28－29)	
	31	加：境外所得应纳所得税额(填附表六)	380 000
	32	减：境外所得抵免所得税额(填附表六)	215 000
	33	实际应纳所得税额(30＋31－32)	
	34	减：本年累计实际已预缴的所得税额	731 000
	35	其中：汇总纳税的总机构分摊预缴的税额	
	36	汇总纳税的总机构财政调库预缴的税额	
	37	汇总纳税的总机构所属分支机构分摊的预缴税额	
	38	合并纳税(母子体制)成员企业就地预缴比例	
	39	合并纳税企业就地预缴的所得税额	
	40	本年应补(退)的所得税额(33－34)	
附列资料	41	以前年度多缴的所得税额在本年抵减额	
	42	以前年度应缴未缴在本年入库所得税额	
纳税人公章： 经办人： 申报日期：年 月 日		代理申报中介机构公章： 经办人及执业证件号码： 代理申报日期：年 月 日	主管税务机关受理专用章： 受理人： 受理日期：年 月 日

要求：填写营业利润；利润总额；应纳税所得额；应纳所得税额；应纳税额；实际应纳所得税额；本年应补退的所得税额。

第七章　个人所得税纳税实务

知识目标

要求学生掌握个人所得税的基本规定、应纳税所得额的确定、税额计算、会计处理、税收优惠和申报缴纳的相关规定。

能力目标

通过学习本章，要求学生全面了解和掌握个人所得税主要征收制度的规定，能运用所学知识正确计算应纳税所得额、所得税额，能准确进行个人所得税会计核算。

第一节　个人所得税的基本规定

一、个人所得税的概念和特点

（一） 个人所得税的概念

个人所得税是对个人（自然人）取得的各项应税所得征收的一种税，它体现了国家与个人之间的分配关系。

我国于 1980 年开征个人所得税，主要法律依据是 1980 年 9 月 10 日第五次全国代表大会审议通过的《中华人民共和国个人所得税法》，并同时公布实施。同年 12 月 14 日，经国务院批准，财政部公布了《中华人民共和国个人所得税法施行细则》。从此，我国的个人所得税制度开始建立。

期间根据我国国民经济和社会发展的情况，全国人大常委会经过六次修订，目前施行的是 2011 年 6 月 30 日第十一届全国代表大会常务委员会第二十一次会议决定的六次修正的《中华人民共和国个人所得税法》（以下简称《个人所得税法》）和根据 2011 年 7 月 19 日《国务院关于修改〈中华人民共和国个人所得税法实施条例〉的决定》作相应修改的《中华人民共和国个人所得税法实施条例》（以下简称《个人所得税法实施条例》）。《个人所得税法》及《个人所得税实施条例》自 2011 年 9 月 1 日起施行。

（二） 个人所得税的特点

1. 在税制模式上采取分类所得税制

我国现行个人所得税采用的是分类所得税制，即将个人取得的各种所得划分为11个应税项目，分别适用不同的费用减除规定、不同的税率和不同的计税方法。实行分类课征制度，可以广泛采用源泉扣缴办法，加强源泉控管，简化纳税手续，方便征纳双方。同时，还可以对不同所得实行不同的征税方法，便于体现国家的政策。

2. 累进税率与比例税率并用

我国现行个人所得税根据各类个人所得的不同性质和特点，将这两种形式的税率综合运用于个人所得税制。其中，对工资、薪金所得，个体工商户的生产、经营所得，对企事业单位的承包经营、承租经营所得，采用累进税率，实行量能负担；对劳务报酬、稿酬等其他所得，采用比例税率，实行等比负担。通过多种税率形式实现对个人收入差距的合理调节。

3. 费用扣除标准统一、固定

现行个人所得税在征收时按分类所得税制的要求，就不同应税所得采取不同的费用扣除方式。目前我国个人所得税的费用扣除方式采用定额扣除和定率扣除两种。同时规定基本生计扣除、成本费用扣除及专项扣除，可以较好地照顾低收入者，符合量能负担的原则。

4. 采取源泉扣缴和个人自行申报两种征纳方式

现行的个人所得税在申报方式上分别实行由支付单位源泉扣缴和由纳税人自行申报。对凡是可以在应税所得的支付环节扣缴个人所得税的，均由扣缴义务人履行代扣代缴义务；对于没有扣缴义务人的，个人在两处以上取得工资、薪金所得的，以及个人所得超过国务院规定数额（即年所得12万元以上）的，由纳税人自行申报纳税。此外，对其他不便于扣缴税款的，亦规定由纳税人自行申报纳税。这样的规定既便于税收征管，又有利于控制税款的流失。

5. 在纳税义务的确定上引入了居民纳税人和非居民纳税人的概念

现行个人所得税引入了国际通用的居民纳税人和非居民纳税人的概念，规定居民纳税人负无限纳税义务，非居民纳税人负有限纳税义务，符合国际惯例。

二、个人所得税的纳税人和课税对象

（一） 个人所得税的纳税人

个人所得税的纳税义务人是指在中国境内有住所，或者无住所而在境内居住满一年，以及无住所又不居住或者无住所而在境内居住不满一年但有从中国境内取得所得的个人，包括中国公民、个体工商户、个人独资企业和合伙企业、在中国有所得的外籍人员（包括无国籍人员），以及香港、澳门、台湾同胞。

在上述纳税人范围确定的情况下，我国根据国际通用的税收管辖权原则，依据住所和居住时间两个标准将他们具体划分为居民纳税人和非居民纳税人。

1. 住所与居住时间的判定

(1) 住所标准

税法上所说的住所一般是指一个人所拥有的固定的或永久性的居住地。各国税法在界定住所时一般考虑两个因素：一是看该人有没有在本国长期居住的权利；二是看该人有没有在本国长期居住的意愿。借鉴国际通行的做法，我国对在中国境内有住所的个人的解释是：因户籍、家庭、经济利益关系，而在中国境内习惯性居住的个人。所谓“习惯性居住”，不是指实际居住或在某一个特定时期内的居住地。如因学习、工作、探亲、旅游等而在中国境外居住的，在其原因消除之后，必须回到中国境内居住的个人，则中国即为该纳税人习惯性居住地。

(2) 时间标准

居住时间是指一个人在一国境内实际居住的日数。一般按纳税年度制定，即一个人如果在一个纳税年度中在本国连续或累计停留的天数达到了规定的标准，即可被判定为居民纳税人，按本国居民身份纳税。在各国的个人所得税税收实践中，形成了以个人的居住时间长短作为衡量居民与非居民的居住时间标准。我国的《个人所得税法》规定无住所而在境内居住满 1 年的个人为我国的居民纳税人。所谓“满 1 年”是指在一个纳税年度内在中国境内住满 365 天。在计算实际居住天数时，对在纳税年度内临时离境的，不扣减在华天数。

纳税年度，自公历 1 月 1 日起至 12 月 31 日止。

临时离境是指在一个纳税年度内一次离境不超过 30 天或者多次离境不超过 90 天。

2. 居民纳税人和非居民纳税人的判定

(1) 居民纳税人

居民纳税人是指在中国境内有住所，或者虽无住所而在境内居住满 1 年的个人。这里规定了两个标准：一是在中国境内有住所；二是无住所而在中国境内居住满 1 年。两个标准中只要符合其中一条，即属于居民纳税人。

(2) 非居民纳税人

非居民纳税人是指在中国境内无住所又不居住或者无住所而在境内居住不满 1 年的个人。这里也规定了两个标准：一是无住所又不居住；二是无住所且在中国境内居住不满 1 年。两个标准中只要符合其中一条，即属于非居民纳税人。

3. 居民纳税人和非居民纳税人应履行的纳税义务

(1) 居民纳税人的纳税义务

居民纳税人承担无限纳税义务，应就其来源于中国境内和境外取得的所得，向中国政府履行全面纳税义务。

(2) 非居民纳税人的纳税义务

非居民纳税人承担有限纳税义务，仅就其来源于中国境内取得的所得，向中国政府履行有限纳税义务。

(3) 中国境内、境外所得

从中国境内取得的所得，是指来源于中国境内的所得；从中国境外取得的所得，是指来源于中国境外的所得。

下列所得，不论支付地点是否在中国境内，均为来源于中国境内的所得：

① 因任职、受雇、履约等在中国境内提供劳务取得的所得；

② 将财产出租给承租人在中国境内使用而取得的所得；

③ 转让中国境内的建筑物、土地使用权等财产或者在中国境内转让其他财产取得的所得；

④ 许可各种特许权在中国境内使用而取得的所得；

⑤ 从中国境内的公司、企业以及其他经济组织或者个人取得的利息、股息、红利所得。

（二） 个人所得税的征税对象

个人所得税的征税对象是个人取得的应税所得。《个人所得税法》列举征税的个人所得共有11项。

1. 工资、薪金所得

工资、薪金所得是指个人因任职或者受雇而取得的工资、薪金、奖金、年终加薪、劳动分红、津贴、补贴以及与任职或者受雇有关的其他所得。

2. 个体工商户(含个人独资企业和合伙企业)的生产、经营所得

(1) 个体工商户从事工业、手工业、建筑业、交通运输业、商业、饮食业、服务业、修理业以及其他行业生产、经营取得的所得；

(2) 个人经政府有关部门批准，取得执照，从事办学、医疗、咨询以及其他有偿服务活动取得的所得；

(3) 其他个人从事个体工商业生产、经营取得的所得；

(4) 上述个体工商户和个人取得的与生产、经营有关的各项应纳税所得。

3. 对企事业单位的承包经营、承租经营所得

对企事业单位的承包经营、承租经营所得是指个人承包经营、承租经营以及转包、转租取得的所得，包括个人按月或者按次取得的工资、薪金性质的所得。

4. 劳务报酬所得

劳务报酬所得是指个人从事设计、装潢、安装、制图、化验、测试、医疗、法律、会计、咨询、讲学、新闻、广播、翻译、审稿、书画、雕刻、影视、录音、录像、演出、表演、广告、展览、技术服务、介绍服务、经纪服务、代办服务以及其他劳务取得的所得。如个人由于担任董事职务所取得的董事费收入，属于劳务报酬所得。

5. 稿酬所得

稿酬所得是指个人因其作品以图书、报刊形式出版、发表而取得的所得。

6. 特许权使用费所得

特许权使用费所得是指个人提供专利权、商标权、著作权、非专利技术以及其他特许权的使用权取得的所得；提供著作权的使用权取得的所得，不包括稿酬所得。

7. 利息、股息、红利所得

利息、股息、红利所得是指个人拥有债权、股权而取得的利息、股息、红利所得。

8. 财产租赁所得

财产租赁所得是指个人出租建筑物、土地使用权、机器设备、车船以及其他财产取得的

所得。

9. 财产转让所得

财产转让所得是指个人转让有价证券、股权、建筑物、土地使用权、机器设备、车船以及其他财产取得的所得。

10. 偶然所得

偶然所得是指个人得奖、中奖、中彩以及其他偶然性质的所得。

11. 其他所得

其他所得指上述10项所得以外,经国务院财政部门确定征税的其他所得。

个人取得的所得,难以界定应纳税所得项目的,由主管税务机关确定。

个人所得的形式,包括现金、实物、有价证券和其他形式的经济利益。所得为实物的,应当按照取得的凭证上所注明的价格计算应纳税所得额,无凭证的实物或者凭证上所注明的价格明显偏低的,参照市场价格核定应纳税所得额;所得为有价证券的,根据票面价格和市场价格核定应纳税所得额;所得为其他形式的经济利益的,参照市场价格核定应纳税所得额。

三、个人所得税税率

个人所得税税率按应税所得的不同项目加以规定,分别采用超额累进税率和比例税率两种形式。其中,工资、薪金所得,个体工商户的生产经营所得,对企事业单位的承包经营、承租经营所得,实行超额累进税率。

(一) 工资、薪金所得

工资、薪金所得,适用7级超额累进税率。税率为3%～45%(如表7-1所示)。

表7-1 工资、薪金所得个人所得税税率表

级数	全月应纳税所得额	税率(%)	速算扣除数(元)
1	不超过1 500元	3	0
2	超过1 500元至4 500元的部分	10	105
3	超过4 500元至9 000元的部分	20	555
4	超过9 000元至35 000元的部分	25	1 005
5	超过35 000元至55 000元的部分	30	2 755
6	超过55 000元至80 000元的部分	35	5 505
7	超过80 000元的部分	45	13 505

(二) 个体工商户的生产经营所得和对企事业单位的承包经营、承租经营所得

个体工商户的生产经营所得和对企事业单位的承包经营、承租经营所得,适用5级超额累进税率。税率为5%～35%(如表7-2所示)。

表 7-2　个体工商户的生产经营所得和对企事业单位的承包经营、承租经营所得个人所得税税率表

级数	全年应纳税所得额	税率(%)	速算扣除数(元)
1	不超过 15 000 元的	5	0
2	超过 15 000 元至 30 000 元的部分	10	750
3	超过 30 000 元至 60 000 元的部分	20	3 750
4	超过 60 000 元至 100 000 元的部分	30	9 750
5	超过 100 000 元的部分	35	14 750

(三) 劳务报酬所得

劳务报酬所得，适用比例税率，税率为 20%。

该项所得一次收入畸高的，实行加成征收。具体规定为："劳务报酬所得一次收入畸高"，是指个人一次取得劳务报酬，其应纳税所得额超过 2 万元。对劳务报酬应纳税所得额超过 2 万元至 5 万元的部分，依照税法规定计算应纳税额后再按照应纳税额加征五成；超过 5 万元的部分，加征十成。实行加成征收后，劳务报酬所得的适用税率为 3 级超额累进税率，即 20%、30%、40%(如表 7-3 所示)。

表 7-3　劳务报酬所得加成征收表

级数	每次应纳税所得额	税率(%)	速算扣除数(元)
1	不超过 20 000 元的	20	0
2	超过 20 000 元至 50 000 元的部分	30	2 000
3	超过 50 000 元的部分	40	7 000

(四) 稿酬所得

稿酬所得，适用比例税率，税率为 20%，并按应纳税额减征 30%。

(五) 其他所得

特许权使用费所得，利息、股息、红利所得，财产租赁所得，财产转让所得，偶然所得和其他所得，适用比例税率，税率为 20%。

四、个人所得税的减免优惠

(一) 免税项目

对于下列各项个人所得，免征个人所得税。

(1) 省级人民政府、国务院部委和中国人民解放军军以上单位，以及外国组织、国际组织颁发的科学、教育、技术、文化、卫生、体育、环境保护等方面的奖金。

(2) 国债和国家发行的金融债券利息。其中国债利息是指个人持有中华人民共和国财

政部发行的债券而取得的利息所得；国家发行金融债券利息是指个人持有经国务院批准发行的金融债券而取得的利息所得。

(3) 按照国家统一规定发给的补贴、津贴，即按照国务院规定发给的政府特殊津贴、院士津贴、资深院士津贴和国务院规定免纳个人所得税的补贴、津贴。

(4) 福利费、抚恤金、救济金。其中福利费是指按照国家有关规定，从企业、事业单位、国家机关、社会团体提留的福利费或者工会经费中支付给个人的生活补助费；救济金是指国家民政部门支付给个人的社会困难补助费。

(5) 保险赔款。

(6) 军人的转业安置费、复员费。

(7) 按照国家统一规定发给干部、职工的安家费、退职费、退休工资、离休工资、离休生活补助费。

(8) 依照我国有关法律规定应予免税的各国驻华使馆、领事馆的外交代表、领事官员和其他人员的所得。这里的"所得"，是指依照《中华人民共和国外交特权与豁免条例》和《中华人民共和国领事特权与豁免条例》规定免税的所得。

(9) 中国政府参加的国际公约、签订的协议中规定免税的所得。

(10) 经国务院财政部门批准免税的所得。

(二) 减税项目

有下列情形之一的，经批准可以减征个人所得税。

(1) 残疾、孤老人员和烈属的所得；

(2) 因严重自然灾害造成重大损失的；

(3) 其他经国务院财政部门批准减税的。

(三) 暂免征收项目

对于下列所得，暂免征收个人所得税。

(1) 外籍个人以非现金形式或实报实销形式取得的住房补贴、伙食补贴、搬迁费、洗衣费。

(2) 外籍个人按合理标准取得的境内、境外出差补贴。

(3) 外籍个人取得的探亲费、语言训练费、子女教育费等，经当地税务机关审核批准为合理的部分。

(4) 外籍个人从外商投资企业取得的股息、红利所得。

(5) 个人举报、协查各种违法、犯罪行为而获得的奖金。

(6) 个人办理代扣代缴手续，按规定取得的扣缴手续费。

(7) 个人转让自用达5年以上，并且是唯一的家庭生活用房取得的所得。

(8) 对个人购买福利彩票、赈灾彩票、体育彩票，一次中奖收入在1万元以下的(含1万元)暂免征收个人所得税，超过1万元的，全额征收个人所得税。

(9) 达到离、退休年龄，但确因工作需要，适当延长离、退休年龄的高级专家(指享受国家发放的政府特殊津贴的专家、学者)，其在延长离、退休期间的工资、薪金所得，视同离、退休工资，免征个人所得税。

(10) 凡符合下列条件之一的外籍专家取得的工资、薪金所得，可免征个人所得税：

① 根据世界银行专项借款协议，由世界银行直接派往我国工作的外国专家；

② 联合国组织直接派往我国工作的专家；

③ 为联合国援助项目来华工作的专家；

④ 援助国派往我国专为该国援助项目工作的专家；

⑤ 根据两国政府签订的文化交流项目来华工作两年以内的文教专家，其工资、薪金所得由该国负担的；

⑥ 根据我国大专院校国际交流项目来华工作两年以内的文教专家，其工资、薪金所得由该国负担的；

⑦ 通过民间科研协定来华工作的专家，其工资、薪金所得由该国政府机构负担的。

第二节　个人所得税应纳税额的计算

个人所得税采用分项征收的模式，对 11 类所得分别适用不同的费用扣除标准、不同的税率和不同的计税方法。

一、工资、薪金所得

(一) 应纳税所得额的确定

自 2011 年 9 月 1 日起，工资、薪金所得，以每月收入额减除 3 500 元费用后的余额为应纳税所得额。

对在中国境内无住所而在中国境内取得工资、薪金所得的纳税义务人和在中国境内有住所而在中国境外取得工资、薪金所得的纳税义务人，考虑到平均收入水平、生活水平以及汇率变化情况，税法对此作了附加减除费用，即在每月减除 3 500 元费用的基础上，再附加减除费用 1 300 元。附加减除费用适用的范围包括：

(1) 在中国境内的外商投资企业和外国企业中工作的外籍人员；

(2) 应聘在中国境内的企业、事业单位、社会团体、国家机关中工作的外籍专家；

(3) 在中国境内有住所而在中国境外任职或者受雇取得工资、薪金所得的个人；

(4) 国务院财政、税务主管部门确定的其他人员。

华侨和香港、澳门、台湾同胞，参照附加减除费用的标准执行。

(二) 应纳税额的计算

工资、薪金所得适用 5%～45%的 7 级超额累进税率。其计算公式为：

应纳税额＝应纳税所得额×适用税率－速算扣除数

或＝(每月收入额－3 500 元或 4 800 元)×适用税率－速算扣除数

【例 7-1】 刘某为中国公民，2013 年 3 月薪金收入 4 500 元，岗位补贴 800 元，本月又领全勤奖 500 元。计算刘某 3 月应纳个人所得税。

分析：

本月领取的岗位补贴、奖金均属当月的工资、薪金，应与月工资合并纳税。

解答：

应纳税所得额＝4 500＋800＋500－3 500＝2 300(元)

应纳税额＝2 300×10％－105＝125(元)

【例 7-2】一外国技术人员在中国任职，2013 年 3 月取得由供职单位发放的工资 30 000 元人民币。计算其应纳个人所得税额。

分析：

该技术人员是外籍公民，在计征工资、薪金所得的个人所得税时，可享受附加减除费用优惠 1 300 元。

解答：

应纳税所得额＝30 000－4 800＝25 200(元)

应纳税额＝25 200×25％－1 005＝5 295(元)

(三) 特殊规定

1. 取得全年一次性奖金等应纳个人所得税的计算

全年一次性奖金是指行政机关、企事业单位等扣缴义务人根据其全年经济效益和对雇员全年工作业绩的综合考核情况，向雇员发放的一次性奖金，包括年终加薪、实行年薪制和绩效工资办法的单位根据考核情况兑现的年薪和绩效工资。

纳税人取得全年一次性奖金，应单独作为一个月工资、薪金所得计算纳税，并按以下计税办法，由扣缴义务人发放时代扣代缴："先将雇员当月内取得的全年一次性奖金除以 12 个月，按其商数确定适用税率和速算扣除数"，再按"确定的适用税率和速算扣除数计算征税"。该办法在一个纳税年度内，对每一个纳税人只允许采用一次。

(1) 如果雇员当月工资薪金所得高于(或等于)税法规定的费用扣除额的，个人当月工资、薪金所得与全年一次性奖金应分别计算缴纳个人所得税。计算公式为：

应纳税所得额＝雇员个人当月取得的全年一次性奖金

应纳税额＝应纳税所得额×适用税率－速算扣除数

【例 7-3】某企业雇员小王，2011 年 12 月工资收入 3 800 元，当月还取得全年一次性奖金 20 000 元。公司对小王全年一次性奖金全额代扣代缴个人所得税。

分析：

小王 12 月的工资收入 3 800 元高于税法规定的费用扣除标准 3 500 元，全年一次性奖金应按全额计税。

解答：

① 当月工资应纳个人所得税额

应纳税额＝(3 800－3 500)×3％＝9(元)

② 全年一次性奖金应纳个人所得税

确定适用税率的商数及速算扣除数：20 000/12＝1 666.66(元)，适用税率为 10％，速算扣除数为 105 元。

年终奖应纳税额为 20 000×10％－105＝1 895(元)

③ 当月合计应纳税额为 1 895＋9＝1 904(元)

(2) 如果雇员当月工资薪金所得低于税法规定的费用扣除额，应将年终奖减除“个人当月工资、薪金所得与费用扣除额的差额”后的余额，再确定年终奖的适用税率和速算扣除数。计算公式为：

应纳税所得额＝雇员个人当月取得的全年一次性奖金－个人当月工资、薪金所得与费用除额的差额

应纳税额＝应纳税所得额×适用税率－速算扣除数

【例 7-4】某企业雇员小王，2011 年 12 月工资收入 1 800 元，当月还取得全年一次性奖金 20 000 元。公司对小王全年一次性奖金全额代扣代缴个人所得税。

分析：

小王 12 月的工资收入 1 800 元低于税法规定的费用扣除标准 3 500 元，全年一次性奖金可按扣除 1 700(元)(当月工资 1 800 元与费用扣除额 3 500 元的差额)后的余额计算个人所得税。

解答：

① 应纳税所得额＝20 000－(3 500－1 800)＝18 300(元)

② 确定适用税率的商数及速算扣除数：18 300/12＝1 525 元，适用税率为 10%，速算扣除数为 105；

应纳税额＝18 300×10%－105＝1 725(元)

(3) 应注意的问题

① 该办法在一个纳税年度内，对每一个纳税人只允许采用一次。

② 实行年薪制和绩效工资的单位，个人取得年终兑现的年薪和绩效工资按上述规定执行。

③ 雇员取得除全年一次性奖金以外的其他各种名目奖金，如半年奖、季度奖、加班奖、先进奖、考勤奖等，一律与当月工资、薪金合并，按税法规定缴纳个人所得税，不享受年终奖计税优惠。

2. 雇主为雇员承担全年一次性奖金部分税款有关个人所得税计算

雇主为雇员负担全年一次性奖金部分个人所得税款，属于雇员又额外增加了收入，应将雇主负担的这部分税款并入雇员的全年一次性奖金，换算为应纳税所得额后，按照规定方法计征个人所得税。计算方法为：

(1) 应纳税所得额＝雇员取得的全年一次性奖金＋雇主替雇员定额负担的税款－当月工资薪金低于费用扣除标准的差额

(2) 查找不含税全年一次性奖金的适用税率和速算扣除数：将应纳税所得额÷12，根据其商数找出对应的适用税率和速算扣除数，据以计算税款。

(3) 应纳税额＝应纳税所得额×适用税率－速算扣除数

(4) 雇员实际缴纳税额＝应纳税额－雇主为雇员负担的税额

【例 7-5】假设例 2 中，公司为小王负担全年一次性奖金的个人所得税 1 000 元，其余个人所得税税款由公司在向小王支付奖金时扣缴。计算小王应缴纳的个人所得税。

解答：

① 应纳税所得额＝雇员取得的全年一次性奖金＋雇主替雇员定额负担的税款－当月

工资薪金低于费用扣除标准的差额＝20 000＋1 000－1 700＝19 300(元)

② 查找税率及速算扣扣除数 19 300/12＝1 608.33，适用税率为 10%，速算扣除数为 105

③ 应纳税额＝19 300×10%－105＝1 825(元)

④ 小王实际缴纳税额＝1 825－1 000＝825(元)

因此，该公司应向税务机关申报扣缴小王个人所得税 1 825 元，其中，公司负担 1 000 元，小王负担 825 元。

3. 雇主为雇员按一定比例负担税款有关个人所得税计算

雇主为雇员按一定比例负担税款的计算方法为：

(1) 计算应纳税所得额

① 查找不含税全年一次性奖金的适用税率和速算扣除数

未含雇主负担税款的全年一次性奖金收入÷12，根据其商数在《工资、薪金不含税收入适用税率表》找出不含税级距对应的适用税率 A 和速算扣除数 A。

② 计算含税全年一次性奖金

应纳税所得额＝(未含雇主负担税款的全年一次性奖金收入－当月工资薪金低于费用扣除标准的差额－不含税级距的速算扣除数 A×雇主负担比例)÷(1－不含税级距的适用税率 A×雇主负担比例)

(2) 计算应纳税额

将应纳税所得额除以 12，根据其商数在《工资、薪金所得适用税率表》中找出对应的适用税率 B 和速算扣除数 B，据以计算税款。

应纳税额＝应纳税所得额×适用税率 B－速算扣除数 B

雇员实际缴纳税额＝应纳税额×(1－雇主为雇员负担比率)

【例 7-6】 假设例 2 中，公司发放全年一次性奖金时承诺为小王负担 50%的个人所得税税款。

解答：

第一步：查找不含税全年一次性奖金的适用税率和速算扣除数

(20 000－1 700)÷12＝1 525，适用税率 A 为 10%，速算扣除数 A 为 105

第二步：计算应纳税所得额

应纳税所得额＝(20 000－1 700－105×50%)÷(1－10%×50%)＝19 207.89(元)

第三步：确定含税全年一次性奖金的适用税率和速算扣除数

19 207.89÷12＝1 600.66，对应的适用税率 B 为 10%，速算扣除数 B 为 105

第四步：计算应纳税额

应纳税额＝19 207.89×10%－105＝1 815.78(元)

小王实际缴纳税额＝1 815.78×50%＝907.89(元)

因此，该公司应向税务机关申报扣缴小王个人所得税 1 815.78 元，其中，公司为小王负担 907.89 元，小王负担 907.89 元。

注意：雇主为雇员负担的个人所得税款，属于个人工资薪金的一部分。凡单独作为企业管理费列支的，在计算企业所得税时不得税前扣除。

4. 特定行业职工取得工资、薪金所得的计税问题

由于采掘业、远洋运输业、远洋捕捞业因季节、产量因素的影响，职工的工资、薪金收入呈现较大波动的实际情况，根据税法规定，对这些特殊行业的职工取得的工资、薪金所得，可按月预缴，年度终了后30日内，合计其全年工资、薪金所得，再按12个月平均并计算实际应纳的税款，多退少补。其公式为：

应纳所得税额＝[(全年工资、薪金收入÷12－费用扣除标准)×税率－速算扣除数]×12

二、个体工商户的生产经营所得

(一) 应纳税所得额的确定

对于个人独资企业和合伙企业的生产、经营所得参照个体工商户的生产经营所得征税。

对个体工商户业主、个人独资企业和合伙企业投资者的生产经营所得，以每一纳税年度的收入总额减除成本、费用以及损失后的余额，为应纳税所得额。其计算公式为：

应纳税所得额＝年收入总额－成本、费用及损失

1. 收入总额

个体工商户的收入总额，是指个体工商户从事生产经营活动，按照权责发生制的原则确认的各项收入总和。

2. 准予扣除的项目

准予扣除的项目，是指按税法规定在计算应纳税所得额时，准予从收入总额中扣除的成本、费用和损失。具体规定为：

(1) 成本、费用

成本、费用是指个体工商户从事生产、经营所发生的各项直接支出和分配计入成本的间接费用以及销售费用、管理费用、财务费用。

“直接支出和分配计入成本的间接费用”是指个体工商户在生产、经营过程中实际消耗的各种原材料、辅助材料、备品配件、外购半成品、燃料、动力、包装物等直接材料和发生的商品进价成本、运输费、装卸费、包装费、折旧费、修理费、水电费、差旅费、租赁费(不包括融资租赁费)、低值易耗品等，以及支付给生产经营从业人员的工资。

销售费用是指个体工商户在销售产品、自制半成品和提供劳务过程中发生的各项费用，包括：运输费、装卸费、包装费、委托代销手续费、广告费、展览费、销售服务费，以及其他销售费用。

管理费用是指个体工商户为管理和组织生产经营活动而发生的各项费用，包括：劳动保险费、咨询费、诉讼费、审计费、土地使用费、低值易耗品摊销、开办费摊销、无法收回的账款(坏账损失)、业务招待费，以及其他管理费用。

财务费用是指个体工商户为筹集生产经营资金而发生的各项费用，包括：利息净支出、汇兑净损失、金融机构手续费，以及筹资中的其他财务费用。

(2) 损失

损失是指个体工商户在生产、经营过程中发生的各项营业外支出。包括：固定资产盘亏、

报废、毁损和出售的净损失、自然灾害或意外事故损失、公益救济性捐赠、赔偿金、违约金等。

(3) 税金

税金是指个体工商户按规定缴纳的消费税、营业税、城市维护建设税、资源税、土地使用税、土地增值税、房产税、车船使用税、印花税、耕地占用税，以及教育费附加。

3. 部分准予扣除项目的范围和标准

在计算应纳税所得额时，下列项目应按规定的范围和标准扣除：

(1) 个体工商户业主、个人独资企业和合伙企业自然人投资者本人的费用扣除标准统一确定为42 000元/年(3 500元/月)；

(2) 个体工商户、个人独资企业和合伙企业向其从业人员实际支付的合理的工资、薪金支出，允许在税前据实扣除；

(3) 个体工商户、个人独资企业和合伙企业拨缴的工会经费、发生的职工福利费、职工教育经费支出分别在工资、薪金总额2%、14%、2.5%的标准内据实扣除；

(4) 个体工商户、个人独资企业和合伙企业每一纳税年度发生的广告费和业务宣传费用不超过当年销售(营业) 收入15%的部分，可据实扣除；超过部分，准予在以后纳税年度结转扣除；

(5) 个体工商户每一纳税年度发生的与其生产经营业务直接相关的业务招待费支出，按照发生额的60%扣除，但最高不得超过当年销售(营业)收入的5‰。

纳税人不能提供有关完整、准确的纳税资料，不能正确计算应纳税所得额的，应由主管税务机关核定其应纳税所得额。

(二) 应纳税额的计算

个体工商户业主、个人独资企业和合伙企业投资者的生产经营所得，适用5%～35%的5级超额累进税率。其计算公式为：

应纳税额＝应纳税所得额×适用税率－速算扣除数

或＝(全年收入总额－成本、费用及损失)×适用税率－速算扣除数

【例7-7】某酒店是个体经营户，账证比较健全，2012年全年取得营业额为500 000元，购进菜、肉、蛋、面粉、大米等原料费为240 000元，缴纳电费、水费、房租、煤气费等60 000元，缴纳其他税费合计为26 400元。支付雇员工资每月7 200元，业主个人领取工资5 000元。发生业务招待费4 500元。1～12月累计已预缴个人所得税为4 000元。计算该个体业户12月份应缴纳的个人所得税。

解答：

(1) 个体经营户发生的直接支出和分配计入成本的间接费用、税费以及支付给雇员的工资准予全额扣除；

(2) 业主个人工资年扣除额为42 000元(3 500×12)，不能按60 000元(5 000元×12)扣除；

(3) 业务招待费按实际发生额的60%扣除，但最高不得超过业务收入的5‰。

按实际发生额计算扣除额＝4 500×60%＝2 700(元)

按收入计算扣除限额＝500 000×5‰＝2 500(元)

按规定该酒店只能扣除2 500元的业务招待费。

全年应纳税所得额＝500 000－240 000－60 000－26 400－7 200×12－42 000－2 500
＝42 700(元)

全年应纳个人所得税额＝42 700×20％－3 750＝4 790(元)

应补缴个人所得税税额＝4 790－4 000＝790(元)

三、对企事业单位承包经营、承租经营所得

（一） 应纳税所得额的确定

对企事业单位的承包经营、承租经营所得，以每一纳税年度的收入总额，减除必要费用后的余额为应纳税所得额。“每一纳税年度的收入总额”，是指纳税人按照承包经营、承租经营合同规定分得的经营利润和工资、薪金性质的所得；“减除必要费用”，是指按月减除3 500元。

（二） 应纳税额的计算

对企事业单位的承包经营、承租经营所得，适用5％～35％的5级超额累进税率。其计算公式为：

应纳税额＝应纳税所得额×适用税率－速算扣除数

或＝(纳税年度收入总额－必要费用)×适用税率－速算扣除数

【例 7-8】 刘某2012年承包某商店，承包期限1年，取得承包经营所得47 000元。此外，刘某还按月从商店领取工资，每月2 500元。计算刘某全年应缴纳的个人所得税。

分析：

刘某应就其承包经营所得47 000元和领取全年的工资30 000元(2 500×12)减除必要费用42 000元(3 500×12)后计算缴纳个人所得税。

解答：

应纳税所得额＝(47 000＋2 500×12)－3 500×12＝35 000(元)

应纳个人所得税额＝35 000×20％－3 750＝3 250(元)

四、劳务报酬所得

（一） 应纳税所得额的确定

劳务报酬所得，每次收入不超过4 000元的，减除费用800元；4 000元以上的，减除20％费用，其余额为应纳税所得额。

（二） 应纳税额的计算

劳务报酬所得，适用20％的比例税率。一次收入畸高的，实行加成征收。其计算公式为：

(1) 每次收入不超过4 000元的

应纳税额＝(每次收入额－800)×20％

(2) 每次收入4 000元以上但应纳税所得额不超过20 000元的

应纳税额＝每次收入额×(1－20％)×20％

(3) 每次收入的应纳税所得额超过20 000元的

应纳税额＝应纳税所得额×适用税率－速算扣除数

＝每次收入额×(1－20％)×适用税率－速算扣除数

(三) 特殊规定

(1) 劳务报酬所得,属于一次性收入的,以取得该项收入为一次;属于同一事项连续取得收入的,以1个月内取得的收入为一次。

(2) 纳税人兼有不同的劳务报酬所得的,应分别减除费用,分别计算缴纳个人所得税。

(3) 纳税人在提供劳务过程中所支付的中介费,能够提供有效凭证的,可以从其所得中扣除。

【例7-9】赵某一次取得讲学收入3 000元,计算应纳个人所得税额。

解答:

应纳税额＝(3 000－800)×20％＝440(元)

假设一次讲学收入为5 000元,则应纳税额为:

应纳税额＝5 000×(1－20％)×20％＝800(元)

【例7-10】某演员参加一次演出,取得收入100 000元。计算其应纳个人所得税额。

分析:

该演员一次性演出取得劳务报酬100 000元,定率扣除20％后的应纳税所得额超过20 000元,按税法规定实行加成征收。

解答:

应纳税所得额＝100 000×(1－20％)＝80 000(元)

应纳个人所得税额＝80 000×40％－7 000＝25 000(元)

或:未加成征收的基本应纳税额＝80 000×20％＝16 000(元)

对应纳税所得额在20 000元以上50 000元以下的部分加征5成,即:

(50 000－20 000)×20％×50％＝3 000(元)

对应纳税所得额在50 000元以上的部分加征10成,即:

(80 000－50 000)×20％×100％＝6 000(元)

应纳个人所得税额＝16 000＋3 000＋6 000＝25 000(元)

五、稿酬所得

(一) 应纳税所得额的确定

稿酬所得,每次收入不超过4 000元的,减除费用800元;4 000元以上的,减除20％费用,其余额为应纳税所得额。

(二) 应纳税额的计算

稿酬所得,适用20％的比例税率,并按应纳税额减征30％。其计算公式为:

(1) 每次收入不超过 4 000 元的：

应纳税额＝(每次收入额－800)×20％×(1－30％)

(2) 每次收入 4 000 元以上的：

应纳税额＝每次收入额×(1－20％)×20％×(1－30％)

(三) 特殊规定

稿酬所得，以每次出版、发表的收入为一次。具体规定为：

(1) 个人每次以图书、报刊方式出版、发表同一作品(包括文字作品、书画作品、摄影作品和其他作品)，不论出版单位是预付还是分笔支付稿酬，或者加印该作品以后再付稿酬，均应当合并其稿酬所得按照一次所得计算缴纳个人所得税。

(2) 在两处或两处以上出版、发表或者再版同一作品而取得稿酬所得，则可以分别各处取得的所得或者再版所得按照分次所得计算缴纳个人所得税。

(3) 个人的同一作品在报刊上连载，应当合并其因作品连载而取得的所有稿酬所得为一次所得，按照税法规定计算缴纳个人所得税；在其连载以后出书取得稿酬，或者先出书后连载取得稿酬所得的，应当视同再版稿酬分次计算缴纳个人所得税。

(4) 作者去世后，对取得其遗作稿酬的个人，按稿酬所得征收个人所得税。

【例 7-11】 某作家在某杂志上连载其小说作品 4 次，每次取得稿酬所得分别为 1 500 元、1 400 元、900 元、700 元；连载结束后独立出版获得稿费 30 000 元。计算其应纳个人所得税额。

分析：

个人的同一作品在报刊上连载，应当合并其因作品连载而取得的所有稿酬所得为一次所得，按照税法规定计算缴纳个人所得税；在其连载以后出书取得稿酬，或者先出书后连载取得稿酬所得的，应当视同再版稿酬分次计算缴纳个人所得税。

解答：

应纳税额＝(1 500＋1 400＋900＋700)×(1－20％)×20％×(1－30％)
　＋30 000×(1－20％)×20％×(1－30％)＝3 864(元)

六、特许权使用费所得

(一) 应纳税所得额的确定

特许权使用费所得，每次收入不超过 4 000 元的，减除费用 800 元；4 000 元以上的，减除 20％费用，其余额为应纳税所得额。

(二) 应纳税额的计算

特许权使用费所得，适用 20％的比例税率。其计算公式为：

(1) 每次收入不超过 4 000 元的：

应纳税额＝(每次收入额－800)×20％

(2) 每次收入 4 000 元以上的：

应纳税额＝每次收入额×(1－20％)×20％

（三）特殊规定

(1) 特许权使用费所得，以实现使用权或所有权的转移所取得的收入为一次。

(2) 对个人从事技术转让支付的中介费，如果能提供有效合法凭证，允许其从所得中扣除。

【例 7-12】某中国公民 2012 年对不同的使用者转让同一项特许权 3 次，分别取得 3 000 元、8 000 元和 40 000 元。计算其应纳个人所得税额。

分析：

特许权使用费所得，以实现使用权或所有权的转移所取得的收入为一次。

解答：

应纳税额＝(3 000－800)×20%＋8 000×(1－20%)×20%＋40 000×(1－20%)×20%＝8 120(元)

七、财产租赁所得

（一）应纳税所得额的确定

财产租赁所得，每次收入不超过 4 000 元的，减除费用 800 元；4 000 元以上的，减除 20%费用，其余额为应纳税所得额。

（二）应纳税额的计算

财产租赁所得，适用 20%的比例税率。其计算公式为：

(1) 每次收入不超过 4 000 元的：

应纳税额＝(每次收入额－800)×20%

(2) 每次收入 4 000 元以上的：

应纳税额＝每次收入额×(1－20%)×20%

（三）特殊规定

财产租赁所得，以 1 个月内取得的收入为一次。具体规定为：

(1) 纳税人在出租财产过程中缴纳的营业税、城市维护建设税、教育费附加、房产税、城镇土地使用税、印花税等税费，可持完税(缴款)凭证，从其财产租赁收入中扣除。

(2) 纳税人在出租财产过程中由纳税人负担的该出租财产实际开支的修缮费用，如果能够有效、准确的凭证，可据实扣除，但允许扣除的修缮费用，以每次 800 元为限。一次扣除不完的，准予在下一次继续扣除，直到扣完为止。

【例 7-13】某中国公民 2012 年租赁一项财产，取得年租金 36 000 元。计算应纳个人所得税额。

分析：

财产租赁所得，以一个月取得的收入为一次，因此，一次所得为 36 000/12＝3 000(元)

解答：

应纳税额＝(3 000－800)×20%×12＝5 280(元)

八、财产转让所得

(一) 应纳税所得额的确定

财产转让所得是以转让财产的收入额减除财产原值和合理费用后的余额为应纳税所得额。其中的"合理费用"是指按照规定支付的有关费用；而"财产原值"则因转让的财产不同，所指也有所不同：

(1) 有价证券为买入价以及买入时按照规定交纳的有关费用；

(2) 建筑物为建造费或购进价格以及其他有关费用；

(3) 土地使用权为取得土地使用权所支付的金额，开发土地的费用以及其他有关费用；

(4) 机器设备、车船为购进价格、运输费、安装费以及其他有关费用；

(5) 其他财产，参照以上方法确定。

纳税义务人未提供完整、准确的财产原值凭证的，不能正确计算财产原值的，由主管税务机关核定其财产原值。

(二) 应纳税额的计算

财产转让所得，以转让财产的收入额减去财产原值和合理费用后的余额为应纳税所得额。适用20%的比例税率。其计算公式为：

应纳税额＝应纳税所得额×20%

　　　　＝(每次收入额－财产原值－合理费用)×20%

【例 7-14】某中国公民2012年2月转让私有住房一套取得转让收入220 000元。该套住房购进时的原价为180 000元，转让时支付有关税费15 000元，支付中介机构介绍费4 000元。计算该公民转让私房应缴纳的个人所得税。

分析：

房产原价、有关税费和中介费用可从转让收入中扣除。

解答：

应纳税所得额＝220 000－180 000－15 000－4 000＝21 000(元)

应纳税额＝21 000×20%＝4 200(元)

九、利息、股息、红利所得，偶然所得和其他所得

(一) 应纳税所得额的确定

利息、股息、红利所得，偶然所得和其他所得，以每次收入额为应纳税所得额，不扣除任何费用。利息、股息、红利所得，以支付利息、股息、红利时取得的收入为一次；偶然所得，以每次取得该项收入为一次。

(二) 应纳税额的计算

利息、股息、红利所得,偶然所得和其他所得,适用20%的比例税率。其计算公式为:

应纳税额=利息、股息、红利所得、偶然所得和其他所得每次收入额×20%

十、个人公益、救济性捐赠

(1) 个人将其所得通过中国境内的社会团体、国家机关向教育和其他社会公益事业以及遭受严重自然灾害地区、贫困地区的捐赠,捐赠额未超过纳税义务人申报的应纳税所得额30%的部分,可以从其应纳税所得额中扣除。

个人通过非营利性的社会团体和国家机关向农村义务教育的捐赠等,准予在缴纳个人所得税前全额扣除。

(2) 个人的所得(不含偶然所得,经国务院财政部门确定征税的其他所得)用于对非关联的科研机构和高等学校研究开发新产品、新技术、新工艺所发生的研究开发经费的资助,可以全额在下月(工资、薪金所得)或下次(按次计征的所得)或当年(按年计征的所得)计征个人所得税时,从应纳税所得额中扣除,不足抵扣的,不得结转抵扣。

【例 7-15】某歌星参加某单位举办的演唱会,取得出场费收入80 000元,将其中30 000元通过当地教育机构捐赠给某希望小学。计算该歌星取得的出场费收入应缴纳的个人所得税。

分析:

该歌星未扣除捐赠的应纳税所得额=80 000×(1-20%)=64 000(元)

捐赠的扣除标准=64 000×30%=19 200(元)

由于实际捐赠额大于扣除标准,税前只能按扣除标准扣除。

解答:

应纳税所得额=64 000-19 200=44 800(元)

应缴纳的个人所得税额=44 800×30%-2 000=11 440(元)

十一、境外所得的税额扣除

纳税义务人从中国境外取得的所得,准予其在应纳税额中扣除已在境外缴纳的个人所得税税额。但扣除额不得超过该纳税义务人境外所得依照本法规定计算的应纳税额。

依照税法规定计算的应纳税额,是指纳税义务人从中国境外取得的所得,区别不同国家或者地区和不同所得项目,依照税法规定的费用减除标准和适用税率计算的应纳税额;同一国家或者地区内不同所得项目的应纳税额之和,为该国家或者地区的扣除限额。

纳税义务人在中国境外一个国家或者地区实际已经缴纳的个人所得税税额,低于依照规定计算出的该国家或者地区扣除限额的,应当在中国缴纳差额部分的税款;超过该国家或者地区扣除限额的,其超过部分不得在本纳税年度的应纳税额中扣除,但是可以在以后纳税年度的该国家或者地区扣除限额的余额中补扣。补扣期限最长不得超过5年。

纳税义务人依照税法规定申请扣除已在境外缴纳的个人所得税税额时,应当提供境外税务机关填发的完税凭证原件。

【例 7-16】某中国公民 2012 年在中国境内取得年薪 240 000 元(人民币,下同);从日本获得财产转让净所得 500 000 元和特许权使用费所得 20 000 元,并已在日本分别缴纳了个人所得税 80 000 元和 5 000 元;当年还从美国获得劳务报酬所得 80 000 元,已在美国缴纳了个人所得税 20 000 元。计算该公民 2012 年应缴纳的个人所得税额。

分析:

中国公民从中国境外实际已经缴纳的个人所得税税额,低于依照规定计算出的该国家或者地区扣除限额的,应当在中国缴纳差额部分的税款;超过该国家或者地区扣除限额的,其超过部分不得在本纳税年度的应纳税额中扣除,但是可以在以后纳税年度的该国家或者地区扣除限额的余额中补扣。补扣期限最长不得超过 5 年。

解答:

(1) 境内年薪应纳个人所得税=[(240 000/12－3 500)×25%－1 005]×12=37 440(元)

(2) 从日本获得的所得应纳个人所得税=500 000×20%+20 000×(1－20%)×20%－(80 000+5 000)=18 200(元)

(3) 从美国获得的所得应纳个人所得税=80 000×(1－20%)×40%－7 000－20 000=－1 400(元)

因此,从美国获得的所得不需要缴纳个人所得税,但 1 400 元未扣除的境外已纳税款可以留待以后年度(不超过 5 年)扣除。

所以,该公民 2012 年度应纳个人所得税额为:

37 440+18 200=55 640(元)

第三节　个人所得税的会计处理

个人所得税的会计处理包括两种类型:一是扣缴义务人代扣代缴个人所得税的会计核算;二是建账建制的个体工商户及个人独资企业、合伙企业的投资者缴纳个人所得税的会计核算。

一、扣缴义务人代扣代缴个人所得税的会计处理方法

(一) 支付工资、薪金所得时代扣代缴税款的会计处理方法

支付工资、薪金所得的单位扣缴的工资、薪金所得应纳的个人所得税税款,实际上是个人工资、薪金所得的一部分。

1. 代扣个人所得税时

借:应付职工薪酬

　　贷:应交税费——代扣个人所得税

2. 上缴代扣的个人所得税时

借：应交税费——代扣个人所得税

　　贷：银行存款

（二） 支付劳务报酬、稿酬所得时代扣代缴税款的会计处理方法

1. 计算应代扣的个人所得税时

借：管理费用

　　贷：应交税费——代扣个人所得税

2. 实际缴纳税款时

借：应交税费——代扣个人所得税

　　贷：银行存款

（三） 代扣代缴其他所得的会计处理方法

1. 企业支付工资、薪金所得、劳务报酬所得和稿酬所得以外的其他所得代扣代缴个人所得税时

借：应付股利、应付账款、其他应付款等

　　贷：应交税费——代扣个人所得税

2. 上缴代扣的个人所得税时

借：应交税费——代扣个人所得税

　　贷：银行存款

二、个体工商户生产、经营个人所得税的会计处理方法

1. 个体工商户取得生产经营所得按规定计算应纳的所得税

借：所得税费用

　　贷：应交税费——应交个人所得税

2. 实际缴纳税款时

借：应交税费——应交个人所得税

　　贷：银行存款

第四节　个人所得税的缴纳与征收

个人所得税的缴纳分为自行申报纳税和代扣代缴税款两种方式。

一、自行申报纳税

自行申报纳税是纳税人在规定的纳税期限内，按税法规定自行填写纳税申报表，自行申

报各应税项目及其收入额，自行计算或者由税务代理人计算费用扣除额、应纳税所得额和应纳税额，并据此缴纳个人所得税的一种纳税方式。

（一）自行申报的所得项目

凡依据个人所得税法负有纳税义务的纳税人，有下列情形之一的，应当按规定办理自行纳税申报：

（1）年所得 12 万元以上的；

（2）在中国境内在两处或两处以上取得工资、薪金所得的；

（3）从中国境外取得所得的；

（4）取得应纳税所得，没有扣缴义务人的；

（5）国务院规定的其他情形。

（二）自行申报期限

（1）年所得在 12 万元以上的纳税人，在纳税年度终了后 3 个月内向主管税务机关办理纳税申报。

（2）个体工商户和个人独资、合伙企业投资者取得的生产经营所得应纳的税款，按年计算，分月预缴，由纳税义务人在次月 15 日内预缴，年度终了后 3 个月内汇算清缴，多退少补。

（3）对企事业单位的承包经营、承租经营所得应纳的税款，按年计算，由纳税义务人在年度终了后 30 日内缴入国库，并向税务机关报送纳税申报表。纳税义务人在 1 年内分次取得承包经营、承租经营所得的，应当在取得每次所得后的 15 日内预缴，年度终了后 3 个月内汇算清缴，多退少补。

（4）从中国境外取得所得的纳税义务人，应当在年度终了后 30 日内，将应纳的税款缴入国库，并向税务机关报送纳税申报表。

（5）除上述情形外，纳税人取得其他各项所得需申报纳税的，在取得所得的次月 7 日内向主管税务机关办理纳税申报。

（三）自行申报地点

1. 年所得在 12 万元以上的纳税人的纳税申报地点

（1）在中国境内有任职、受雇单位的，向任职、受雇单位所在地主管税务机关申报。

（2）在中国境内有两处或者两处以上任职、受雇单位的，选择并固定向其中一处单位所在地主管税务机关申报。

（3）在中国境内无任职、受雇单位，年所得项目中有个体工商户的生产、经营所得或者对企事业单位的承包经营、承租经营所得（以下统称生产、经营所得）的，向其中一处实际经营所在地主管税务机关申报。

（4）在中国境内无任职、受雇单位，年所得项目中无生产、经营所得的，向户籍所在地主管税务机关申报。在中国境内有户籍，但户籍所在地与中国境内经常居住地不一致的，选择并固定向其中一地主管税务机关申报。在中国境内没有户籍的，向中国境内经常居住地主管税务机关申报。

2. 取得其他应自行申报收入项目的纳税人自行申报地点

(1) 从两处或者两处以上取得工资、薪金所得的，选择并固定向其中一处单位所在地主管税务机关申报。

(2) 从中国境外取得所得的，向中国境内户籍所在地主管税务机关申报。在中国境内有户籍，但户籍所在地与中国境内经常居住地不一致的，选择并固定向其中一地主管税务机关申报。在中国境内没有户籍的，向中国境内经常居住地主管税务机关申报。

(3) 个体工商户向实际经营所在地主管税务机关申报。

(4) 个人独资、合伙企业投资者兴办两个或两个以上企业的，区分不同情形确定纳税申报地点：兴办的企业全部是个人独资性质的，分别向各企业的实际经营管理所在地主管税务机关申报；兴办的企业中含有合伙性质的，向经常居住地主管税务机关申报；兴办的企业中含有合伙性质，个人投资者经常居住地与其兴办企业的经营管理所在地不一致的，选择并固定向其参与兴办的某一合伙企业的经营管理所在地主管税务机关申报。

(5) 除以上情形外，纳税人应当向取得所得所在地主管税务机关申报。

纳税人不得随意变更纳税申报地点，因特殊情况变更纳税申报地点的，须报原主管税务机关备案。

纳税申报地点，除特殊情况外，5 年以内不得变更。

二、代扣代缴税款

代扣代缴税款是指按税法规定由扣缴义务人在向个人支付应纳税所得时，代扣其应纳的个人所得税款并代为上缴国库，同时向税务机关报送扣缴个人所得税报告表的一种纳税方式。

(一) 代扣代缴范围

扣缴义务人向个人支付下列所得时，应代扣代缴个人所得税：工资、薪金所得；对企事业单位承包经营、承租经营所得；劳务报酬所得；稿酬所得；特许权使用费所得；利息、股息、红利所得；财产租赁所得；偶然所得；经国务院财政部门确定征税的其他所得。

(二) 扣缴明细申报

扣缴义务人在代扣税款时，必须向纳税人开具税务机关统一印制的代扣代缴税款凭证，并详细注明纳税人姓名、工作单位、家庭住址和居民身份证或护照号码(无上述证件的，可用其他能有效证明身份的证件)等个人情况。对工资、薪金所得和利息、股息、红利所得等，因纳税人数众多、不便一一开具代扣代收税款凭证的，经主管税务机关同意，可不开具代扣代收税款凭证，但应通过一定形式告知纳税人已扣缴税款。纳税人为持有完税依据而向扣缴义务人索取代扣代收税款凭证的，扣缴义务人不得拒绝。

(三) 代扣代缴期限及报送资料

扣缴义务人每月所扣的税款，应当在次月 7 日内缴入国库，并向主管税务机关报送《扣缴个人所得税报告表》、代扣代收税款凭证和包括每一纳税人姓名、单位、职务、收入、税款等内容的支付个人收入明细表以及税务机关要求报送的其他有关资料。

凡支付个人应税所得的企业(公司)、事业单位、机关、社团组织、军队、驻华机构、个体户等单位或者个人,为个人所得税的扣缴义务人。对扣缴义务人按照所扣缴的税款,付给 2% 的手续费。

(四) 代扣代缴期限

(1) 扣缴义务人每月所扣的税款,应当在次月 15 日内缴入国库,并向税务机关报送纳税申报表。

(2) 工资、薪金所得应纳的税款,按月计征,由扣缴义务人或者纳税义务人在次月 15 日内缴入国库,并向税务机关报送纳税申报表。特定行业的工资、薪金所得应纳的税款,可以实行按年计算、分月预缴的方式计征,具体办法由国务院规定。

(五) 代扣代缴纳税的申报方式

(1) 网上电子申报方式。扣缴义务人将纳税人的有关扣税信息通过电子申报网络,向主管税务机关办理个人所得税纳税申报。

(2) 软盘申报方式。扣缴义务人向主管税务机关报送附有纳税人有关扣缴信息的软盘,实施个人所得税纳税申报。

(3) 纸制申报方式。扣缴义务人向主管税务机关报送纸制申报资料,由税务机关征收管理部门将有关扣缴信息输入申报软盘系统,实施个人所得税纳税申报。

综合练习

一、单项选择题

1. 我国个人所得税法确定居民纳税人的判断标准是(　　)。

A. 居住时间标准　　B. 住所标准

C. 国籍标准　　D. 居住时间和住所相结合的标准

2. 下列人员属于个人所得税纳税人的有(　　)。

A. 在中国境内居住满 1 年,不足 5 年的无住所的外籍个人

B. 自 2011 年 2 月 4 日至 2012 年 2 月 4 日,一直在中国境内居住的无住所的外籍个人

C. 在中国境内无住所也不居住的侨居海外的华侨

D. 在中国境内无住所也不居住的港、澳、台同胞

3. 某外籍个人 2012 年 4 月来华工作 6 个月,在我国境内每月支付其薪金 2 000 美元,同时,其国籍国派出单位每月支付其薪金 3 000 美元,则该外籍个人当年应纳个人所得税的所得为(　　)。

A. 5 000 美元　　B. 12 000 美元　　C. 18 000 美元　　D. 30 000 美元

4. 下列个人所得不属于来源于中国境内所得的有(　　)。

A. 因任职、受雇、履约而在中国境内提供各种劳务取得的劳务报酬所得

B. 将财产出租给承租人在中国境内使用而取得的所得

C. 在中国境外转让专利权提供给中国境内企业使用而取得的所得

D. 在中国境内转让专利权提供给中国境外企业使用而取得的所得

5. 下列各项所得中，应缴纳个人所得税的是（　　）。

A. 扣缴义务人代扣代缴税款，按规定取得的扣缴手续费

B. 国家发行的金融债券利息收入

C. 县级人民政府颁发的环境保护方面的奖金

D. 军人的转业安置费

6. 下列各项所得中，应视同工资薪金项目征收个人所得税的是（　　）。

A. 独立从事会计核算业务的所得

B. 购买商品的中奖所得

C. 因工作出色而由单位奖励的住房折算所得

D. 学校教师投稿的稿酬所得

7. 适用5%～35%的五级超额累进税率的所得项目是（　　）。

A. 工资、薪金所得　　B. 劳务报酬所得

C. 个体工商户的生产经营所得　　D. 稿酬所得

8. 个人取得的所得难以界定应纳税所得项目的，其确定机关是（　　）。

A. 县以上税务局（分局）　　B. 省级地方税务局

C. 国家税务总局　　D. 主管税务机关

9. 下列所得一次收入畸高的，可以实行加成征收（　　）。

A. 稿酬所得　　B. 劳务报酬所得

C. 红利所得　　D. 偶然所得

10. 下列个人所得项目应实行加成征收的是（　　）。

A. 每次收入在2万元以上的特许权使用费

B. 每次申报的应纳税所得额不到2万元财产转让所得

C. 每次收入在5万元以上的劳务报酬

D. 每次申报的应纳税所得额在5万元以上的稿酬所得

11. 所谓“劳务报酬所得一次收入畸高”是指个人一次取得劳务报酬的（　　）。

A. 收入超过20 000元　　B. 应纳税所得额超过20 000元

C. 收入超过50 000元　　D. 应纳税所得额超过50 000元

12. 个人取得的董事费收入，应由单位按（　　）项目代扣代缴个人所得税。

A. 工资、薪金所得　　B. 特许权使用费所得

C. 劳务报酬所得　　D. 其他所得

13. 作者将自己的文字作品手稿公开拍卖取得的所得，属于（　　）。

A. 稿酬所得　　B. 劳务报酬所得

C. 特许权使用费所得　　D. 偶然所得

14. 对在中国境内无住所而在中国境内取得工资薪金所得和在中国境内有住所而在中国境外取得工资薪金所得的纳税义务人，其月工资薪金所得超过（　　）的，应缴纳个人所得税。

A. 1 300元　　B. 2 400元　　C. 3 500元　　D. 4 800元

15. 实行定额扣除和定率扣除相结合的费用扣除方法的个人所得项目有（　　）。

A. 工资、薪金所得　　B. 特许权使用费所得

C. 利息所得　　D. 其他所得

16. 不按次征税的个人所得项目是(　　)。

A. 工资、薪金所得　　B. 劳务报酬所得

C. 财产租赁所得　　D. 财产转让所得

17. 根据个人所得税法规定,在中国境内两处或两处以上取得的工资、薪金所得,其纳税申报地点的选择是(　　)。

A. 收入来源地　　B. 税务局指定地点

C. 纳税人户籍所在地　　D. 纳税人选择并固定在其中一地税务机关

18. 华某是由所在的国有企业派遣前往境内某合资企业工作的中方经理,他从派遣单位和雇佣单位分别取得的工资、薪金所得应该(　　)。

A. 由派遣单位扣缴　　B. 由雇佣单位扣缴

C. 分别由派遣单位和雇佣单位扣缴　　D. 可以享受附加减除费用扣除标准

19. 某教授2012年10月受邀在某公司作专题报告三次,共计获讲课费5 000元,另获咨询费2 000元。该教授应缴纳的个人所得税为(　　)。

A. 800元　　B. 1 040元　　C. 1 120元　　D. 1 240元

20. 某个人在中国境内提供劳务一次取得收入60 000元,通过中国青少年发展基金会捐赠20 000元,则可从应纳税所得额中扣除的捐赠为(　　)。

A. 12 000元　　B. 14 400元　　C. 18 000元　　D. 20 000元

二、多项选择题

1. 下列属于2012年度中国居民纳税人的是(　　)。

A. 户籍在中国境内但2012年未在中国境内居住

B. 在中国境内无住所,2012年2月1日入境,2013年2月1日出境的个人

C. 在中国境内无住所,2011年8月3日入境,次年7月出境28天后重新入境,2013年1月出境的个人

D. 在中国境内无住所,2011年8月3日入境,2013年1月出境的个人

2. 下列个人所得,应征个人所得税的有(　　)。

A. 保险赔款

B. 国家民政部门支付给个人的生活困难补助费

C. 劳务报酬所得

D. 稿酬所得

3. 下列个人所得,应征个人所得税的有(　　)。

A. 劳动分红　　B. 离、退休工资

C. 任董事取得的董事费收入　　D. 转让股权取得的收入

4. 我国个人所得税采用(　　)。

A. 比例税率　　B. 定额税率

C. 超额累进税率　　D. 全额累进税率

5. 下列个人所得属于来源于中国境内的所得的有(　　)。

A. 将财产出租给在国外的中国公民由其使用而取得的所得

B. 中国公民转让其在境外的房产取得的所得

C. 提供在中国境内使用的专利权、非专利技术等特许权取得的所得

D. 持有在中国的各种债券而从中国境内的公司、企业取得的利息

6. 下列各项中，适用5%～35%的五级超额累进税率的有(　　)。

A. 个体工商户的生产经营所得　　B. 合伙企业的生产经营所得

C. 个人独资的生产经营所得　　D. 对企事业单位的承包经营、承租经营所得

7. 在确定个人应纳税所得额时，可以采用比例扣除20%费用的所得项目有(　)。

A. 在4 000元以上的特许权使用费所得

B. 在4 000元以上的财产租赁所得

C. 在4 000元以上的劳务报酬所得

D. 在4 000元以上的稿酬所得

8. 在计算个体工商户的应纳税所得额时，允许据实扣除支出的有(　　)。

A. 借款利息支出　　B. 发生的业务招待费

C. 与生产经营有关的修理费用　　D. 实际支付的合理的工资、薪金支出

9. 下列项目计征个人所得税时，允许从收入中扣除800元的有(　　)。

A. 有奖销售一次获奖1 000元　　B. 提供咨询服务一次取得收入2 000元

C. 房租收入每月800元　　D. 一次性取得劳务报酬收入15 000元

10. 以下采用按次征收的所得项目有(　　)。

A. 工资、薪金所得　　B. 劳务报酬所得

C. 财产租赁所得　　D. 其他所得

11. 财产租赁所得在计算个人所得税时(　　)。

A. 以一个月取得的租金收入为一次

B. 发生的修理费可以从当月的应纳税所得额中据实扣除

C. 每月收入可以定额扣除800元后计税

D. 适用20%的单一税率

12. 下列用于资助非关联的高校用于新产品研究开发的个人所得，可以全额扣除的是(　　)。

A. 承包经营所得　　B. 工资、薪金所得

C. 劳务报酬所得　　D. 偶然所得

13. 下列个人所得可以免征个人所得税的有(　　)。

A. 外籍个人从外商投资企业取得的股息、红利所得

B. 按照国际统一规定取得的退职费

C. 个人办理代扣代缴手续，按规定取得的扣缴手续费

D. 个人以非现金形式或实报实销形式取得的住房补贴

14. 个人所得税自行申报纳税的纳税义务人有(　　)。

A. 从两处或两处以上取得工薪所得

B. 其应纳税所得，没有扣缴义务人

C. 取得应纳税所得，扣缴义务人未按规定扣缴税款

D. 个体工商户生产经营所得

15. 个人所得税的申报方式有(　　)。

A. 直接申报纳税　　B. 委托申报纳税

C. 支付单位代理申报纳税　　D. 邮寄申报纳税

三、判断题

1. 个人所得税是对个人取得的应税所得征收的一种税。(　　)

2. 个人所得税的纳税人,依据住所和居住时间划分居民纳税人和非居民纳税人。(　　)

3. 在中国境内无住所的个人,无论其是否在一个纳税年度内于中国境内居住满 1 年,均应视为居民纳税人。(　　)

4. 居民纳税人应就境内、境外所得缴纳个人所得税。(　　)

5. 纳税人在中国境内两处或者两处以上取得工资、薪金收入的,应由纳税人分别在各处收入来源地申报纳税。(　　)

6. 个人取得的应税所得只包括现金和有价证券,不包括实物。(　　)

7. 个人所得税区别不同所得分别适用超额累进税率和比例税率。(　　)

8. 个人所得税工资、薪金所得的附加减除费用标准是 1 300 元。(　　)

9. 纳税人取得承包经营、承租经营所得的,应一律自取得收入之日起 30 日内申报纳税。(　　)

10. 财产转让所得应以实现转让的地点为所得来源地。(　　)

11. 个人取得某公司债券利息所得应缴纳 20%的个人所得税。(　　)

12. 个人将其所得向教育和其他社会公益事业以及遭受严重自然灾害地区、贫困地区的捐赠,捐赠额未超过纳税义务人申报的应纳税所得额 30%的部分,可以从其应纳税所得额中扣除。(　　)

13. 某歌星取得一次演唱会收入 24 000 元,应实行加成办法征收个人所得税。(　　)

14. 年所得 12 万元以上的纳税人应办理纳税申报。(　　)

15. 企业年底以实物形式发放给职工的奖金,不缴纳个人所得税。(　　)

四、实务题

1. 某中国公民 2012 年取得以下所得(均为境内所得):

(1) 在中国境内取得年薪 120 000 元;

(2) 租赁一项财产,取得年租金 36 000 元;

(3) 对不同的使用者转让同一项特许权 3 次,分别取得特许权使用费所得 3 000 元、8 000元和 40 000 元;

(4) 在某杂志连载小说作品 4 次,每次取得稿费所得 1 500 元、1 400 元、900 元和 700 元;

(5) 受聘讲授一门课程 18 次,每周一次,每次讲课费 300 元,连续 5 个月授完该课程。

计算该公民本年度应缴纳的个人所得税额。

2. 演员李某(为中国公民)2012 年 5 月收入情况如下:

(1) 参加赴郊县文艺演出,收入 3 000 元,通过当地教育局向农村义务教育捐款 2 000元;

(2) 在A国讲学一次，取得收入50 000元，已按该国税法规定在该国缴纳了个人所得税8 000元；

(3) 编著的一部文艺作品被电视台改编为电视剧，电视台支付其3 200元。

计算李某应缴纳的个人所得税。

3. 中国公民张某为某大学教授，2012年1—6月除了从所在大学取得工资薪金收入外，还取得以下几项收入：

(1) 2月10日受邀到境内某企业作演讲，主办方支付报酬5 000元。

(2) 3月份有两篇论文在相关专业期刊上发表，分别取得稿酬3 200元和4 500元。

(3) 4月份，将自己某著作的外文翻译出版权转让给境外某出版社，取得收入折合人民币62 000元，已向该境外出版社所在国缴纳个人所得税税款折合人民币5 600元。

(4) 6月6日因购物取得一张发票，中奖1 000元。

要求计算张某除从单位领取的工资、薪金外取得的其他各项所得应缴纳的个人所得税。

4. 中国公民王某为大学教授，2012年7月收入情况如下：

(1) 在国内专业杂志上发表论文两篇，分别取得稿酬收入1 200元和700元；

(2) 与同事合著一本专业教材，取得稿酬收入20 000元，其中，王某分得稿酬12 000元，并拿出3 000元通过某社会团体捐赠给希望工程；

(3) 在A国某大学讲学取得收入折合人民币30 000元，已按A国税法缴纳个人所得税折合人民币2 000元。

计算王某7月份应缴纳的个人所得税。

5. 中国公民刘某2012年9月取得收入如下：

(1) 从国内一单位一次取得工程设计费30 000元；

(2) 在商场有奖销售中，中奖金额200元；

(3) 将位于市区的一套闲置房屋租给他人居住，每月租金2 000元，按规定缴纳了相应的税、费(不考虑印花税)。

请计算刘某应纳个人所得税税额。

6. 林某2012年1月1日承包某国有企业，承包合同规定承包人可以取得企业税后利润的80%，且每月可以从被承包企业取得工资2 000元，补贴500元。当年该企业产品销售收入850万元，产品销售税金及附加5万元，缴纳的增值税为12万元，产品销售成本为500万元，其他费用和损失合计225万元。

根据上述资料，计算：

(1) 该企业当年应纳税所得额；

(2) 该企业当年应纳所得税额；

(3) 林某分得的经营利润；

(4) 林某全年取得的承包经营所得应纳税所得额；

(5) 林某全年应缴纳个人所得税。

第八章　资源税类纳税实务

知识目标

要求学生掌握资源税类各税种的纳税人、计税依据、应纳税额的计算和税收优惠方面的规定。

能力目标

通过学习本章，要求学生正确计算资源税、土地增值税和城镇土地使用税的应纳税额，准确进行资源税类的会计核算。

第一节　资源税纳税实务

一、资源税概述

资源税是对在中华人民共和国领域及管辖海域从事应税矿产品开采和生产盐的单位和个人课征的一种税。

现行资源税涉及的只是特定的资源，只限于对矿产品资源和盐资源征税，征税范围较窄；按资源级差设定幅度税率或税额，实行从价定率或从量定额征收。随着资源的开发利用，更多资源将被纳入资源税的征税范围，资源税将在保护和合理利用资源方面发挥更大的作用。

二、资源税的纳税人、征税范围和税率

（一）纳税人和扣缴义务人

资源税的纳税人是在中华人民共和国领域及管辖海域从事应税矿产品开采和生产盐的单位和个人。

单位是指企业、行政单位、事业单位、军事单位、社会团体及其他单位；个人是指个体工

商户和其他个人。

收购未税矿产品的单位规定为资源税的扣缴义务人。规定资源税的扣缴义务人主要是针对税源小、零散、不定期开采、易漏税等税务机关认为不易控管的情况，为了加强资源税的征管，由扣缴义务人在收购未税矿产品时代扣代缴资源税。

收购未税矿产品的单位是指独立矿山、联合企业和其他单位。"未税矿产品"是指资源税纳税人在销售其矿产品时不能向扣缴义务人提供《资源税管理证明》的矿产品。

（二）征税范围

我国资源税征税范围只包括矿产品资源和盐资源。具体的征税范围包括：

(1) 原油，是指开采的天然原油，不包括人造石油；

(2) 天然气，是指专门开采或者与原油同时开采的天然气；

(3) 煤炭，是指原煤，不包括洗煤、选煤及其他煤炭制品；

(4) 其他非金属矿原矿，是指上列产品和井矿盐以外的非金属矿原矿；

(5) 盐，包括固体盐和液体盐。固体盐是指海盐原盐、湖盐原盐和井矿盐；液体盐（卤水）是指氯化钠含量达到一定浓度的溶液，是用于生产碱和其他产品的原料。

（三）税率

资源税采用从价定率或从量定额办法计征，对原油和天然气资源实行幅度税率，其他应税产品实行幅度税额。

《资源税暂行条例实施细则》规定了资源税税目、税率表和几个主要品种的矿山资源等级表，如表 8-1 所示。

表 8-1　资源税税目税率表

税目		税率
一、原油		销售额的 5%～10%
二、天然气		销售额的 5%～10%
三、煤炭	焦煤	每吨 8～20 元
	其他煤炭	每吨 0.3～5 元
四、其他非金属矿原矿	普通非金属矿原矿	每吨或者每立方米 0.5～20 元
	贵重非金属矿原矿	每千克或者每克拉 0.5～20 元
五、黑色金属矿原矿		每吨 2～30 元
六、有色金属矿原矿	稀土矿	每吨 0.4～60 元
	其他有色金属矿原矿	每吨 0.4～30 元
七、盐	固体盐	每吨 10～60 元
	液体盐	每吨 2～10 元

资源税税目、税额标准幅度的调整，由国务院规定。

三、资源税应纳税额的计算

（一）计税依据

资源税采用从价定率或从量定额的计税方法，原油和天然气的资源税以应税产品的销售额为计税依据，其他品目资源税以销售数量为计税依据。

1. 应税产品的销售额

应税产品的销售额为纳税人销售应税产品向购买方收取的全部价款和价外费用，但不包括收取的增值税销项税额。价外费用，包括价外向购买方收取的手续费、补贴、基金、集资费、返还利润、奖励费、违约金、滞纳金、延期付款利息、赔偿金、代收款项、代垫款项、包装费、包装物租金、储备费、优质费、运输装卸费以及其他各种性质的价外收费。但下列项目不包括在内。

(1) 同时符合以下条件的代垫运输费用：承运部门的运输费用发票开具给购买方的；纳税人将该项发票转交给购买方的。

(2) 同时符合以下条件代为收取的政府性基金或者行政事业性收费：由国务院或者财政部批准设立的政府性基金，由国务院或者省级人民政府及其财政、价格主管部门批准设立的行政事业性收费；收取时开具省级以上财政部门印制的财政票据；所收款项全额上缴财政。

纳税人申报的应税产品销售额明显偏低并且无正当理由的、有视同销售应税产品行为而无销售额的，除财政部、国家税务总局另有规定外，按下列顺序确定销售额：

(1) 按纳税人最近时期同类产品的平均销售价格确定；

(2) 按其他纳税人最近时期同类产品的平均销售价格确定；

(3) 按组成计税价格确定。组成计税价格为：

$$组成计税价格=成本\times(1+成本利润率)\div(1-税率)$$

公式中的成本是指应税产品的实际生产成本；成本利润率由省、自治区、直辖市税务机关确定。

纳税人以人民币以外的货币结算销售额的，应当折合成人民币计算。其销售额的人民币折合率可以选择销售额发生的当天或者当月 1 日的人民币汇率中间价。纳税人应在事先确定采用何种折合率计算方法，确定后 1 年内不得变更。

2. 应税产品的销售数量

应税产品的销售数量包括纳税人开采或者生产应税产品的实际销售数量和视同销售的自用数量。纳税人不能准确提供应税产品销售数量的，以应税产品的产量或者主管税务机关确定的折算比换算成的数量为计征资源税的销售数量。

纳税人开采或者生产不同税目应税产品的，应当分别核算不同税目应税产品的销售额或者销售数量；未分别核算或者不能准确提供不同税目应税产品的销售额或者销售数量的，从高适用税率。

纳税人开采或者生产应税产品，自用于连续生产应税产品的，不缴纳资源税；自用于其他方面的，视同销售，缴纳资源税。

（二） 应纳税额的计算

资源税的应纳税额，按照从价定率或从量定额的办法，分别以应税产品的销售额乘以纳税人具体使用的比例税率或以应税产品的销售数量乘以纳税人具体使用的定额税率计算。

1. 实行从价定率征收的

应纳税额＝应税销售额×适用税率

【例 8-1】 某油田 2012 年开采原油 6 000 吨，其中销售 4 000 吨，销售价格 6 000 元/吨；将 1 000 吨用于自办炼油厂连续加工汽油、柴油；1 000 吨用于开采过程中加热、修井。适用税率 8%。计算该油田应纳资源税额。

分析：

自办炼油厂连续加工汽油、柴油，不属于连续生产应税产品，按视同销售行为计税；用于开采过程中加热、修井免税。

解答：

应纳税额＝(4 000＋1 000)×6 000×8%＝24(万元)

2. 实行从量定额征收的

应纳税额＝应税数量×单位税额

【例 8-2】 某矿务局 2012 年 10 月份开采原煤 500 000 吨，其中对外直接销售 400 000 吨，40 000 吨用于连续加工洗煤、选煤；10 000 吨用于矿区职工生活。同时生产天然气 12 万立方米，当月全部销售。计算该煤矿当月应缴资源税额。(单位税额 3.5 元/吨)

分析：

原煤用于职工生活视同销售应计税；煤矿生产的天然气不征税。

解答：

应纳税额＝3.5×(400 000＋40 000＋10 000)＝1 575 000(元)

四、资源税的减免

有下列情形之一的，减征或者免征资源税：

(1) 开采原油过程中用于加热、修井的原油，免税；

(2) 纳税人开采或者生产应税产品过程中，因意外事故或者自然灾害等原因遭受重大损失的，由省、自治区、直辖市人民政府酌情决定减税或者免税；

(3) 国务院规定的其他减税、免税项目。

纳税人的减税、免税项目，应当单独核算销售额或者销售数量；未单独核算或者不能准确提供销售额或者销售数量的，不予减税或者免税。

五、资源税纳税申报和会计处理

（一） 纳税申报

1. 纳税义务发生时间

(1) 纳税人销售应税产品，其纳税义务发生时间是：

① 纳税人采取分期收款结算方式的，其纳税义务发生时间，为销售合同规定的收款日期的当天；

② 纳税人采取预收货款结算方式的，其纳税义务发生时间，为发出应税产品的当天；

③ 纳税人采取其他结算方式的，其纳税义务发生时间，为收讫销售款或者取得索取销售款凭据的当天；

(2) 纳税人自产自用应税产品的纳税义务发生时间，为移送使用应税产品的当天；

(3) 扣缴义务人代扣代缴税款的纳税义务发生时间，为支付货款的当天。

2. 纳税期限

纳税人的纳税期限为 1 日、3 日、5 日、10 日、15 日或者 1 个月，由主管税务机关根据实际情况具体核定。不能按固定期限计算纳税的，可以按次计算纳税。

纳税人以 1 个月为一期纳税的，自期满之日起 10 日内申报纳税；以 1 日、3 日、5 日、10 日或者 15 日为一期纳税的，自期满之日起 5 日内预缴税款，于次月 1 日起 10 日内申报纳税并结清上月税款。

扣缴义务人的解缴税款期限，比照前两款的规定执行。

3. 纳税地点

(1) 纳税人应纳的资源税，应当向应税产品的开采或者生产所在地主管税务机关申报缴纳。

(2) 纳税人在本省、自治区、直辖市范围内开采或者生产应税产品，其纳税地点需要调整的，由省、自治区、直辖市税务机关决定。

(3) 跨省、自治区、直辖市开采或者生产资源税应税产品的纳税人，其下属生产单位与核算单位不在同一省、自治区、直辖市的，对其开采或者生产的应税产品，一律在开采地或者生产地纳税。实行从量计征的应税产品，其应纳税款一律由独立核算的单位按照每个开采地或者生产地的销售量及适用税率计算划拨；实行从价计征的应税产品，其应纳税款一律由独立核算的单位按照每个开采地或者生产地的销售量、单位销售价格及适用税率计算划拨。

(4) 扣缴义务人代扣代缴的资源税，应当向收购地主管税务机关缴纳。

(二) 会计处理

在进行资源税会计核算时，应通过"应交税费——应交资源税"科目核算，该账户贷方反映企业本期应缴纳的资源税税额，借方反映企业实际缴纳及应抵扣的资源税税额，余额在贷方，反映应交未交的资源税税额。

1. 销售应税产品的会计处理

企业将计算出销售的应税产品应缴纳资源税时：

借：营业税金及附加

　　贷：应交税费——应交资源税

上缴资源税时：

借：应交税费——应缴资源税

　　贷：银行存款

2. 发生自用业务时的会计处理

企业将计算出自产自用的应税产品应缴纳的资源税时：

借：生产成本(或制造费用)

　　贷：应交税费——应交资源税

上缴资源税时：

借：应交税费——应交资源税

　　贷：银行存款

3. 收购未税矿产品时的会计处理

企业收购未税矿产品时：

借：材料采购

　　贷：银行存款(或现金)

按代扣代缴资源税时：

借：材料采购

　　贷：应交税费——应交资源税

上缴资源税时：

借：应交税费——应交资源税

　　贷：银行存款

4. 外购液体盐加工固体盐的会计处理

纳税人以外购的液体盐加工固体盐，其加工固体盐所耗用的液体盐的已纳税额准予扣除。

企业在购入液体盐时，按允许抵扣的资源税，借记"应交税费——应交资源税"科目，按外购价款扣除允许抵扣资源税后的数额，借记"材料采购"等科目，按应支付的全部价款，贷记"银行存款""应付账款"等科目。

借：应交税费——应交资源税

　　材料采购

　　贷：银行存款(应付账款)

企业加工成固体盐后，在销售时，按计算出的销售固体盐应缴的资源税：

借：营业税金及附加

　　贷：应交税费——应交资源税

企业按规定缴纳税金时，应按销售固体盐应纳资源税税额抵扣液体盐已纳资源税税额后的余额记：

借：应交税费——应交资源税

　　贷：银行存款

5. 纳税人与税务机关结算税款时补缴或退税的会计处理

纳税人与税务机关结算上月税款时，对于少缴的税款，应于补缴时作如下分录：

借：应交税费——应交资源税

　　贷：银行存款

对于多缴的税款，按规定可退回或者于下月抵缴。

实际退回税款时，作如下会计分录：

借：银行存款

　　贷：应交税费——应交资源税

第二节　土地增值税纳税实务

一、土地增值税的基本规定

（一）土地增值税概念

土地增值税是对有偿转让国有土地使用权、地上建筑物及其他附着物产权并取得增值收入的单位和个人，就其转让房地产所取得的增值额征收的一种税。征收土地增值税有助于抑制土地炒买炒卖的行为，提高土地的利用效率，规范不动产市场交易行为。

1993 年 12 月 13 日国务院发布了《中华人民共和国土地增值税暂行条例》，从 1994 年 1 月 1 日起开征土地增值税。1995 年 1 月 27 日财政部又颁布《土地增值税暂行条例实施细则》（以下简称《实施细则》），进一步细化了土地增值税征收管理办法。土地增值税由地方税务局负责征收管理，所得收入归地方政府所有。

（二）我国土地增值税的特点

1. 以转让房地产的增值额为计税依据

增值额为纳税人转让房地产的收入，减除税法规定准予扣除的项目金额后的余额。即土地增值税的增值额以征税对象的全部销售收入额扣除与其相关的成本、费用、税金及其他项目金额后的余额，与会计核算中计算会计利润的方法基本相似。

2. 征税面比较广

凡在我国境内转让房地产并取得收入的单位和个人，除税法规定免税的外，均应依照土地增值税条例规定缴纳土地增值税。换言之，凡发生应税行为的单位和个人，不论其经济性质，也不分内、外资企业或中、外籍人员，无论专营或兼营房地产业务，均有缴纳土地增值税的义务。

3. 实行超率累进税率

土地增值税的税率是以转让房地产增值率的高低为依据来确认，按照累进原则设计，实行分级计税。增值率是以收入总额扣除相关项目金额后的余额再除以扣除项目合计金额，增值率高的，税率高、多纳税；增值率低的，税率低、少纳税。

4. 实行按次征收

土地增值税在房地产发生转让的环节，实行按次征收，每发生一次转让行为，就应根据每次取得的增值额征一次税。

（三）土地增值税的纳税人

土地增值税的纳税义务人为转让国有土地使用权、地上的建筑及其附着物并取得收入的单位和个人。包括内、外资企业、行政事业单位、中外籍个人等。

（四）土地增值税的征税范围

1. 一般规定

（1）土地增值税只对“转让”国有土地使用权的行为征税，对“出让”国有土地使用权的行为不征税。

（2）土地增值税既对转让国有土地使用权的行为征税，也对转让地上建筑物及其他附着物产权的行为征税。

（3）土地增值税只对“有偿转让”的房地产征税，对以“继承、赠与”等方式无偿转让的房地产，不予征税。不予征收土地增值税的行为主要包括两种：

① 房产所有人、土地使用人将房产、土地使用权赠与“直系亲属或者承担直接赡养义务人”；

② 房产所有人、土地使用人通过中国境内非营利的社会团体、国家机关将房屋产权、土地使用权赠与教育、民政和其他社会福利、公益事业。

2. 特殊规定

（1）以房地产进行投资联营。以房地产进行投资联营一方以土地作价入股进行投资或者作为联营条件，免征收土地增值税。其中如果投资联营的企业从事房地产开发，或者房地产开发企业以其建造的商品房进行投资联营的就不能暂免征税。

（2）房地产开发企业将开发的房产转为自用或者用于出租等商业用途，如果产权没有发生转移，不征收土地增值税。

（3）房地产的互换，由于发生了房产转移，因此属于土地增值税的征税范围。但是对于个人之间互换自有居住用房的行为，经过当地税务机关审核，可以免征土地增值税。

（4）合作建房，对于一方出地，另一方出资金，双方合作建房，建成后按比例分房自用的，暂免征收土地增值税；但建成后转让的，应征收土地增值税。

（5）房地产的出租，指房产所有者或土地使用者，将房产或土地使用权租赁给承租人使用由承租人向出租人支付租金的行为。房地产企业虽然取得了收入，但没有发生房产产权、土地使用权的转让，因此，不属于土地增值税的征税范围。

（6）房地产的抵押，指房产所有者或土地使用者作为债务人或第三人向债权人提供不动产作为清偿债务的担保而不转移权属的法律行为。这种情况下房产的产权、土地使用权在抵押期间并没有发生权属的变更，因此对房地产的抵押，在抵押期间不征收土地增值税。

（7）企业兼并转让房地产，在企业兼并中，对被兼并企业将房地产转让到兼并企业中的，免征收土地增值税。

（8）房地产的代建行为，是指房地产开发公司代客户进行房地产的开发，开发完成后向客户收取代建收入的行为。对于房地产开发公司而言，虽然取得了收入，但没有发生房地产权属的转移，其收入属于劳务收入性质，故不在土地增值税征税范围。

（9）房地产的重新评估，按照财政部门的规定，国有企业在清产核资时对房地产进行重新评估而产生的评估增值，因其既没有发生房地产权属的转移，房产产权、土地使用权人也未取得收入，所以不属于土地增值税征税范围。

（10）土地使用者处置土地使用权，土地使用者转让、抵押或置换土地，无论其是否取得了该土地的使用权属证书，无论其在转让、抵押或置换土地过程中是否与对方当事人办理了土地使用权属证书变更登记手续，只要土地使用者享有占用、使用收益或处分该土地的权利，具有合同等证据表明其实质转让、抵押或置换了土地并取得了相应的经济利益，土地使用者及其对方当事人就应当依照税法规定缴纳营业税、土地增值税和契税等。

（五）税率

土地增值税实行四级超率累进税率：

（1）增值额未超过扣除项目金额 50%的部分，税率为 30%；

（2）增值额超过扣除项目金额 50%、未超过扣除项目金额 100%的部分，税率为 40%；

（3）增值额超过扣除项目金额 100%、未超过扣除项目金额 200%的部分，税率为 50%；

（4）增值额超过扣除项目金额 200%的部分，税率为 60%。

上述所列四级超率累进税率，每级“增值额未超过扣除项目金额”的比例，均包括本比例数。超率累进税率如表 8-2 所示。

表 8-2　土地增值税四级超率累进税率表

级数	增值额与扣除金额的比率	税率(%)	速算扣除系数(%)
1	不超过 50%的部分	30	0
2	超过 50%至 100%的部分	40	5
3	超过 100%至 200%的部分	50	15
4	超过 200%的部分	60	35

（六）土地增值税的优惠

有下列情形之一的，免征土地增值税：

（1）纳税人建造普通标准住宅出售，增值额未超过扣除项目金额 20%的，免征土增值税；如果超过 20%的，应就其全部增值额按规定计税；

（2）因国家建设需要依法征用、收回的房地产，免征土地增值税；

（3）因城市实施规划、国家建设的需要而搬迁，由纳税人自行转让原房地产的，免征土地增值税；

（4）个人因工作调动或改善居住条件而转让原自用住房，经向税务机关申报核准，土地增值税减免税优惠如下：居住满 5 年或 5 年以上的，免征；居住满 3 年未满 5 年的，减半征税；居住未满 3 年的，按规定计税。

二、土地增值税应税收入和扣除项目

(一) 应税收入

土地增值税的计税依据是纳税人转让房地产所取得的增值额,即纳税人转让房地产所取得的收入,减除税法规定准予扣除的项目金额后的余额。

纳税人转让房地产所取得的收入包括货币收入、实物收入和其他收入。实物或无形资产收入要折算成货币收入,外币要折算成人民币。其中:

(1) 货币收入是指纳税人转让房地产而取得的现金、银行存款和国库券、金融债券、企业债券、股票等有价证券;

(2) 实物收入是指纳税人转让房地产而取得的各种实物形态的收入,如钢材、水泥等建材,房屋、土地等不动产;

(3) 其他收入是指纳税人转让房地产而取得的无形资产收入或具有财产价值的权利,如专利权、商标权、著作权、专有技术使用权、土地使用权、商誉权等。

(二) 扣除项目确定

1. 新建房地产的扣除项目

扣除项目金额=取得土地使用权所支付的金额+房地产开发成本+房地产开发费用+与转让房地产有关的税金+其他扣除项目

(1) 取得土地使用权所支付的金额

取得土地使用权所支付的金额是指纳税人为取得土地使用权支付的地价款和按国家统一规定缴纳的有关费用之和。其中,以出让方式取得土地使用权的,为支付的土地出让金;以行政划拨方式取得土地使用权的,为转让土地使用权时按规定补缴的出让金;以转让方式取得土地使用权的,为支付的地价。

(2) 房地产开发成本

房地产开发成本是指纳税人房地产开发项目实际发生的成本,包括土地的征用及拆迁补偿费、前期工程费、建筑安装工程费、基础设施费、公共配套设施费、开发间接费用等。

(3) 房地产开发费用

房地产开发费用是指与房地产开发项目有关的销售费用、管理费用、财务费用。开发费用在转让收入中减除时,不是按实际发生额,而是按《实施细则》中规定的标准扣除。

如果纳税人能够按转让房地产项目计算分摊利息支出,并能提供金融机构的贷款证明的,其允许扣除的房地产开发费用为:利息+(取得土地使用权所支付的金额+房地产开发成本)×5%以内(注:利息最高不能超过按商业银行同类同期贷款利率计算的金额)。

如果不属于上述情况,则其允许扣除的房地产开发费用为:(取得土地使用权所支付的金额+房地产开发成本)×10%以内。

(4) 与转让房地产有关的税金

与转让房地产有关的税金是指在转让房地产时缴纳的营业税、城市维护建设税、印花税。因转让房地产缴纳的教育费附加,也可视同税金予以扣除。

需要明确的是，房地产开发企业按照《施工、房地产开发企业财务制度》有关规定，其在转让时因缴纳的印花税列入管理费用中，故在此不允许单独再扣除。其他纳税人缴纳的印花税（按产权转移书据所载金额的万分之五贴花）允许在此扣除。

（5）其他扣除项目

对从事房地产开发的纳税人可按取得土地使用权所支付的金额和开发成本之和，加计20％扣除。在此应特别指出的是，此条优惠只适用于从事房地产开发的纳税人，除此之外的其他纳税人不适用此项规定。

2. 旧房及建筑物的扣除项目金额

扣除项目金额＝房屋及建筑物的评估价格＋取得土地使用权所支付金额＋税费

房屋及建筑物评估价格＝重置成本×成新度折扣率

旧房及建筑物的评估价格是指在转让已使用的房屋及建筑物时，由政府批准设立的房地产评估机构评定的重置成本价乘以成新度折扣率后的价格。评估价格须经当地税务机关确认。

三、应纳税额的计算与会计处理

（一）应纳税额的计算

土地增值税按照纳税人转让房地产所取得的增值额为依据，采用超率累进税率计算。

应纳税额＝$\sum$（每级距的土地增值额×适用税率）

实际工作中，一般采用速算扣除法计算应纳税额。公式如下：

应纳税额＝增值额×税率－允许扣除项目金额×速算扣除系数

【例 8-3】某房地产开发企业转让一幢公寓取得转让收入 2 000 万元。已知该公司为取得土地使用权所支付的金额为 200 万元，房地产开发成本为 400 万元。该企业发生的开发费用中利息支出不能按项目分摊，当地房地产开发费用扣除率 10％。城建税率7％，教育费附加 3％。要求计算该公司应缴纳的土地增值税税额。

解答：

（1）转让房地产收入＝2 000（万元）

（2）扣除项目金额：

开发费用扣除金额＝（200＋400）×10％＝60（万元）

加计扣除金额＝（200＋400）×20％＝120（万元）

相关税金：

营业税＝2 000×5％＝100（万元）

城建税＝100×7％＝7（万元）

教育费附加＝100×3％＝3（万元）

税费合计＝100＋7＋3＝110（万元）

扣除项目金额＝200＋400＋60＋120＋110＝890（万元）

（3）增值额＝2 000－890＝1 110（万元）

（4）增值额占扣除项目金额的百分比＝1 110÷890×100％＝124.72％

（5）增值额超过扣除项目 100％，未超过 200％，适用税率为 50％，速算扣除系数为 15％。

(6) 应交纳土地增值税＝1 110×50%－890×15%＝555－133.5＝421.5(万元)

【例 8-4】某机械厂转让一旧仓库连同土地使用权，收入 600 万元，该土地使用权所支付的金额为 200 万元，转让过程中支付 5%的营业税、7%的城建税、3%的教育费附加，已提折旧 50 万元。计算该企业转让该房地产应缴纳的土地增值税税额。

解答：

(1) 转让房地产收入＝600(万元)

(2) 扣除项目金额：

营业税＝600×5%＝30(万元)

城建税＝30×7%＝2.1(万元)

教育费附加＝30×3%＝0.9(万元)

税费合计＝30＋2.1＋0.9＝33(万元)

扣除项目金额＝200＋33＝233(万元)

(3) 增值额＝600－233＝367(万元)

(4) 增值额占扣除项目金额的百分比＝367÷233×100%＝157.51%，增值额超过了扣除项目金额的 100%，但未超过 200%。适用税率为 50%，速算扣除系数为 15%。

(5) 应纳土地增值税税额＝367×50%－233×15%＝148.55(万元)

(二) 土地增值税的会计处理

1. 账户设置

缴纳土地增值税的企业应在"应交税费"账户下设置"应交土地增值税"明细账户进行核算。同时，企业负担的土地增值税税额，根据具体情况，分为在"营业税金及附加"、"固定资产清理"等账户中列支。

2. 会计处理

(1) 主营房地产业务的企业土地增值税的会计处理

主营房地产业务的企业，应根据计算的应纳土地增值税税额，借记"营业税金及附加"账户，贷记"应交税费——应交土地增值税"账户；实际交纳土地增值税时借记"应交税费——应交土地增值税"账户，贷记"银行存款"账户。

【例 8-5】见【例 8-3】，做相应的会计处理。

解答：

取得收入时：

借：银行存款	20 000 000	
贷：主营业务收入		20 000 000

计提土地增值税时：

借：营业税金及附加	4 215 000	
贷：应交税费——应交土地增值税		4 125 000

交纳土地增值税时：

借：应交税费——应交土地增值税	4 125 000	
贷：银行存款		4 125 000

(2) 兼营房地产企业土地增值税的会计处理

兼营房地产企业，应根据计算的应纳土地增值税税额，借记“其他业务成本”账户，贷记“应交税费——应交土地增值税”账户；实际交纳土地增值税时借记“应交税费——应交土地增值税”账户，贷记“银行存款”账户。

(3) 一般企业转让现有存量房地产的会计处理

① 企业单纯转让国有土地使用权，原已纳入“无形资产”核算的，其转让时应交纳的土地增值税税额，借记“其他业务成本”账户，贷记“应交税费——应交土地增值税”。

② 企业转让土地使用权，连同地上建筑物及附着物一并在“固定资产”账户核算的，其转让房地产时(包括地上建筑物及其他附着物)，应缴纳的土地增值税税额，借记“固定资产清理”账户，贷记“应交税费——应交土地增值税”账户。

【例 8-6】见【例 8-4】，做相应的会计处理。

解答：

固定资产转入清理时：

借：固定资产清理	1 500 000	
累计折旧	500 000	
贷：固定资产		2 000 000

取得转让收入时：

借：银行存款	6 000 000	
贷：固定资产清理		6 000 000

计算税金时：

借：固定资产清理	1 815 500	
贷：应交税费——应交营业税		300 000
——应交城市维护建设税		21 000
——教育费附加		9 000
——应交土地增值税		1 485 500

结转固定资产清理净损益时：

借：固定资产清理	2 684 500	
贷：营业外收入		2 684 500

缴纳各项税费时：

借：应交税费——应交营业税	300 000	
——应交城市维护建设税	21 000	
——教育费附加	9 000	
——应交土地增值税	1 485 500	
贷：银行存款		1 815 500

四、土地增值税的申报与缴纳

(一) 纳税地点

土地增值税由房地产所在地的税务机关负责征收。土地增值税的纳税人应向房地产所在地主管税务机关办理纳税申报,并在税务机关核定的期限内缴纳土地增值税。这里所说的"房地产所在地",是指房地产的坐落地。在实际工作中,纳税地点的确定又可分为以下两种情况。

(1) 纳税人是法人的,当转让的房地产坐落地与机构所在地或经营所在地一致时,则向办理税务登记的原管辖税务机关申报纳税即可;如果转让的房地产坐落地与其机构所在地或经营所在地不一致时,则应向房地产坐落地所管辖的税务机关申报纳税。

(2) 纳税人是自然人的,当转让的房地产坐落地与其居住地一致时,则向其居住地税务机关申报纳税;当转让的房地产坐落地与其居住地不一致时,向办理过户手续所在地税务机关申报纳税。

(二) 纳税发生时间与缴纳

根据《土地增值税暂行条例》规定,纳税人应自转让房地产合同签订之日起 7 日内,向房地产所在地的主管税务机关办理纳税申报。

1. *房地产开发公司*

纳税人应在签订房地产转让合同、发生纳税义务后 7 日内或在税务机关核定的期限内,按照税法规定,向主管税务机关办理纳税申报。并同时提供下列证件和资料:

(1) 房屋产权证、土地使用权证书;

(2) 土地转让、房产买卖合同;

(3) 与转让房地产有关的资料;主要包括取得土地使用权所支付的金额,房地产开发成本方面的财务会计资料、房地产开发费用方面的资料、与房地产转让有关的税金的完税凭证,以及其他与房地产有关的资料。

(4) 根据税务机关的要求提供房地产评估报告。

2. *房地产开发公司以外的其他纳税人*

这类纳税人应自签订房地产转让合同之日起 7 日内,到房地产所在地的主管税务机关进行纳税申报。

第三节 城镇土地使用税纳税实务

一、城镇土地使用税的基本规定

(一) 概念

城镇土地使用税是以开征范围的土地为征税对象,以实际占用的土地单位面积为计税标准,按规定税额对拥有土地使用权的单位和个人征收的一种税。

（二）特点

1. 征税范围广

现行城镇土地使用税对在我国境内使用土地的单位和个人征收，征税范围较广。

2. 征税对象是国有土地

我国宪法明确规定，城镇土地的所有权归国家，单位和个人对占用的土地只有使用权而无所有权。国家既可以凭借财产权力对土地使用人获取的收益进行分配，又可以凭借政治权力对土地使用者进行征税。开征城镇土地使用税，实质上是运用国家政治权力，将纳税人获取的本应属于国家的土地收益集中到国家手中。

3. 实行差别幅度税额

为了有利于体现国家政策，城镇土地使用税实行差别幅度税额。对不同城镇适用不同税额，对同一城镇的不同地段，根据市政建设状况和经济繁荣程度也确定不同的负担水平。

（三）纳税人和课税对象

1. 纳税人

凡在城市、县城、建制镇、工矿区范围内使用土地的单位和个人，为城镇土地使用税的纳税义务人。具体规定如下：

（1）城镇土地使用税由拥有土地使用权的单位或个人缴纳；

（2）土地使用权未确定或权属纠纷未解决的，由实际使用人纳税；

（3）拥有土地使用权而不在土地所在地的纳税人，由代管人或实际使用人纳税；

（4）土地使用权共有的，由共有各方分别纳税。

2. 征税对象

城镇土地使用税的征税对象包括城市、县城、建制镇和工矿区，不包括农村。

注意：公园、名胜古迹内索道公司的经营用地应缴纳城镇土地使用税；对在城镇土地使用税征税范围内单独建造的地下建筑用地，按规定征收城镇土地使用税。

（四）征税范围

城镇土地使用税的征税范围是城市、县城、建制镇和工矿区。在开征此税地区范围内使用国家和集体所有土地的单位和个人，都是该税的纳税人。

城市、县城、建制镇、工矿区以外的工矿企业不缴纳城镇土地使用税。其中城市的征收范围为市区和郊区；县城的征收范围为县人民政府所在的城镇；建制镇的征收范围为镇人民政府所在地。

（五）适用税额

城镇土地使用税采用有幅度的差别税额，按大、中、小城市和县城、建制镇、工矿区分别规定每平方米土地使用税年应纳税额各档最高税率和最低税率的差额为 20 倍。如表 8-3 所示。

表 8-3 城镇土地使用税税额表

级别	人口(人)	每平方米税额(元)
大城市	50 万以上	1.5～30
中等城市	20 万～50 万	1.2～24
小城市	20 万以下	0.9～18
县城、建制镇、工矿区	—	0.6～12

各省、自治区、直辖市人民政府可根据市政建设情况和经济繁荣程度在规定税额幅度内，确定所辖地区的适用税额幅度。经济落后地区，土地使用税的适用税额标准可适当降低，但降低额不得超过上述规定最低税额的 30%。经济发达地区的适用税额标准可以适当提高，但须报财政部批准。

(六) 税收优惠

我国城镇土地使用税减免税优惠的级别规定如下：

(1) 国家机关、人民团体、军队自用的土地。

(2) 由国家财政部门拨付事业经费的单位自用的土地。企业办的学校、医院、托儿所、幼儿园，其用地能与企业其他用地明确区分的，可以比照由国家财政部门拨付事业经费的单位自用的土地，免征土地使用税。

(3) 宗教寺庙、公园、名胜古迹自用的土地。

(4) 市政街道、广场、绿化地带等公共用地。

(5) 直接用于农、林、牧、渔业的生产用地，即直接从事种植、养殖、饲养的专业用地。农副产品加工厂占地和从事农、林、牧、渔业生产单位的生活、办公用地不包括在内。

(6) 开山填海整治的土地。自行开山填海整治的土地和改造的废弃土地，从使用的月份起免缴土地使用税 5 年至 10 年。开山填海整治的土地是指纳税人经有关部门批准后自行填海整治的土地，不包括纳税人通过出让、转让、划拨等方式取得的已填海整治的土地。

(7) 由财政部另行规定免税的能源、交通、水利用地和其他用地。

① 个人所有的居住房屋及院落用地。

② 免税单位职工家属宿舍用地。

③ 民政部门举办的安置残疾人占一定比例的福利工厂用地。

④ 集体和个人举办的各类学校、医院、托儿所、幼儿园用地。

二、城镇土地使用税的计算与会计处理

(一) 城镇土地使用税应纳税额的计算

城镇土地使用税的应纳税额可以通过纳税人实际占用的土地面积乘以该土地所在地段适用税额求得，其计算公式为：

应纳税额＝计税土地面积(平方米)×适用税额

土地使用权由几方共有的，由共有各方按照各自实际使用的土地面积占总面积的比例，

分别计算缴纳土地使用税。

【例 8-7】 某国有企业生产经营用地面积 10 000 平方米，其中幼儿园占地 1 000 平方米，厂区绿化占地 2 000 平方米；该企业的城镇土地使用税的单位税额为每平方米 5 元。计算该企业全年应纳城镇土地使用税。

解答：

该企业全年应纳土地使用税额＝(10 000－1 000)×5＝45 000(元)

(二) 城镇土地使用税的会计处理

企业按规定计算出应交纳的城镇土地使用税时，借记“管理费用——城镇土地使用税”科目，贷记“应交税费——应交城镇土地使用税”科目。实际交纳时，借记“应交税费——应交城镇土地使用税”科目，贷记“银行存款”科目。

【例 8-8】 以【例 8-7】为例进行会计处理。

解答：

按规定计算出应缴的土地使用税时

借：管理费用　45 000

　　贷：应交税费——应交土地使用税　45 000

实际将土地使用税款上缴税务机关时，

借：应交税费——应交土地使用税　45 000

　　贷：银行存款　45 000

三、申报和缴纳

(一) 纳税义务发生时间

购置新建商品房，自房屋交付使用之次月起计征城镇土地使用税。

购置存量房，自办理房屋权属转移、变更登记手续，房地产权属登记机关签发房屋权属证书之次月起计征城镇土地使用税。

出租、出借房产，自交付出租、出借房产之次月起计征城镇土地使用税。

房地产开发企业自用、出租、出借本企业建造的商品房，自房屋使用或交付之次月起计征城镇土地使用税。

纳税人新征用的耕地，自批准征用之日起满 1 年时开始缴纳城镇土地使用税。

纳税人新征用的非耕地，自批准征用次月起缴纳城镇土地使用税。

(二) 纳税地点

纳税人使用的土地不属于同一市(县)管辖范围内的，由纳税人分别向土地所在地的税务机关申报缴纳。在同一省(自治区、直辖市)管辖范围内，纳税人跨地区使用的土地，由各省、自治区、直辖市税务局确定纳税地点。

(三) 纳税期限

城镇土地使用税按年计算，分期缴纳。其中征用的耕地，自批准征用之日起满 1 年时申报缴纳。征用的非耕地，自批准征用之次月起申报缴纳。具体纳税期限，由省、自治区、直辖市人民政府确定。

综合练习

一、单项选择题

1. 属于资源税纳税义务人的有(　　)。

A. 加工销售煤炭制品的单位　　B. 开采销售原油的外商投资企业

C. 生产自用钢材的炼钢厂　　D. 组织出口铁矿石的外贸公司

2. 下列油类产品中，应征收资源税的有(　　)。

A. 人造石油　　B. 天然原油

C. 汽油　　D. 柴油

3. 不属于资源税征税对象的是(　　)。

A. 用液体盐加工成的固体盐　　B. 煤矿生产的天然气

C. 开采原油过程中伴采的天然气　　D. 黑色金属矿原矿

4. 下列各项中，应征资源税的是(　　)。

A. 液体盐　　B. 人造原油和煤球

C. 洗煤、选煤　　D. 煤矿生产的天然气

5. 资源税纳税人自产自用应税产品纳税时间为(　　)。

A. 应税产品开采的当天　　B. 应税产品全部使用完毕的当天

C. 应税产品投入使用的当天　　D. 移送使用应税产品的当天

6. 资源税纳税人采取分期收款结算方式销售应税产品，其纳税义务发生时间为(　　)。

A. 收讫销售款当天　　B. 发出产品当天

C. 移送使用当天　　D. 销售合同规定的收款日期

7. 跨省、自治区、直辖市开采资源税应税产品的单位，其下属生产单位与核算单位不在同一省、自治区、直辖市的，对其开采的矿产品，其纳税地为(　　)。

A. 开采地　　B. 收购地

C. 销售地　　D. 核算单位所在地

8. 下列各项中，属于土地增值税征税范围的是(　　)。

A. 出让国有土地使用权　　B. 转让土地使用权

C. 出租土地使用权　　D. 继承土地使用权

9. 下列关于土地增值税的表述不正确的是(　　)。

A. 纳税人转让房地产取得的应税收入，包括货币收入、实物收入和其他收入

B. 房地产企业在转让房产时缴纳的印花税已列入管理费用中，故不允许单独再扣除

C. 土地增值税的扣除项目前期工程费中，不包括“三通一平”的支出

D. 纳税人建造普通标准住宅出售，增值额未超过扣除项目金额20%的，予以免税

10. 根据土地增值税法律制度的规定，下列属于土地增值税征税范围的是(　　)。

A. 张某把自有的房产赠与其儿子　　B. 李某把房产对外出租
C. 王某把房产赠与其朋友陈某　　D. 刘某对其的房产进行评估，并发生了增值

11. 根据土地增值税法律制度的规定，下列项目中，可以免征土地增值税的是(　　)。
A. 国家机关转让自用的房产　　B. 税务机关拍卖欠税单位的房产
C. 企业之间交换房产　　D. 因为国家建设需要而被依法征用的房产

12. 某房地产公司转让写字楼收入 5 000 万元，计算土地增值额准许扣除项目金额 4 200万元，则适用税率为(　　)。
A. 30%　　B. 40%　　C. 50%　　D. 60%

13. 下列各项中，应当征收城镇土地使用税的是(　　)。
A. 军队的训练场用地　　B. 公园的茶社用地
C. 天安门广场用地　　D. 免税单位无偿使用纳税单位的土地

14. 纳税人新征用耕地应缴纳的城镇土地使用税，其纳税义务发生时间是(　　)。
A. 自批准征用之日起满 3 个月　　B. 自批准征用之日起满 6 个月
C. 自批准征用之日起满 1 年　　D. 自批准征用之日起满 2 年

二、多项选择题

1. 以下属于资源税纳税人的有(　　)。
A. 境内开采应税矿产品的单位和个人
B. 境内生产盐的单位和个人
C. 收购未税矿产品的单位
D. 境内开采应税矿产品的外商投资企业和外国企业

2. 下列属于资源税征税对象的有(　　)。
A. 天然原油　　B. 与原油同时开采的天然气
C. 煤矿生产的天然气　　D. 液体盐

3. 资源税适用的税率形式是(　　)。
A. 比例税率　　B. 定额税率
C. 累进税率　　D. 累退税率

4. 某煤矿生产并销售原煤，需要缴纳的税种有(　　)。
A. 增值税　　B. 消费税
C. 资源税　　D. 城建税

5. 下列各项中，不征或免征土地增值税的有(　　)。
A. 个人之间互换自有居住用房地产，经当地税务机关核实的
B. 因国家建设需要依法征用、收回的房地产
C. 房地产开发企业以其建造的商品房进行投资、联营的
D. 在企业兼并中，被兼并企业将房地产转让到兼并企业中的

6. 根据土地增值税法律制度的规定，下列各项中，属于房地产开发成本的有(　　)。
A. 土地出让金　　B. 基础设施费
C. 建筑安装工程费　　D. 房地产转让环节缴纳的税金

7. 房地产开发企业在确定土地增值税的扣除项目时，允许作为“与转让房地产有关的

税金”项目扣除的税金有(　　)。

A. 营业税　　B. 教育费附加

C. 城市维护建设税　　D. 印花税

8. 开发土地和新建房及配套设施的费用(以下简称房地产开发费用),是指与房地产开发项目有关的(　　)。

A. 销售费用　　B. 管理费用

C. 财务费用　　D. 拆迁补偿费

9. 纳税人计算土地增值额时税法允许扣除的项目主要包括(　　)。

A. 土地取得成本　　B. 房地产开发成本

C. 房地产开发费用　　D. 转让房地产有关的税金

10. 根据土地增值税法律制度的规定,下列关于土地增值税的纳税地点,表述正确的有(　　)。

A. 纳税人是法人的,当纳税人转让的房地产的坐落地与其机构所在地或经营所在地同在一地时,可在办理税务登记的原管辖税务机关申报纳税

B. 纳税人是法人的,如果转让的房地产坐落地与其机构所在地或经营所在地不在一地,则应在房地产坐落地的主管税务机关申报纳税

C. 纳税人是法人的,纳税人转让的房地产坐落在两个或两个以上地区的,应按房地产所在地分别申报纳税

D. 纳税人是个人的,当纳税人转让的房地产的坐落地与其居住所在地同在一地时,可在其住所所在地税务机关申报纳税

11. 下列项目中征收城镇土地使用税的是(　　)。

A. 某市政府办公楼所占用的土地　　B. 某国有企业绿化所占用的土地

C. 农业用地　　D. 商场所占用的土地

12. 下列各项中,符合城镇土地使用税有关纳税义务发生时间规定的有(　　)。

A. 纳税人出租房产,自交付出租房产之次月起缴纳城镇土地使用税

B. 纳税人新征用的耕地,自批准征用之月起缴纳城镇土地使用税

C. 纳税人新征用的非耕地,自批准征用之月起缴纳城镇土地使用税

D. 纳税人购置新建商品房,自房屋交付使用之次月起缴纳城镇土地使用税

13. 城镇土地使用税的纳税义务人通常包括(　　)。

A. 拥有土地使用权的单位和个人

B. 拥有土地使用权的单位和个人不在土地所在地的,土地实际使用人和代管人

C. 土地使用权未确定或权属纠纷未解决时的实际使用人

D. 土地使用权共有时的共有各方

14. 以下土地中,可以免征城镇土地使用税的有(　　)。

A. 盐场的生产厂房用地　　B. 港口的码头用地

C. 机场飞行区用地　　D. 房地产开发公司建造商品房的用地

15. 关于城镇土地使用税的说法,正确的有(　　)。

A. 由《城镇土地使用税暂行条例》统一规定分级幅度税额

B. 经济发达地区城镇土地使用税可适当提高，但须报经国家税务总局批准

C. 经省、自治区、直辖市人民政府批准，经济落后地区的城镇土地使用税适用税额标准可以适当降低，但降低额不得超过规定的最低税额的30%

D. 省、自治区、直辖市人民政府应当在法定税额幅度内，根据市政建设状况、经济繁荣程度等条件，确定所辖地区的适用税额幅度

三、判断题

1. 纳税人以自产的液体盐加工成固体盐，自产的液体盐在移送使用时应视同销售征收资源税。（　）

2. 资源税纳税人的减税、免税项目，应当单独核算销售额或者销售数量；未单独核算或者不能准确提供销售额或者销售数量的，不予减税或者免税。（　）

3. 纳税人开采或者生产应税产品，自用于连续生产应税产品的，不缴纳资源税；自用于其他方面的，视同销售，缴纳资源税。（　）

4. 外商投资企业不属于土地增值税的纳税人。（　）

5. 土地增值税采用四级超率累进税率，这是我国唯一一个采用超率累进税率的税种。（　）

6. 土地增值税由地方税务局负责征收管理，所得收入归地方政府所有。（　）

7. 旧房及建筑物的评估价格是指在转让已使用的房屋及建筑物时，由政府批准设立的房地产评估机构根据公允价格乘以成新度折扣率后的价格。（　）

8. 城镇土地使用税的纳税人，在尚未取得土地使用证书之前，不缴纳城镇土地使用税。（　）

9. 公园、名胜古迹内的索道公司经营用地，应按规定缴纳城镇土地使用税。（　）

10. 从事农、林、牧、渔业生产单位的办公用地按规定免征城镇土地使用税。（　）

11. 某企业已取得一块土地的使用权，并对该土地进行部分开发。企业应就开发部分缴纳城镇土地使用税。（　）

12. 经济落后地区，土地使用税的适用税额标准可适当降低，但降低额不得超过税法规定最低税额的50%。（　）

13. 城镇土地使用税按年计算，分期缴纳。其中征用的耕地，自批准征用之日起满1年时申报缴纳。征用的非耕地，自批准征用之次月起申报缴纳。（　）

14. 纳税人新征用的耕地，自批准征用之次月开始缴纳城镇土地使用税。（　）

四、实务题

1. 某油田2012年开采原油6 000吨，其中销售4 000吨，销售价格6 000元/吨；将1 000吨用于自办炼油厂连续加工汽油、柴油；1 000吨用于开采过程中加热、修井。适用税率为8%。计算该油田应纳资源税额。

2. 某纳税人2012年10月以自产液体盐80 000吨和外购液体盐50 000吨（已缴纳资源税）加工成固体盐26 000吨，并用于对外销售，取得销售收入价税合计1 320万元。计算该纳税人本期应缴纳的资源税和增值税。（固体盐税额为50元/吨；液体盐税额为8元/吨；外购液体盐取得的专用发票上注明的增值税税额为120万元，专用发票已认证相符。）

3. 某房地产开发企业转让一栋新建办公楼取得收入5 000万元，该办公楼建造成本和

相关费用 3 700 万元，缴纳与转让办公楼相关的税金 277.5 万元（其中印花税税金 2.5 万元）。计算该企业应缴纳的土地增值税，并进行相应的会计处理。

4. 某企业转让一栋造价 550 万元的旧办公楼，转让收入 700 万元。经房地产评估机构评定，该楼的重置成本为 1 000 万元，成新度折扣率为 6 成。计算该企业应缴纳的土地增值税。

5. 某肉制品加工企业 2012 年占地 40 000 平方米，其中办公楼占地 3 000 平方米，生猪养殖基地占地 20 000 平方米，肉制品加工车间占地 16 000 平方米，企业内部道路及绿化占地 1 000 平方米。企业所在地城镇土地使用税年单位税额每平方米 5 元。计算该企业全年应缴纳城镇土地使用税，并进行会计处理。

第九章　财产行为税类纳税实务

知识目标

要求学生掌握财产行为税各税种的纳税人、计税依据、应纳税额的计算和税收优惠方面的规定。

能力目标

通过学习本章，要求学生正确计算房产税、印花税、契税等税种的应纳税额，正确进行相应的会计核算。

第一节　房产税纳税实务

房产税法是指国家制定的调整房产税征收与缴纳之间权利及义务关系的法律规范。现行房产税法的基本规范，是 1986 年 9 月国务院颁布的《中华人民共和国房产税暂行条例》（以下简称《房产税暂行条例》）。

一、房产税概述

（一） 房产税的概念

房产税是以房产为征税对象，依据房产的计税余值或租金收入向房产所有人或经营人征收的一种财产税。现行房产税仅对国内的单位和个人征收。

（二） 房产税的纳税人

房产税是以房屋为征税对象，按照房屋的计税余值或租金收入，向产权所有人征收的一种财产税。房产税以在征税范围内的房屋产权所有人为纳税人。其中：

（1） 产权属国家所有的，由经营管理单位纳税；产权属集体和个人所有的，由集体单位和个人纳税；

（2） 产权出典的，由承典人纳税；

(3) 产权所有人、承典人不在房屋所在地的，由房产代管人或者使用人纳税；

(4) 产权未确定及租典纠纷未解决的，亦由房产代管人或者使用人纳税；

(5) 无租使用其他房产的，应由使用人代为缴纳房产税；

(6) 自2009年1月1日起，外商投资企业、外国企业和组织以及外籍个人，依照《中华人民共和国房产税暂行条例》缴纳房产税。

(三) 征税对象

房产税的征税对象是房产。所谓房产是指以房屋形态表现的财产。房屋是指有屋面和围护结构(有墙或两边有柱)，能够遮风避雨，可供人们在其中生产、学习、工作、娱乐、居住或储藏物资的场所。至于那些独立于房屋之外的建筑物，如围墙、烟囱、水塔、变电塔、油池油柜、酒窖菜窖、酒精池、糖蜜池、室外游泳池、玻璃暖房、砖瓦石灰窑以及各种油气罐等，均不属于房产的范围。

(四) 征税范围

房产税的征税范围为城市、县城、建制镇和工矿区。具体规定如下。

(1) 城市是指国务院批准设立的市。

(2) 县城是指县人民政府所在地的地区。

(3) 建制镇是指经省、自治区、直辖市人民政府批准设立的建制镇。

(4) 工矿区是指工商业比较发达、人口比较集中、符合国务院规定的建制镇标准但尚未设立建制镇的大中型工矿企业所在地。开征房产税的工矿区须经省、自治区、直辖市人民政府批准。

房产税的征税范围不包括农村。

(五) 税率

我国现行房产税采用的是比例税率。由于房产税的计税依据分为从价计征和从租计征两种形式，所以房产税的税率也有两种：一种是按房产原值一次减除10%～30%后的余值计征的，税率为1.2%；另一种是按房产出租的租金收入计征的，税率为12%。从2001年1月1日起，对个人按市场价格出租的居民住房，用于居住的，可暂减按4%的税率征收房产税。

二、房产税的计算

(一) 计税依据的确定

房产税以房产的计税余值或房产的租金收入为计税依据。按照房产的计税余值征税的，称为从价计征；按照房产的租金收入征税的，称为从租计征。

1. 从价计征

《房产税暂行条例》规定，房产税依照房产原值一次减除10%～30%后的余值计算缴纳。各地扣除比例由当地省、自治区、直辖市人民政府确定。

"房产原值"是指纳税人按照会计制度规定，在账簿"固定资产"科目中记载的房屋造价（或原价）。对纳税人未按会计制度规定记载的，在计征房产税时，应按规定调整房产原值；对房产原值明显不合理的，应重新予以评估；对没有房产原值的，应由房屋所在地的税务机关参考同类房屋的价值核定。房产原值应包括与房屋不可分割的各种附属设备以及一般不单独计算价值的配套设施。纳税人对原有房屋进行改建、扩建的，应相应调增房产原值。

2. 从租计征

《房产税暂行条例》规定，房产出租的、以房产租金收入为房产税的计税依据。

"房产的租金收入"是房屋产权所有人出租房产使用权所得的报酬，包括货币收入和实物收入。如果是以劳务或者其他形式为报酬抵付房租收入的，应根据当地同类房产的租金水平，确定一个标准租金额从租计征。

（二） 应纳税额的计算

1. 从价计征

从价计征是按房产的原值减除一定比例后的余值计征，减除一定比例是省、自治区、直辖市人民政府规定的10%～30%的减除比例；计征的适用税率为1.2% 。其计算公式为：

应纳税额＝应税房产原值×（1－扣除比例）× 1.2%

【例 9-1】甲企业2012年底自有生产经营用房，会计账簿记载房产原值8 000万元，当地规定计算房产余值的扣除比例为30%。计算该企业全年应纳的房产税额。

解答：

该企业全年应纳的房产税额为

应纳税额＝8 000×（1－30%）×1.2%＝67.2（万元）

2. 从租计征

从租计征是按房产的租金收入计征，其计算公式为：

应纳税额＝租金收入×12%（或4%）

【例 9-2】乙公司出租房屋3间，年租金收入为30 000元，适用税率为12%。请计算其应纳房产税税额。

解答：

应纳税额＝30 000×12%＝3 600（元）

三、房产税的税收优惠与征收管理

（一） 税收优惠

目前，房产税的税收优惠政策主要有：

（1） 国家机关、人民团体、军队自用的房产免征房产税；

（2） 由国家财政部门拨付事业经费的单位自用的房产免征房产税；

（3） 宗教寺庙、公园、名胜古迹自用的房产免征房产税；

（4） 个人所有非营业用的房产免征房产税；

(5) 对行使国家行政管理职能的中国人民银行总行(含国家外汇管理局)所属分支机构自用的房产免征房产税;

(6) 经财政部批准免税的其他房产。

(二) 征收管理

1. 纳税义务发生时间

(1) 纳税人将原有房产用于生产经营,从生产经营之月起缴纳房产税。

(2) 纳税人自行新建房屋用于生产经营,从建成之次月起缴纳房产税。

(3) 纳税人委托施工企业建设的房屋,从办理验收手续之次月起缴纳房产税。

(4) 纳税人购置新建商品房,自房屋交付使用之次月起缴纳房产税。

(5) 纳税人购置存量房,自办理房屋权属转移、变更登记手续,房地产权属登记机关签发房屋权属证书之次月起缴纳房产税。

(6) 纳税人出租、出借房产,自交付出租、出借房产之次月起缴纳房产税。

(7) 房地产开发企业自用、出租、出借本企业建造的商品房,自房屋使用或交付之次月起缴纳房产税。

(8) 自 2009 年 1 月 1 日起,纳税人因房产的实物或权利状态发生变化而依法终止房产税纳税义务的,其应纳税款的计算应截止到房产的实物或权利状态发生变化的当月末。

2. 纳税期限

房产税实行按年计算,分期缴纳的征收方法,具体纳税期限由省、自治区、直辖市人民政府确定。

3. 纳税地点

房产税在房产所在地缴纳。房产不在同一地方的纳税人,应按房产的坐落地点分别向房产所在地的税务机关纳税。房产税由房产所在地的地方税务局负责征收。

四、房产税的会计核算

为了反映和核算企业应缴、已缴、多缴或欠缴的房产税的情况,企业应在会计上设置"应交税费——应交房产税"科目进行核算。该科目贷方反映按规定计算应缴的房产税数额,借方反映实际缴纳的房产税数额。若有贷方余额,表示企业欠缴或需补缴的房产税款;若有借方余额,表示企业实际多缴纳的房产税的税款。

当企业计算出应缴的房产税时,借记"管理费用"等科目,贷记"应交税费——应交房产税"科目;当按规定实际上缴房产税时,借记"应交税费——应交房产税"科目,贷记"银行存款"等科目。

由于房产税是按年征收、分期缴纳的办法进行征收,如果税款金额不大的,可在按规定计算出应纳的房产税时,直接借记"管理费用"等科目;如果企业分期缴纳,而且每期缴纳的房产税数额比较大时,可以分期摊入有关成本费用中。

月份终了,企业计算出按规定应交纳的房产税税额,作如下会计分录:

借：管理费用

　　贷：应交税费——应交房产税

企业按照规定的纳税期限缴纳房产税时，应作如下会计分录：

借：应交税费——应交房产税

　　贷：银行存款

【例 9-3】甲工厂 2012 年 1 月 1 日拥有房产原值为 4 000 000 元，当地政府规定，按原值一次减除 20%后的余值计算应纳税额，按年计算，分月缴纳，计算 1 月份企业应纳房产税并进行会计处理。

解答：

企业应纳房产税税额为

年应纳税额＝4 000 000×(1－20%)×1.2%＝38 400(元)

月应纳税额＝38 400÷12＝3 200(元)

每月末企业计算应纳税额时，作如下会计分录

借：管理费用　　3 200

　　贷：应交税费——应交房产税　　3 200

企业按照规定的纳税期限缴纳房产税时，应作如下会计分录：

借：应交税费——应交房产税　　3 200

　　贷：银行存款　　3 200

第二节　车船税纳税实务

一、车船税的基本规定

（一）车船税的概念

车船税是指对在我国境内应依法到公安、交通、农业、渔业、军事等管理部门办理登记的车辆、船舶，根据其种类，按照规定的计税依据和年税额标准计算征收的一种财产税。

我国现行的《中华人民共和国车船税法》（以下简称《车船税法》）由中华人民共和国第十一届全国人民代表大会常务委员会通过，自 2012 年 1 月 1 日起施行；《中华人民共和国车船税法实施条例》（以下简称《车船税法实施条例》）经国务院常务会议审议通过，2012 年 1 月 1 日起正式施行。

（二）车船税的特点

1. 财产税

车船税是对车辆、船舶等动产征收的一种财产税。对车辆、船舶课税，对于促进纳税人加强财产管理、提高财产使用效果具有特殊的作用。

2. 征税面广

尽管车船税本身占税收总额不大，但由于涉及面广，社会关注度较高。除对依法应当在车船登记管理部门登记的车船继续征税外，将在机场、港口以及其他企业内部场所行驶或者作业且依法不需在车船登记管理部门登记的车船也纳入征收范围。

3. 纳税人多为自然人

随着我国经济社会的持续快速发展，车辆特别是家庭保有车辆不断增长。车船税纳税人众多，且多为自然人。车船税的纳税义务人主要包括车船所有人或者管理人。

4. 税源流动性强

由于机动车数量庞大，船舶流动性大，税源分散，对船舶征税在源泉控制上效果不够理想。为此，《车船税法》规定，船检机构应当在提供船舶有关信息方面协助税务机关加强车船税的征收管理。

（三） 车船税的纳税人

车船税的纳税义务人，是指在中华人民共和国境内，车辆、船舶（以下简称车船）的所有人或者管理人，应当依法缴纳车船税。其中，所有人是指在我国境内拥有车船的单位和个人；管理人是指对车船具有管理权或者使用权，不具有所有权的单位。车船的所有人或者管理人未缴纳车船税，由使用人代为缴纳。

从事机动车第三者责任强制保险业务的保险机构为机动车车船税的扣缴义务人。

（四） 车船税的课税对象

车船税的课税对象，是指在中华人民共和国境内属于车船税法所附的《车船税税目税额表》中列举的车辆、船舶，包括依法应当在车船登记管理部门登记的机动车辆和船舶；依法不需要在车船登记管理部门登记的在单位内部场所行驶或者作业的机动车辆和船舶。

1. 车辆

车辆，指依法在公安、交通、农业等车辆管理部门登记的车辆。主要包括：乘用车、商用车（客车和货车）、半挂牵引车、三轮汽车、低速载货汽车、挂车、专用作业车、轮式专用机械车、摩托车。

2. 船舶

船舶，指各类机动、非机动船舶以及其他水上移动装置，但是船舶上装备的救生艇筏和长度小于5米的艇筏除外。游艇是指具备内置机械推进动力装置，长度在90米以下，主要用于游览观光、休闲娱乐、水上体育运动等活动，并应当具有船舶检验证书和适航证书的船舶。

（五） 车船税的税目与税率

车船税实行定额税率。车船税的适用税额，依照《车船税法》所附的《车船税税目税额表》执行。车辆的具体适用税额由省、自治区、直辖市人民政府确定；船舶的具体适用税额由国务院确定(如表 9-1 所示)。

表 9-1　车船税税目、税额表

税目		计税单位	年基准税额(元)	备注
乘用车按发动机汽缸容量(排气量分档)	1.0 升(含)以下的	每辆	60～360	核定载客人数 9 人(含)以下
	1.0 升以上至 1.6 升(含)的		300～540	
	1.6 升以上至 2.0 升(含)的		360～660	
	2.0 升以上至 2.5 升(含)的		660～1 200	
	2.5 升以上至 3.0 升(含)的		1 200～2 400	
	3.0 升以上至 4.0 升(含)的		2 400～3 600	
	4.0 升以上的		3 600～5 400	
商用车	客车	每辆	480～1 440	核定载客人数 9 人以上,包括电车
	货车	整备质量每吨	16～120	包括半挂牵引车、三轮汽车和低速载货汽车等
挂车		整备质量每吨	按照货车税额的 50%计算	
其他车辆	专用作业车	整备质量每吨	16～120	不包括拖拉机
	轮式专用机械车		16～120	
摩托车		每辆	36～180	
船舶	机动船舶	净吨位每吨	3～6	拖船、非机动驳船分别按照机动船舶税额的 50%计算
	游艇	艇身长度每米	600～2 000	

(六) 车船税的税收优惠

车船税的税收优惠包括法定减免和特定减免两种。

1. 法定免税

(1) 捕捞、养殖渔船;

(2) 军队、武装警察部队专用的车船;

(3) 警用车船;

(4) 依照法律规定应当予以免税的外国驻华使领馆、国际组织驻华代表机构及其有关人员的车船。

2. 特定减免税项目

临时入境的外国车船和香港特别行政区、澳门特别行政区、台湾地区的车船,不征收车船税;按照规定缴纳船舶吨税的机动船舶,自车船税法实施之日起 5 年内免征车船税;依法不需要在车船登记管理部门登记的机场、港口、铁路站场内部行驶或者作业的车船,自车船税法实施之日起 5 年内免征车船税。

除此之外,还有国务院有关部委,省、自治区、直辖市人民政府规定的减免税项目,如财税〔2012〕19号规定，自2012年1月1日起，对节约能源的车船，减半征收车船税；对使用新能源的车船，免征车船税。

二、车船税的计算

车辆，以应纳车辆的数量或者自重吨位为计税依据。计算公式为：

应纳税额＝应纳税车辆的数量或自重吨位×单位税额

其中，购置当年的应纳税额自纳税义务发生的当月起按月计算。其计算公式为：

应纳税额＝(年应纳税额÷12)×应纳税月份数

船舶，以应纳税船舶的净吨位为计税依据。计算公式为：

应纳税额＝应纳税船舶的净吨位×单位税额

【例9-4】 某企业在2012年年初拥有整备质量为10吨的载货汽车6辆，小轿车4辆，2012年4月购入整备质量为8吨的载货汽车3辆，当月办理完登记手续；11月，1小轿车被盗，当月取得公安机关相关证明，已知当地载货汽车车船税年税额为60元/吨，小轿车车船税年税额为360元/辆，计算该企业2012年实际应缴纳的车船税。

解答：

(1) 该企业2012年年初拥有的载货汽车应纳车船税＝10×60×6＋360×4＝5 040(元)

(2) 该企业2012年4月购入的载货汽车应纳车船税＝8×60×3×9÷12＝1 080(元)

(3) 该企业11月被盗小轿车应退的车船税＝360×2÷12＝60(元)

该企业2012年应缴纳的车船税＝5 040＋1 080－60＝6 060(元)

三、车船税的会计处理

纳税人缴纳的车船税应在“管理费用”账户中列支，并在“应交税费”总账科目下，设置“应交车船税”明细税目。该账户贷方反映计算的应缴数，借方反映实际已缴数，贷方余额反映应纳未缴数，借方余额为实际多缴数。

计算应纳车船税时，借记“管理费用”，贷记“应交税费——应交车船税”，缴纳时借记“应交税费——应交车船税”，贷记“银行存款”。会计处理如下：

(1) 计提时

借：管理费用

　　贷：应交税费——应交车船税

(2) 上交时

借：应交税费——应交车船税

　　贷：银行存款

需要注意的是，小企业缴纳车船税时直接借记“营业税金及附加”，贷记“银行存款”。这是由于小企业会计准则采用的是简便操作，小企业会计税费金额不大，不需要分开核算，所以都计入“营业税金及附加”科目里核算。

四、车船税的申报与缴纳

（一）纳税义务发生时间

车船税纳税义务发生时间为取得车船所有权或者管理权的当月。取得车船所有权或者管理权的当月，应当以购买车船的发票或者其他证明文件所载日期的当月为准。车船税按年申报，分月计算，一次性缴纳。纳税年度为公历1月1日至12月31日。具体申报纳税期限由省、自治区、直辖市人民政府规定。

（二）纳税地点

车船税的纳税地点为车船的登记地或者车船税扣缴义务人所在地。依法不需要办理登记的车船，车船税的纳税地点为车船的所有人或者管理人所在地。由保险机构代收代缴车船税的，纳税地点为保险机构所在地。

（三）纳税申报与缴纳

缴纳车船税有两种方式：一是纳税人自行向主管税务机关申报缴纳车船税；二是纳税人在办理机动车交通事故责任强制保险时由保险机构代收代缴车船税。

第三节　印花税纳税实务

一、印花税的基本规定

（一）概念

印花税是以经济活动和经济交往中，书立、领受应税凭证的行为为征税对象征收的一种税。印花税因其采用在应税凭证上粘贴印花税票的方法缴纳税款而得名。

印花税始于荷兰。1624年，荷兰政府在广泛征询民间建议的基础上，确定实施了一种以商事产权凭证为征税对象的印花税。由于该税在缴纳时是在凭证上用刻花滚筒推出“印花”戳记，以示完税，因此被命名为“印花税”。印花税“取微用宏”，简便易行，欧美各国竞相效法。从清光绪十五年（1889）开始，清朝拟开征印花税。1950年4月，财政部颁发了《印花税暂行条例草案》。1958年，工商税制改革中，印花税并入工商统一税中。直到1988年在全国恢复征收印花税。我国现行的印花税的法律依据，是1988年8月6日国务院发布并于同年10月1日实施的《中华人民共和国印花税暂行条例》（以下简称《印花税暂行条例》）。

（二） 特点

1. 征税范围广

印花税的征税对象包括了经济活动和经济交往中的各种应税凭证，凡书立和领受这些凭证的单位和个人都要缴纳印花税，其征税范围是极其广泛的。随着市场经济的发展和经济法制的逐步健全，依法书立经济凭证的现象将会愈来愈普通。因此，印花税的征收面将更加广阔。

2. 税负从轻

印花税与其他税种相比较，税率要低得多，其税负较轻，具有广集资金、积少成多的财政效应。

3. 自行贴花纳税

纳税人通过自行计算、购买并粘贴印花税票的方法完成纳税义务，并在印花税票和凭证的骑缝处自行盖戳注销或画销。这也与其他税种的缴纳方法存在较大区别。

4. 多缴不退不抵

依照规定，凡是多贴印花税票者，不得申请退税或者抵用。

（三） 纳税人

印花税的纳税人，是在中国境内书立、使用、领受印花税法所列举的凭证，并应依法履行纳税义务的单位和个人，包括内、外资企业，各类行政（机关、部队）和事业单位，中、外籍个人。印花税的纳税人，按照所书立、使用、领受的应税凭证不同，又可分为以下六类：立合同人、立据人、立账簿人、领受人、使用人、各类电子应税凭证的签订人。需要注意的是，立合同人中不包括保人、证人、鉴定人；使用人中，在国外书立、领受，但在国内使用的应税凭证，其纳税人是使用人。对应税凭证，凡由两方或两方以上当事人共同书立应税凭证的，其当事人各方都是印花税的纳税人，应各就其所持凭证的计税金额履行纳税义务。

（四） 课税对象与征税范围

现行印花税只对印花税条例列举的凭证征税。具体有五类：合同或者具有合同性质的凭证，产权转移书据，营业账簿，权利、许可证照和经财政部确定征税的其他凭证。

（五） 税率

印花税纳税人根据应纳税凭证的性质，分别按比例税率或者按件定额计算应纳税额。

1. 印花税的比例税率

印花税的比例税率主要适用于记载有金额的应税凭证，分为四个档次：0.05‰、0.3‰、0.5‰、1‰。

2. 印花税的定额税率

定额税率适用于无法记载金额或虽载有金额，但作为计税依据明显不合理的应税凭证：包括权利许可证照和营业账簿税目中的其他账簿；固定税额为每件应税凭证 5 元。具体税率、税额的确定，依照《印花税暂行条例》所附《印花税税目税率表》执行，如表 9-2 所示。

表 9-2　印花税税目税率表

税目	范围	税率	纳税人	说明
1. 购销合同	包括供应、预购、采购、购销、结合及协作、调剂、补偿、易货等合同	按购销金额 0.3‰贴花	立合同人	
2. 加工承揽合同	包括加工、定作、修缮、修理、印刷广告、测绘、测试等合同	按加工或承揽收入 0.5‰贴花	立合同人	
3. 建设工程勘察设计合同	包括勘察、设计合同	按收取费用 0.5‰贴花	立合同人	
4. 建筑安装工程承包合同	包括建筑、安装工程承包合同	按承包金额 0.3‰贴花	立合同人	
5. 财产租赁合同	包括租赁房屋、船舶、飞机、机动车辆、机械、器具、设备等合同	按租赁金额 1‰贴花。税额不足 1 元，按 1 元贴花	立合同人	
6. 货物运输合同	包括民用航空运输、铁路运输、海上运输、内河运输、公路运输和联运合同	按运输费用 0.5‰贴花	立合同人	单据作为合同使用的，按合同贴花
7. 仓储保管合同	包括仓储、保管合同	按仓储保管费用 1‰贴花	立合同人	仓单或栈单作为合同使用的，按合同贴花
8. 借款合同	银行及其他金融组织和借款人（不包括银行同业拆借）所签订的借款合同	按借款金额 0.05‰贴花	立合同人	单据作为合同使用的，按合同贴花
9. 财产保险合同	包括财产、责任、保证、信用等保险合同	按保险费收入 1‰贴花	立合同人	单据作为合同使用的，按合同贴花
10. 技术合同	包括技术开发、转让、咨询、服务等合同	按所载金额 0.3‰贴花	立合同人	
11. 产权转移书据	包括财产所有权和版权、商标专用权、专利权、专有技术使用权等转移书据	按所载金额 0.5‰贴花	立据人	
12. 营业账簿	生产、经营用账册	记载资金的账簿，按实收资本和资本公积的合计金额 0.5‰贴花。其他账簿按件贴花 5 元	立账簿人	
13. 权利、许可证照	包括政府部门发给的房屋产权证、工商营业执照、商标注册证、专利证、土地使用证	按件贴花 5 元	领受人	

(六) 税收优惠

(1) 已缴纳印花税的凭证的副本或者抄本，即凭证的正式签署本已按规定缴纳了印花税，其副本或者抄本对外不发生权利义务关系，仅备存查的免贴印花。以副本或者抄本视同正本使用的，应另贴印花。

(2) 财产所有人将财产赠给政府、抚养孤老伤残的社会福利单位、学校所立的书据；

(3) 经财政部批准免税的其他凭证。

① 国家指定的收购部门与村民委员会、农民个人书立的农副产品收购合同；

② 无息、贴息贷款合同；

③ 外国政府或者国际金融组织向我国政府及国家金融机构提供优惠贷款所书立的合同。

④ 对发电厂与电网之间、电网与电网之间(国家电网公司系统、南方电网公司系统内部各级电网互供电量除外)签订的购售电合同按购销合同征收印花税。电网与用户之间签订的供用电合同不属于印花税列举征税的凭证，不征收印花税。

⑤ 自 2008 年 3 月 1 日起，房地产管理部门与个人签订的用于生活居住的租赁合同免征印花税。

⑥ 企业财产保险、机动车辆保险、货物运输保险、家庭财产保险和农牧业保险中，除对农林作物、牧业畜类保险合同暂不贴花外，对其他几类财产保险合同均应按照规定计税贴花。对责任保险、保证保险和信用保险合同，暂按定额五元贴花。保险公司委托其他单位或者个人代办的保险业务，在与投保方签订保险合同时，应由代办单位或者个人，负责代保险公司办理计税贴花手续。

⑦ 特殊货运合同。

⑧ 企业改制过程中有关印花税征免规定。

⑨ 从 2008 年 11 月 1 日起，对个人销售或购买住房暂免征收印花税。

⑩ 对与高校学生签订的高校学生公寓租赁合同，免征印花税。

⑪ 2008 年 9 月 19 日起，对证券交易印花税政策进行调整，由现行双边征收改为单边征收，税率保持 1‰。即对买卖、继承、赠与所书立的 A 股、B 股股权转让书据，由立据双方当事人分别按 1‰的税率缴纳股票交易印花税，改为由出让方按 1‰的税率缴纳股票交易印花税，授让方不再征收。

⑫ 自 2011 年 11 月 1 日起至 2014 年 10 月 31 日止，对金融机构与小型、微型企业签订的借款合同免征印花税。

二、印花税应纳税额的计算

1. 从价计征

应纳税额＝应税凭证记载的金额×比例税率

2. 从量定额

权利、许可证照及其他账簿应纳税额＝应税凭证件数×单位税额(5 元)

在计算应纳税额时，应特别注意以下几点：

(1) 应纳税额不足一角的，免纳印花税；应纳税额在一角以上的，其税额尾数不满五分的不计，满五分的按一角计算缴纳。

（2）同一凭证，因载有两个或者两个以上经济事项而适用不同税目税率，如分别记载金额的，应分别计算应纳税额，相加后按合计税额贴花；如未分别记载金额的，按税率高的计税贴花。

（3）按金额比例贴花的应税凭证，未标明金额的，应按照凭证所载数量及国家牌价计算金额；没有国家牌价的，按市场价格计算金额，然后按规定税率计算应纳税额。应纳税凭证所载金额为外国货币的，纳税人应按照凭证书立当日的中华人民共和国国家外汇管理局公布的外汇牌价折合人民币，计算应纳税额。

【例 9-5】某企业 2012 年度有关资料如下：

（1）实收资本比 2011 年增加 100 万元。

（2）与银行签订一年期借款合同，借款金额 300 万元，年利率为 5%。

（3）与甲公司签订以货换货合同，本企业的货物价值 350 万元，甲公司的货物价值 450 万元。

（4）与乙公司签订受托加工合同，乙公司提供价值 80 万元的原材料，本企业提供价值 15 万元的辅助材料并收加工费 20 万元。

（5）与丙公司签订转让技术合同，转让收入由丙公司按 2001—2005 年实现利润的 30% 支付。

（6）与货运公司签订运输合同，载明运输费用 8 万元（其中含装卸费 0.5 万元）。

（7）与铁路部门签订运输合同，载明运输费及保管费共计 20 万元。

要求：逐项计算该企业 2012 年应缴纳的印花税。

解答：

（1）实收资本增加＝100 万元×0.5‰＝500 元

（2）借款合同＝300 万元×0.05‰＝150 元

（3）以货换货合同＝（350 万元＋450 万元）×0.3‰＝2 400 元

（4）加工合同＝（15 万元＋20 万元）×0.5‰＝175 元

（5）技术合同，先按 5 元计税。

（6）货运合同＝（8 万元－0.5 万元）×0.5‰＝37.5 元

（7）铁路运输合同＝20 万元×1‰＝200 元

（8）500＋150＋2400＋175＋5＋37.5＋200＝3 467.5 元

因此，该企业 2012 年应缴纳的印花税为 3 467.5 元。

三、印花税的会计处理

企业缴纳的印花税是由纳税人根据规定自行计算的，以购买一次贴足印花税票的办法来缴纳税款，因此不需要预计应缴纳印花税金额，与税务部门不发生结算业务，不必通过“应交税费”账户核算。企业在购买印花税票时，直接借记“管理费用”账户，贷记“银行存款”或“库存现金”账户。

另外，依据 2013 年 1 月 1 日起施行的《小企业会计准则》，“营业税金及附加，是指小企业开展日常生产经营活动应负担的消费税、营业税、城市维护建设税、资源税、土地增值税、城镇土地使用税、房产税、车船税、印花税和教育费附加、矿产资源补偿费、排污费等。”因此,小企业缴纳印花税时直接借记“营业税金及附加”,贷记“银行存款”。这是由于小企业会计准则采用的是简便操作,小企业会计税费金额不大,不需要分开核算,所以都计入“营业税金及附加”科目里核算。

四、印花税的申报与缴纳

(一) 纳税义务发生时间和地点

应纳税凭证应当于书立或者领受时贴花,是指应税凭证应在合同的签订时、书据的立据时、账簿的启用时和证照的领受时贴花。如果合同在国外签订的,应在国内使用时贴花。印花税的纳税地点为纳税人的所在地。

(二) 纳税环节

印花税纳税环节为书立或领受应纳税凭证的环节。主要包括合同签订时、账簿启用时、证照领受时。如果是在国外签订合同,在国内贴花不便的,应将合同在带入境时办理贴花纳税手续。

(三) 纳税申报

印花税的纳税人应按照条例的有关规定及时办理纳税申报,并如实填写《印花税纳税申报表》。

(四) 印花税的缴纳

印花税票为有价证券,票面金额以人民币为单位,分为壹角、贰角、伍角、壹元、贰元、伍元、拾元、伍拾元、壹百元九种。应当粘贴在应纳税凭证上,并由纳税人在每枚税票的骑缝处盖戳注销或者画销。印花税的缴纳方法主要有以下几种:自行贴花、汇贴或汇缴、委托代征、核定征收印花税。

1. 自行贴花

由纳税人根据规定自行计算应纳税额,购买并一次贴足印花税票的缴纳办法。

2. 汇贴或汇缴

为简化贴花手续,应纳税额较大或者贴花次数频繁的,纳税人可向税务机关提出申请,采取以缴款书代替贴花或者按期汇总缴纳的办法。特别注意,当一份凭证应纳税额超过 500 元时,应向税务机关申请填写缴款书或者完税凭证,税务机关对核准汇总缴纳印花税的单位,应发给汇缴许可证。汇总缴纳的限期限额由当地税务机关确定,但最长期限不得超过一个月。

3. 委托代征

税务机关委托,由发放或者办理应纳税凭证的单位代为征收印花税税款。

2013 年 1 月 25 日,国税总局通过,将于 2014 年 1 月 1 日起施行的《税收票证管理办法》中要求印花税专用税收票证是税务机关或印花税票代售人在征收印花税时向纳税人交付、开具的纸质税收票证。具体包括：印花税票，即印有固定金额，专门用于征收印花税的有价证券。纳税人缴纳印花税，可以购买印花税票贴花缴纳，也可以开具税收缴款书缴纳。采用开具税收缴款书缴纳的，应当将纸质税收缴款书或税收完税证明粘贴在应税凭证上，或者由税务机关在应税凭证上加盖印花税收讫专用章。印花税票销售凭证即税务机关和印花税票代售人销售印花税票时一并开具的专供购买方报销的纸质凭证。

4. 核定征收

纳税人有下列情形的，地方税务机关可以核定纳税人印花税计税依据：

(1) 未按规定建立印花税应税凭证登记簿，或未如实登记和完整保存应税凭证的；

(2) 拒不提供应税凭证或不如实提供应税凭证致使计税依据明显偏低的；

(3) 采用按期汇总缴纳办法的，未按地方税务机关规定的期限报送汇总缴纳印花税情况报告，经地方税务机关责令限期报告，逾期仍不报告的或者地方税务机关在检查中发现纳税人有未按规定汇总缴纳印花税情况的。

地方税务机关核定征收印花税，应向纳税人发放核定征收印花税通知书，注明核定征收的计税依据和规定的税款缴纳期限。

（五） 违章处罚

(1) 在应纳税凭证上未贴或少贴印花税票的或者已粘贴在应税凭证上的印花税票未注销或者未划销的，由税务机关追缴其不缴或者少缴的税款、滞纳金，并处不缴或者少缴的税款50%以上五倍以下的罚款。

(2) 贴用的印花税票揭下重用造成未缴或少缴印花税的，由税务机关追缴其不缴或者少缴的税款、滞纳金，并处不缴或者少缴的税款 50%以上五倍以下的罚款；构成犯罪的，依法追究刑事责任。

(3) 伪造印花税票的，由税务机关责令改正，处以 2 000 元以上 1 万元以下的罚款；情节严重的，处以 1 万元以上 5 万元以下的罚款；构成犯罪的，依法追究刑事责任。

第四节　契税纳税实务

一、契税概述

契税是以在中华人民共和国境内转移土地、房屋权属为征税对象，向产权承受人征收的一种财产税。

土地、房屋权属是指土地使用权和房屋所有权。权属转移有两种方式：出让和转让。承受是指以受让、购买、受赠、交换等方式取得土地、房屋权属的行为。

契税的纳税人是产权承受人，而不是转让方。当发生房屋买卖、赠与和交换行为时，国家按转移变动的价值对产权承受人一次性征收契税。契税属于地方税，采用有幅度的比例税率，税负较轻，地方政府拥有比较大的自主权。

二、契税的纳税人、征税范围和税率

（一）纳税人

契税的纳税人是在我国境内发生转移土地、房屋权属，承受的单位和个人。单位是指企业单位、事业单位、国家机关，军事单位和社会团体以及其他组织；个人是指个体经营者和其他个人。

承受人是指以受让、购买、受赠、交换等方式取得土地、房屋权属的行为人。

（二）征税范围

契税的征税对象是在我国境内转移的土地和房屋权属。具体包括以下几种。

1. 国有土地使用权出让

国有土地使用权出让，是指土地使用者向国家交付土地使用权出让费用，国家将国有土地使用权在一定年限内让予土地使用者的行为。

2. 土地使用权转让

土地使用权转让，是指土地使用者以出售、赠与、交换或者其他方式将土地使用权转移给其他单位和个人的行为。

3. 房屋买卖

房屋买卖，是指房屋所有者将其房屋出售，由承受者交付货币、实物、无形资产或者其他经济利益的行为。

4. 房屋赠与

房屋赠与，是指房屋所有者将其房屋无偿转让给受赠者的行为。

5. 房屋交换

房屋交换，是指房屋所有者之间相互交换房屋的行为。

随着经济形势的发展，有些特殊方式转移房屋、土地权属的，也将视同土地使用权转让、房屋买卖或者房屋赠与。一是以土地、房屋权属作价投资、入股；二是以土地、房屋权属抵债；三是以获奖方式承受土地、房屋权属；四是以预购方式或者预付集资建房款方式承受土地、房屋权属。

6. 承受国有土地使用权支付的土地出让金

对承受国有土地使用权支付的土地出让金，要计征契税。不得因减免土地出让金而减免契税。

（三）税率

契税实行3%～5%的幅度比例税率。各省、自治区、直辖市人民政府可在上述幅度规定范围内，按照本地区的实际情况决定。

三、契税应纳税额的计算

（一） 计税依据

契税的计税依据为不动产价格。由于土地、房屋权属转移方式不同，定价方法不同，主要分以下几种情况。

（1） 国有土地使用权出让、土地使用权出售、房屋买卖，以成交价格为计税依据。

（2） 土地使用权赠与、房屋赠与，由征收机关参照土地使用权出售、房屋买卖的市场价格核定计税依据。

（3） 土地使用权交换、房屋交换，计税依据为所交换的土地使用权、房屋的价格的差额。交换价格相等时，免征契税；交换价格不等时，由多交付的货币、实物、无形资产或者其他经济利益的一方缴纳契税。

（4） 以划拨方式取得土地使用权的，经批准转让房地产时，应由房地产转让者补缴契税。计税依据为补缴的土地使用权出让费用或者土地收益。

成交价格明显低于市场价格并且无正当理由的，或者所交换土地使用权、房屋的价格的差额明显不合理并且无正当理由的，由征收机关参照市场价格核定。

（二） 应纳税额的计算

契税采用比例税率。应纳税额的计算公式为：

应纳税额＝计税依据×税率

【例 9-6】 某运动员购买一栋公寓住房，成交价格为 110 万元；转让其原有住房，成交价格为 50 万元；因参加国际比赛获奖，奖品为一套住房，其市场价格为 60 万元。当地政府规定的契税税率为 5%。计算该运动员应纳契税税额。

解答：

应纳税额＝110×5%＋60×5%＝8.5(万元)

四、契税的减免

下列项目减征、免征契税。

（1） 国家机关、事业单位、社会团体、军事单位承受土地、房屋用于办公、教学、医疗、科研和军事设施的，免征契税。

（2） 城镇职工按规定第一次购买公有住房的，免征契税。

（3） 因不可抗力灭失住房而重新购买住房的，酌情准予减征或者免征契税。

（4） 土地、房屋被县级以上人民政府征用、占用后，重新承受土地、房屋权属的，是否减征或者免征契税，由省、自治区、直辖市人民政府确定。

（5） 纳税人承受荒山、荒沟、荒丘、荒滩土地使用权，用于农、林、牧、渔业生产的，免征契税。

（6） 依照我国有关法律规定以及我国缔结或参加的双边和多边条约或协定的规定应当予以免税的外国驻华使馆、领事馆、联合国驻华机构及其外交代表、领事官员和其他外交人员承受土地、房屋权属的，经外交部确认，可以免征契税。

(7) 财政部规定的其他减征、免征契税的项目。

经批准减征、免征契税的纳税人改变有关土地、房屋的用途，不再属于减征、免征契税范围的，应当补缴已经减征、免征的税款。

五、契税纳税申报和会计处理

（一）纳税申报

1. 纳税义务发生时间

契税的纳税义务发生时间是纳税人签订土地、房屋权属转移合同的当天，或者纳税人取得其他具有土地、房屋权属转移合同性质凭证的当天。

2. 纳税期限

纳税人应当自纳税义务发生之日起 10 日内，向土地、房屋所在地的契税征收机关办理纳税申报，并在契税征收机关核定的期限内缴纳税款。

3. 纳税地点

契税在土地、房屋所在地的征收机关申报纳税。

4. 征收管理

纳税人办理纳税事宜后，契税征收机关应当向纳税人开具契税完税凭证。纳税人持契税完税凭证和其他规定的文件材料，依法向土地管理部门、房产管理部门办理有关土地、房屋的权属变更登记手续。土地管理部门、房产管理部门应当向契税征收机关提供有关资料，并协助契税征收机关依法征收契税。

（二）会计处理

企业因取得的土地使用权权属而缴纳的契税，应记入“无形资产”账户；因取得房屋产权权属而缴纳的契税，应记入“固定资产”账户。

计算出应缴纳的契税时：

借：无形资产（固定资产）

　　贷：应交税费——应交契税

实际上缴时：

借：应交税费——应交契税

　　贷：银行存款

综合练习

一、单项选择题

1. 纳税义务人应向（　　）的税务机关申报缴纳房产税。

A. 房屋产权登记地　　B. 房屋产权所有人居住地

C. 房产所在地　　D. 房屋产权取得地

2. 契税的纳税人是指在我国境内转移房屋、土地权属的（　　）。

A. 承受方　　　　　　　　B. 销售方
C. 交易双方　　　　　　　D. 中介方

3. 下列项目中，属于车船税扣缴义务人的是(　　)。

A. 办理交强险业务的保险机构　　　　B. 机动船的生产厂家
C. 车辆船舶的所有人　　　　　　　　D. 车辆船舶的管理人

4. 根据现行车船税法规定，客货两用汽车按照载货汽车的计税单位和税额标准计征车船税。下列各项中，不符合车船税有关规定的是(　　)。

A. 载客汽车，以"辆"为计税依据
B. 载货汽车，以"自重吨位"为计税依据
C. 三轮摩托车，以"辆"为计税依据
D. 非机动驳船，以"艘"为计税依据

5. 车船税的纳税期限规定为(　　)。

A. 按年计算，分季缴纳　　　　B. 按年征收，分季缴纳
C. 按季计算，分月缴纳　　　　D. 按年申报，分月缴纳

6. 依据车船税的相关规定，对城市、农村公共交通车船可给予定期减税、免税的优惠，有权确定定期减税、免税的部门是(　　)。

A. 省级人民政府　　　　B. 省级税务机关
C. 县级人民政府　　　　D. 县级税务机关

7. 某钢铁公司与机械进出口公司签订购买价值 2 000 万元设备合同，为购买此设备向商业银行签订借款 2 000 万元的借款合同。后因故购销合同作废，改签融资租赁合同，租赁费 1 000万元。根据上述情况，该厂应缴纳印花税为(　　)元。

A. 1 500　　　　B. 6 500
C. 7 000　　　　D. 7 500

8. 某电厂与某水运公司签订一份运输保管合同，合同载明的运输及保管费用为500 000元。该项合同双方各应缴纳的印花税额为(　　)元。

A. 500　　　　B. 250
C. 375　　　　D. 1 000

9. 下列应缴纳印花税的凭证是(　　)。

A. 房屋产权证、工商营业执照、卫生许可证、营运许可证
B. 土地使用证、专利证、烟草专卖许可证、房屋产权证
C. 商标注册证、税务登记证、土地使用证、营运许可证
D. 房屋产权证、工商营业执照、商标注册证、专利证、土地使用证

10. 某公司 2012 年 8 月开业，领受工商营业执照、税务登记证、房产证、专利权证书，商标注册证书及土地使用权证书各一份；公司实收资本 600 万元，资本公积 200 万元，除资金账簿外，启用了 10 本营业账簿：开业后与一家公司签订了一份易货台同，合同约定，以价值 420 万元的产品换取 380 万元的原材料：当年该公司可转让的非专利技术合同上注明金额 100 万元。2012 年该公司应纳印花税(　　)元。

A. 6 775　　　　B. 6 780
C. 6 975　　　　D. 6 980

11. 下列合同中，应按照“财产租赁合同”征收印花税的是(　　)。

A. 企业与个体工商户签订的租赁合同

B. 企业与主管部门签订的租赁承包合同

C. 企业与金融机构签订的融资租赁合同

D. 房地产管理部门与个人签订的生活居住用房租赁合同

12. 同一类应税凭证需频繁贴花的，纳税人可以根据实际情况选择纳税方式，缴纳方式一经选定，(　　)内不得改变。

A. 3个月　　B. 6个月

C. 1年　　D. 2年

13. 下列各项中，应征收契税的是(　　)。

A. 法定继承人承受房屋权属

B. 企业以行政划拨方式取得土地使用权

C. 承包者获得农村集体土地承包经营权

D. 运动员因成绩突出获得国家奖励的住房

14. 在计算契税时，国有土地使用权出让、房屋买卖，其计税依据是(　　)。

A. 房屋原值　　B. 成交价格

C. 房屋余值　　D. 房屋评估值

15. 计算契税时，对成交价格明显低于市场价格并无正当理由的，或者所交换土地使用权、房屋的价格的差额明显不合理并无正当理由的，征收机关核定计税依据时可参照(　　)。

A. 市场价格　　B. 评估价格

C. 组成计税价格　　D. 成交价格加一定比例

16. 某运动员购买一套公寓住房，成交价格110万元；转让其原有住房，成交价格50万元；因参加国际比赛获奖，奖品为一套房屋，其市场价格60万元。当地税率为5%。那么，该运动员应缴纳的契税为(　　)万元。

A. 5.5　　B. 8

C. 8.5　　D. 11

17. 纳税人因改变土地、房屋用途应当补缴已经免征、减征契税的，其纳税义务发生时间为(　　)。

A. 改变土地、房屋用途的当天　　B. 改变土地、房屋用途的次日

C. 改变土地、房屋用途的5日内　　D. 改变土地、房屋用途的10日内

18. 土地使用权交换、房屋交换，若价格相等，则(　　)。

A. 由交换双方各自缴纳契税　　B. 由交换双方共同分担契税

C. 免征契税　　D. 由双方协商一致确定纳税人

二、多项选择题

1. 房产税税率有(　　)。

A. 12%　　B. 10%　　C. 1.2%　　D. 30%

2. 下列行为中，应征收契税的有(　　)。

A. 以房屋权属作价投资的行为　　B. 以土地权属抵押的行为

C. 以获奖方式承受房屋权属的行为　　D. 房屋所有者之间互相交换房屋的行为

3. 下列项目中，属于车船税纳税人的有（　　）。

A 事业单位　　B. 私营企业　　C. 个人　　D. 华侨

4. 下列车船属于法定免税的有（　　）。

A. 专项作业车　　B. 警用车船

C. 非机动驳船　　D. 捕捞、养殖渔船

5. 根据车船税的相关规定，下列说法正确的有（　　）。

A. 车船税由地方税务机关负责征收

B. 纯电动汽车、燃料电池和插电式混合动力汽车免征车船税

C. 车船税纳税义务发生时间为取得车船所有权或者管理权的次月

D. 按照规定缴纳船舶吨税的机动船舶，自车船税法实施之日起 3 年内免征车船税

6. 车船税纳税义务发生时间和地点的表述正确的是（　　）。

A. 车船时间发生营运业务的次月

B. 车船购置发票所载开具时间的当月

C. 车船登记地

D. 车船所在地

7. 船税法的特点（　　）。

A. 财产税　　B. 征税面广

C. 纳税人多为自然人　　D. 税源流动性强

8. 车船税征收管理，依照（　　）的规定执行。

A.《中华人民共和国税收征收管理法》

B.《中华人民共和国车船税暂行条例》

C.《中华人民共和国车船税法》

D.《中华人民共和国车船税暂行条例实施细则》

9. 下列属于印花税的纳税人有（　　）。

A. 借款合同的担保人

B. 发放上班注册证的国家商标局

C. 在国外书立，在国内使用技术合同的单位

D. 签订加工承揽合同的两家中外合资企业

10. 下列合同中，属于印花税征收范围的有（　　）。

A. 融资租赁合同

B. 家庭财产两全保险合同

C. 电网与用户之间签订的供电合同

D. 发电厂与电网之间签订的购销电合同

11. 下列各项中，符合印花税有关违章处罚规定的有（　　）。

A. 已贴印花税票，揭下重用造成未缴或少缴印花税的，依法追究刑事责任

B. 在应税凭证上未贴少贴印花税票，处以未贴少贴金额 3 倍至 5 倍的罚款

C. 伪造印花税票的，由税务机关责令改正，处以 2 000 元以上 1 万元以下的罚款

D. 伪造印花税票情节严重的，处以 1 万元以上 5 万元以下的罚款；构成犯罪的，依法追究刑事责任

12. 根据印花税暂行条例及其实施细则的规定，以下属于印花税纳税人的有（　　）。

A. 合同的当事人　　B. 当事人的代理人

C. 立账簿人　　D. 权利、许可证照的领受人

13. 下列凭证中免纳印花税的有（　　）。

A. 已纳印花税凭证的副本或抄本

B. 财产所有人将财产赠给政府、社会福利单位、学校所立的书据

C. 国家指定收购部门与农民个人书立的农副产品收购合同

D. 企业改制签订的产权转移书据

14. 下列各项中，应按“产权转移书据”税目征收印花税的有（　　）。

A. 商品房销售合同　　B. 土地使用权转让合同

C. 专利申请权转让合同　　D. 个人无偿赠与不动产登记表

15. 下列各项中，按件贴花、税额为每件5元的印花税应税凭证有（　　）。

A. 权利、许可证照　　B. 营业账簿中的记载资金的账簿

C. 营业账簿中的其他账簿　　D. 合同类凭证

16. 以下属于契税纳税人的是（　　）。

A. 转让自己居住用房屋的个人　　B. 购买自己居住用房屋的个人

C. 转让自己生产用房屋的单位　　D. 购买自己生产用房屋的单位

17. 契税的征收对象包括（　　）。

A. 房屋买卖　　B. 房屋赠与

C. 房屋交换　　D. 国有土地使用权出让

18. 契税的纳税义务发生时间是（　　）。

A. 签订土地、房屋权属转移合同的当天

B. 签订土地、房屋预售合同的当天

C. 取得土地、房屋销售发票凭证的当天

D. 取得具有土地、房屋销售权属转移合同性质凭证的当天

三、判断题

1. 宗教寺庙、公园、名胜古迹自用的房产，应纳房产税。（　　）

2. 以房产投资取得固定收入的，由于不承担经营风险，出租方按房产余值计缴房产税。（　　）

3. 国家机关、人民团体、军队所有的车船，不论自用还是出租，均不征收车船税。（　　）

4. 车船税由保有和使用环节征收的财产兼行为税调整为保有环节的财产税。（　　）

5. 购置的新车船，购置当年的应纳税额自纳税义务发生的当月起按月计算。（　　）

6. 已缴纳车船税的车船在同一纳税年度内办理转让过户的，另纳税，可退税。（　　）

7. 计算应纳车船税时，贷记“管理费用”，借记“应交税费——应交车船税”。（　　）

8. 根据印花税暂行条例及其实施细则的规定，财产所有人将财产赠与政府、社会团体、社会福利单位、学校及其他事业单位所立的书据免纳印花税。（　　）

9. 已缴纳印花税的凭证的副本或者抄本免纳印花税。（　　）

10. 印花税应纳税凭证应当于书立或者领受时贴花。（　　）

11. 人身保险合同不应缴纳印花税。　(　)

12. 我国对金融机构与小型、微型企业签订的借款合同免征印花税。　(　)

13. 用定额税率的是权利许可证照,单位税额均为每件 5 元。　(　)

14. 凡是多贴印花税票者,可以申请退税或者抵用。　(　)

15. 境内转移土地、房屋权属的单位和个人为契税的纳税人。　(　)

16. 国有土地使用权出让的行为,由于出让者是国家,所以,该行为不属于契税的征收范围。　(　)

17. 契税实行 3%～5%的幅度比例税率,纳税人具体适用的税率可以由当地主管税务机关或财政机关按照本地区的实际情况在上述幅度规定范围内决定。　(　)

18. 城镇职工按规定第一次购买住房,免征契税。　(　)

四、实务题

1. 顺风航运公司拥有下列船舶：净吨位为 180 吨的 20 艘,单位税额 3 元。净吨位为 600 吨的 10 艘,单位税额 4 元。净吨位为 4 000 吨的 10 艘,单位税额 5 元。净吨位为12 000 吨的 2 艘,单位税额 6 元。计算该公司全年应缴纳的车船税税额。

2. 乙公司于 2012 年 1 月 1 日开业,零售工商执照、房产证、土地使用证各一份。注册资本 2 000 万,实收资本 1 500 万;建账时共设有 7 个营业账簿(记载资金的账簿除外),同年底正式签订购货合同 5 份,共载金额 500 万元;向银行借款合同 1 份,金额 100 万字,利率 12%。请计算：2012 年该企业应缴纳的印花税税额。

第十章　特定目的税类纳税实务

知识目标

要求学生掌握城建税和车辆购置税的纳税人、计税依据、应纳税额的计算和税收优惠方面的规定。

能力目标

通过学习本章，要求学生计算城建税和车辆购置税的应纳税额，正确进行车辆购置税的会计核算。

第一节　城市维护建设税纳税实务

城市维护建设税法，是指国家制定的用以调整城市维护建设税征收与缴纳权利及义务关系的法律规范。现行城市维护建设税的基本规范，是1985年2月8日国务院发布并于同年1月1日实施的《中华人民共和国城市维护建设税暂行条例》(以下简称《城市维护建设税暂行条例》)。

一、城市维护建设税概述

(一) 城市维护建设税的概念

城市维护建设税(以下简称城建税)是指以单位和个人实际缴纳增值税、消费税、营业税(以下简称“三税”)的税额为计税依据征收的一种税。城市维护建设税的特点如下：(1) 具有附加税性质。城建税以纳税人实际缴纳的“三税”税额为计税依据，附加于“三税”税额，其本身并没有特定的、独立的征税对象。(2) 属于特定目的税范畴，城建税是一种具有受益性质的特定目的税，其税款专款专用于城市的公用事业和公共设施的维护和建设。

(二) 城市维护建设税的纳税人和征税范围

城市维护建设税是对从事工商经营，缴纳增值税、消费税、营业税的单位和个人征收的一种税。

城建税的纳税义务人，是指负有缴纳增值税、消费税和营业税(以下简称“三税”)义务的单位和个人，包括国有企业、集体企业、私营企业、股份制企业、其他企业和行政单位、事业单位、军事单位、社会团体、其他单位，以及个体工商户及其他个人。

自2010年12月1日起，对外商投资企业、外国企业及外籍个人(以下简称外资企业)征收城市维护建设税。对外资企业2010年12月1日(含)之后发生纳税义务的增值税、消费税、营业税征收城市维护建设税；对外资企业2010年12月1日之前发生纳税义务的“三税”，不征收城市维护建一设税。

(三) 城市维护建设税的税率

城建税的税率，是指纳税人应缴纳的城建税税额与纳税人实际缴纳的“三税”税额之间的比率。城建税按纳税人所在地的不同，设置了三档地区差别比例税率，即：

(1) 纳税人所在地为市区的，税率为7%；

(2) 纳税人所在地为县城、镇的，税率为5%；

(3) 纳税人所在地不在市区、县城或者镇的，税率为1%。

城建税的适用税率，应当按纳税人所在地的规定税率执行。但是，对下列两种情况，可按缴纳“三税”所在地的规定税率就地缴纳城建税：

(1) 由受托方代扣代缴、代收代缴“三税”的单位和个人，其代扣缴、代收代缴的城建税按受托方所在地适用税率执行；

(2) 流动经营等无固定纳税地点的单位和个人，在经营地缴纳“三税”的，其城建税的缴纳按经营地适用税率执行。

对于铁道部应纳的城建税，由于其计税依据为铁道部实际集中缴纳的营业税税额，难以确定适用税率，财政部特案规定，税率统一为5%。

二、城市维护建设税的计算

(一) 计税依据的确定

城建税的计税依据为纳税人实际缴纳的增值税、消费税、营业税的税额。纳税人违反“三税”有关税法规定而被加收的滞纳金和罚款，不作为城建税的计税依据。但纳税人在被查补“三税”和被处以罚款时，应同时对其偷漏的城建税进行补税、征收滞纳金和罚款。城市维护建设税以“三税”为计税依据并同时征收，如果要免征或者减征“三税”，也要同时免征或减征城市维护建设税。对出口产品退还增值税、消费税的，不退还已缴纳的城市维护建设税。

自2005年1月1日起，经国家税务总局正式审核批准的当期免抵的增值税税额应纳入城市维护建设税和教育费附加的计征范围，分别按规定的税(费)率征收城市维护建设税和教育费附加。2005年1月1日前，已按免抵的增值税税额征收的城市维护建设税和教育费附加不再退还。未征的不再补征。

（二）应纳税额的计算

由于城市维护建设税实行纳税人所在地差别比例税率，在计算应纳税额时，应注意根据纳税人所在地来确定适用税率。城市维护建设税纳税人的应纳税额大小是由纳税人实际缴纳"三税"税额决定的。城市维护建设税应纳税额的计算公式为：

应纳税额＝纳税人实际缴纳的增值税、消费税、营业税税额×适用税率

【例 10-1】 甲公司设在某城市市区，5 月份应缴纳增值税 200 000 元，消费税 150 000 元，在规定的纳税时间内，应交增值税已按时缴纳应交消费税款滞纳 8 天，计算该公司应纳城建税及应缴城建税滞纳金。

解答：

应纳城建税额＝(200 000＋150 000)×7%＝24 500(元)

应缴城建税滞纳金＝150 000×7%×0.5‰×8＝42(元)

三、城市维护建设税的征收管理

（一）税收优惠

城建税原则上不单独减免，但因城建税又具附加税性质，当主税发生减免时，城建税相应发生税收减免。城建税的税收减免具体有以下几种情况：

(1) 城建税按减免后实际缴纳的"三税"税额计征，即随"三税"的减免而减免；

(2) 对于因减免税而需进行"三税"退库的，城建税也可同时退库；

(3) 海关对进口产品代征的增值税、消费税、不征收城建税；

(4) 对"三税"实行先征后返、先征后退、即征即退办法的，除另有规定外，对随"三税"附征的城市维护建设税和教育费附加，一律不退(返)还；

(5) 对国家重大水利工程建设基金免征城市维护建设税。

（二）纳税地点

城建税以纳税人实际缴纳的增值税、消费税、营业税税额为计税依据，分别与"三税"同时缴纳。所以，纳税人缴纳"三税"的地点，就是该纳税人缴纳城建税的地点。但是，属于下列情况的，纳税地点为：

(1) 代扣代缴、代收代缴"三税"的单位和个人，同时也是城市维护建设税的代扣代缴、代收代缴义务人，其城建税的纳税地点在代扣代收地；

(2) 跨省开采的油田，下属生产单位与核算单位不在一个省内的，其生产的原油，在油井所在地缴纳增值税，其应纳税款由核算单位按照各油井的产量和规定税率，计算汇拨各油井缴纳，所以，各油井应纳的城建税，应由核算单位计算，随同增值税一并汇拨油井所在地，由油井在缴纳增值税的同时，一并缴纳城建税；

(3) 对管道局输油部分的收入，由取得收入的各管道局于所在地缴纳营业税，所以，其应纳城建税，也应由取得收入的各管道局于所在地缴纳营业税时一并缴纳；

(4) 对流动经营等无固定纳税地点的单位和个人，应随同"三税"在经营地按适用税率

缴纳。

（三） 纳税期限

由于城建税是由纳税人在缴纳“三税”时同时缴纳的，所以其纳税期限分别与“三税”的纳税期限一致。根据增值税法和消费税法规定，增值税、消费税的纳税期限均分别为1日、3日、5日、10日、15日或者1个月；根据营业税法规定，营业税的纳税期限分别为5日、10日、15日或者1个月。增值税、消费税、营业税的纳税人的具体纳税期限，由主管税务机关根据纳税人应纳税额大小分别核定；不能按照固定期限纳税的，可以按次纳税。

四、城市维护建设税的会计核算

纳税人对城建税的核算，应设置“应交税费——应交城市维护建设税”科目和“营业税金及附加”科目进行核算。企业缴纳城建税时，借记“应交税费——应交城建税”，贷记“银行存款”等科目。期末贷方余额为应交而未交的城建税。

【例 10-2】 乙酒店2012年5月，应纳营业税150 000元，按规定计提城建税7 500元，并以银行存款上缴，作出会计分录。

解答：

计提城建税时：

借：营业税金及附加　　7 500

　　贷：应交税费——应交城建税　　7 500

上缴城建税时：

借：应交税费——应交城建税　　7 500

　　贷：银行存款　　7 500

五、教育费附加及其会计核算

教育费附加是对缴纳增值税、消费税、营业税的单位和个人，就其实际缴纳的税额为计算依据征收的一种附加费。

（一） 教育费附加的征收范围及计征依据

教育费附加对缴纳增值税、消费税、营业税的单位和个人征收，以其实际缴纳的增值税、消费税和营业税为计征依据，分别与增值税、消费税和营业税同时缴纳。

（二） 教育费附加计征比率

现行教育费附加征收比率为3%，地方教育附加征收率统一为2%。

（三） 教育费附加的计算

教育费附加的计算可分为两种情况：一是一般单位和个人；二是卷烟和烟叶生产单位。

应纳教育费附加＝（实纳增值税＋消费税＋营业税）×征收比率

【例 10-3】甲市有一内资企业 5 月份实际缴纳增值税 500 000 元，缴纳消费税 300 000 元，缴纳营业税 100 000 元，计算该企业应缴纳的教育费附加和地方教育附加。

解答：

应纳教育费附加＝(实纳增值税＋消费税＋营业税)×3％

＝(500 000＋300 000＋100 000)×3％＝27 000(元)

应纳地方教育附加＝(实纳增值税＋消费税＋营业税)×2％

＝(500 000＋300 000＋100 000)×2％＝18 000(元)

(四) 教育费附加的减免规定

(1) 教育费附加随同增值税、消费税、营业税(以下简称“三税”)征免，即在减免“三税”时，同时减免教育费附加。

(2) 对由于减免消费税、增值税、营业税而产生退税的，同时退还已征的教育费附加。但对出口产品退还消费税、增值税的，不退还已征的教育费附加。

(3) 已按《国务院关于筹措农村学校办学经费的通知》的规定，缴纳农村教育事业费附加的，不再征收教育费附加。

(4) 海关对进口产品征收的增值税、消费税，不再征收教育费附加。

(五) 教育费附加会计处理

在会计核算时，企业按规定计算出的教育费附加，借记“主营业务税金及附加”、“其他业务支出”等账户，贷记“应交税费——应交教育费附加”账户：实际上缴时，借记“应交税费——应交教育费附加”账户，贷记“银行存款”账户。

【例 10-4】甲公司设在某县城，2012 年 11 月份销售货物实际缴纳增值税 200 000 元，缴纳消费税 100 000 元。作出会计处理。

解答：

该公司应纳城市维护建设税和应纳教育费附加的计算及会计处理如下：

(1) 计提应交城市维护建设税和教育费附加时

应纳城市维护建设税＝(200 000＋100 000)×5％＝15 000(元)

应纳教育费附加＝(200 000＋100 000)×3％＝9 000(元)

应纳地方教育附加＝(200 000＋100 000)×2％＝6 000(元)

借：营业税金及附加　　30 000

　　贷：应交税费——应交城市维护建设税　　15 000

　　　　应交税费——应交教育费附加　　9 000

　　　　应交税费——应交地方教育费附加　　6 000

(2) 实际缴纳城市维护建设税和教育费附加时

借：应交税费——应交城市维护建设税　　15 000

　　应交税费——应交教育费附加　　9 000

　　应交税费——应交地方教育费附加　　6 000

　　贷：银行存款　　30 000

第二节　车辆购置税纳税实务

一、车辆购置税的基本规定

（一）概念

车辆购置税以《中华人民共和国车辆购置税暂行条例》（以下简称《车辆购置税暂行条例》）为依据，自2001年1月1日起征收。该税是以在中国境内购置规定车辆为课税对象，在特定环节向车辆购置者征收的一种财产税。

（二）特点

1. 征收范围单一

车辆购置税以购置的特定车辆为课税对象，而不是对所有的车辆征税，范围窄，是一种特种财产税。

2. 征收环节单一

车辆购置税实行一次课征制，它不是在生产、经营和消费的每个环节道道征收，只是在消费领域中的某一个环节一次征收。即车辆购置税是在消费领域中的使用环节（即最终消费环节）征收。

3. 税率单一

车辆购置税只确定一个统一比例税率征收，税率具有不随课税对象数额变动的特点，计征简便、负担稳定，有利于依法治税。

4. 征收方法单一

车辆购置税实行单一的比例税率，根据纳税人购置应税车辆的计税价格实行从价计征，以价格为计税标准，课税与直接发生关系，价值大者多征税，价值小者少征税。

5. 征税具有特定目的

车辆购置税为中央税，由国家税务局负责征收。该税是一种特定用途税，目的是筹集公路建设基金，满足公路建设需要。它取之于车辆，用之于交通建设，其征税具有专门用途，不挪作他用。

6. 价外征收，税负不发生转嫁

车辆购置税的计税价格中不含车辆购置税税额，车辆购置税是附加在价格之外的，税收的缴纳者即为最终的税收负担者，税负没有转嫁性。

（三）纳税人

车辆购置税的纳税人是指在我国境内购置应税车辆的单位和个人。其中购置是指购买使用行为(包括购买自用的国产应税车辆和购买自用的进口应税车辆)、进口使用行为、受赠使用行为、自产自用行为、获奖使用行为以及拍卖、抵债、走私、罚没等方式取得并使用的行为。

(四) 课税对象与征税范围

车辆购置税的征税对象是在中华人民共和国境内购置的应税车辆。以列举的车辆为征税对象,未列举的车辆不纳税。车辆购置税征收范围的调整,由国务院决定,其他任何部门、单位和个人无权擅自扩大或缩小车辆购置税的征税范围。

(五) 税率与计税依据

1. 税率

车辆购置税实行统一比例税率,税率为10%。具体征收范围依《车辆购置税暂行条例》所附《车辆购置税征收范围表》执行。车辆购置税税率的调整,由国务院决定并公布(如表10-1所示)。

表 10-1 车辆购置税征收范围表

应税车辆	具体范围	注释
汽车	各类汽车	
摩托车	轻便摩托车	最高设计时速不大于 50 km/h,发动机汽缸总排量不大于 50 cm^3 的两个或者三个车轮的机动车
	二轮摩托车	最高设计车速大于 50 km/h,或者发动机汽缸总排量大于 50 cm^3 的两个车轮的机动车
	三轮摩托车	最高设计车速大于 50 km/h,或者发动机汽缸总排量大于 50 cm^3,空车重量不大于 400 kg 的三个车轮的机动车
电车	无轨电车	以电能为动力,由专用输电电缆线供电的轮式公共车辆
	有轨电车	以电能为动力,在轨道上行驶的公共车辆
挂车	全挂车	无动力设备,独立承载,由牵引车辆牵引行驶的车辆
	半挂车	无动力设备,与牵引车辆共同承载,由牵引车辆牵引行驶的车辆
农用运输车	三轮农用运输车	柴油发动机,功率不大于 7.4 kw,载重量不大于 500 kg,最高车速不大于 40 km/h 的三个车轮的机动车
	四轮农用运输车	柴油发动机,功率不大于 28 kw,载重量不大于 1 500 kg,最高车速不大于 50 km/h 的四个车轮的机动车

(注:表中 50 cm^3 =50 立方厘米)

2. 计税依据

车辆购置税的计税依据为应税车辆的价格。根据应税车辆来源不同,主要有以下几种情况。

(1) 纳税人购买自用的应税车辆,计税价格为纳税人购买应税车辆而支付给销售者的全部价款和价外费用,但不包括增值税税款。(这里所说的价外费用,是指销售方价外向购买方收取的手续费、基金、违约金、包装费、运输费、保管费、代收款项、代垫款项和其他各种性质的价外收费。)

计税价格=(全部价款+价外费用)/(1+增值税税率或征收率)

(2) 纳税人进口自用的应税车辆,以组成计税价格为计税依据。

组成计税价格=关税完税价格+关税+消费税

(3) 纳税人自产、受赠、获奖或者以其他方式取得并自用的应税车辆,计税价格由主管税务机关参照规定的最低计税价格核定。

(4) 最低计税价格作为计税依据的确定。

纳税人购买自用或者进口自用应税车辆,申报的计税价格低于同类型应税车辆的最低计税价格,又无正当理由的,按照最低计税价格征收车辆购置税。

国税总局对以下几种特殊情形应税车辆的最低计税价格规定如下。

(1) 对已经缴纳车辆购置税并办理了登记注册手续的车辆,其发动机或底盘发生更换,其最低计税价格按同类新车最低计税价格的70%计算。

(2) 免税、减税车辆,因转让、改变用途等原因不再属于免税、减税范围,需要依法缴纳车辆购置税的,最低计税价格按以下办法确定:

最低计税价格=同类型新车最低计税价格×[1-(已使用年限÷规定使用年限)]×100%

其中,规定使用年限为:国产车辆按10年计算,进口车辆按15年计算。超过规定使用年限的车辆,不再征收购车税。

(3) 进口旧车、因不可抗力因素导致受损的车辆、库存超过3年的车辆、行驶8万公里以上的试验车辆、国家税务总局规定的其他车辆,凡纳税人能出具有效证明的,计税依据为其提供的统一发票或有效凭证注明的价格。

(4) 非贸易渠道进口车辆的最低计税价格,为同类型新车的最低计税价格。

(六) 税收优惠

车辆购置税的免税、减税,按照下列规定执行:

(1) 外国驻华使馆、领事馆和国际组织驻华机构及其外交人员自用的车辆,免税;

(2) 中国人民解放军和中国人民武装警察部队列入军队武器装备订货计划的车辆,免税;

(3) 设有固定装置的非运输车辆,免税;

(4) 有国务院规定予以免税或者减税的其他情形的,按照规定免税或者减税。

防汛部门和森林消防部门用于指挥、检查、调度、报汛(警)、联络的设有固定装置的指定型号的车辆;回国服务的留学人员用现汇购买1辆自用国产小汽车;长期来华定居专家1辆自用小汽车;此外,根据财政部、国家税务总局《关于城市公交企业购置公共汽电车辆免征车辆购置税的通知》,对城市公交企业自2012年1月1日起至2015年12月31日止购置的公共汽电车辆,免征车辆购置税。

二、车辆购置税应纳税额的计算

车辆购置税实行10%的固定比例税率,应纳税额=计税价格×10%

1. 购买自用

应纳税额＝支付的不含增值税价款×10％

2. 进口自用

应纳税额＝组成计税价格×10％

3. 其他自用

凡不能或不能准确提供车辆价格的，以国家税务总局核定的最低计税价格为计税依据、申报的计税价格低于同类型应税车辆的最低计税价格，又无正当理由的，其应纳税额的计算公式为：

应纳税额＝最低计税价格×10％

【例 10-5】某公司进口一部免税车辆因改变用途需依法缴纳车辆购置税。已知该车原价 10 万元，同类新车最低计税价格为 15 万元，该车已使用 3 年，规定使用年限为 15 年，车辆购置税为 10％，请计算该公司应缴纳的车辆购置税税额。

解答：

计税价格＝15×[1－(3÷15)]×100％＝12(万元)

车辆购置税＝12×10％＝1.2(万元)

因此，该车应缴纳车辆购置税税额为 1.2 万元。

三、车辆购置税的会计处理

企业缴纳的车辆购置税应当作为所购置车辆的成本。由于车辆购置税是一次性缴纳，因此它可以不通过“应交税费”账户进行核算，借记“固定资产”账户，贷记“银行存款”。在具体进行会计核算时，对于企业实际缴纳的车辆购置税，应当作如下会计分录：

借：固定资产

　　贷：银行存款

四、车辆购置税的申报与缴纳

车辆购置税纳税申报是指纳税人发生车辆购置税应税行为时，按照规定期限向主管税务机关申报缴纳车辆购置税的行为。依据《车辆购置税征收管理办法》和《国家税务总局关于修改〈车辆购置税征收管理办法〉的决定》，车辆购置税的征收规定如下：

1. 纳税义务发生时间

车辆购置税纳税义务发生时间为车辆购置的当天。纳税人购买应税车辆时，纳税义务发生时间为购车发票上注明的销售日期。进口应税车辆的，纳税义务发生时间为车辆报关进口的当天。以其他方式取得应税车辆的，纳税义务发生时间为取得应税车辆的当天。

2. 纳税期限

纳税人购买自用应税车辆的，应当自购买之日起 60 日内申报纳税；进口自用应税车辆的,应当自进口之日起60日内申报纳税;自产、受赠、获奖或者以其他方式取得并自用应税车辆的,应当自取得之日起60日内申报纳税。

3. 纳税地点

车辆购置税由国家税务局征收。纳税人购置应税车辆,应当向车辆登记注册地的主管税务机关申报纳税;购置不需要办理车辆登记注册手续的应税车辆,应当向纳税人所在地的主管税务机关申报纳税。

4. 纳税申报

车辆购置税实行一车一申报制度。购置已征车辆购置税的车辆,不再征收车辆购置税。纳税人办理纳税申报时应如实填写《车辆购置税纳税申报表》,同时提供车主身份证明、车辆价格证明、车辆合格证明及税务机关要求提供的其他资料的原件和复印件。

5. 车辆购置税的缴纳

车辆购置税税款应当一次缴清。车辆购置税的缴纳方法可分为:自报核缴;集中征收缴纳;代征、代扣、代收。纳税人应当在向公安机关车辆管理机构办理车辆登记注册前,缴纳车辆购置税。购买已经办理车辆购置税免税手续的二手车,购买者应当到税务机关重新办理申报缴税或免税手续。未按规定办理的,按征管法的规定处理。

6. 车辆购置税的退税制度

纳税人已经缴纳车购税,但在办理车辆登记注册手续前,因下列原因需要办理退还车辆购置税的,由纳税人申请,原代征机构审查后办理退还车辆购置税手续:公安机关车辆管理机构不予办理车辆登记注册手续的,凭公安机关车辆管理机构出具的证明办理退税手续;因质量等原因发生退回所购车辆的,凭经销商的退货证明办理退税手续。此外,城市公交企业2012年1月1日后购置的公共汽电车辆,在之前已缴纳车辆购置税的,主管税务机关按规定退还已征税款。

综合练习

一、单项选择题

1. 城建税按纳税义务人(　　)的不同,设置了不同税率。

A. 生产规模大小　　B. 会计制度健全与否

C. 所在地　　D. 是自然人还是法人

2. 下列经营者中,不需缴纳城市维护建设税的是(　　)。

A. 加工、修理、修配的私营企业

B. 生产、销售货物的国有企业

C. 生产化妆品的集体企业

D. 外贸企业在进口由海关代征增值税、消费税的产品时

3. 某汽车贸易公司2011年6月进口11辆小轿车,海关审定的关税完税价格为25万元/辆,当月销售8辆,取得含税销售收入240万元;2辆企业自用,1辆用于抵偿债务。合同

约定的含税价格为30万元。该公司应纳车辆购置税(　　)万元。(小轿车关税税率28%，消费税税率9%)

A. 7.03　　B. 5.00　　C. 7.05　　D. 10.55

4. 某汽车制造厂将自产轿车10辆向某汽车租赁公司进行投资，将自产轿车3辆转作本企业固定资产，将自产轿车4辆奖励给对企业发展有突出贡献的员工。该汽车制造厂应纳车辆购置税的计税依据为(　　)。

A. 投资作价　　B. 轿车销价

C. 核定的最低计税价格　　D. 核定的最高计税价格

5. 依据车辆购置税的有关规定，下列车辆中可以享受法定减免的是(　　)。

A. 国家机关购买的小汽车

B. 留学人员购买的小汽车

C. 有突出贡献专家购买的小汽车

D. 城市公交企业于2013年新购置的公共汽电车辆

6.《车辆购置税暂行条例》的征收范围不包括(　　)。

A. 大卡车　　B. 摩托车　　C. 无轨电车　　D. 自行车

7. 关于车辆购置税的计算，下列说法正确的是(　　)。

A. 进口自用的应税小汽车的计税价格包括关税完税价格和关税，不包括消费税

B. 纳税人购买自用的应税车辆的计税依据为纳税人购买应税车辆而支付给销售方的全部价款和价外费用(含增值税)

C. 纳税人自产自用、受赠使用、获奖使用和以其他方式取得并自用的应税车辆一般以国家税务总局核定的最低计税价格为计税依据

D. 进口自用的应税小汽车，其计税价格＝关税完税价格＋关税

8. 纳税人新购置车辆使用税，其车船使用税的纳税义务发生时间为(　　)。

A. 购置使用的当月起　　B. 购置使用的次月起

C. 购置使用的当年起　　D. 购置使用的次年起

9. 减免税车辆改变用途或使用性质的，应按照(　　)确定计税价格。

A. 同类型应税车辆最低计税价格的一定比例

B. 同类型应税车辆最高计税价格的一定比例

C. 购买车辆发票记载的价格

D. 初次办理纳税申报时，同类型应税车辆的价格

10. 张某于2011年10月10日购买了一辆小汽车供自己使用，支付含增值税车价款1 000 000元，另支付车辆装饰费200元，购买工具件和零部件价款2 000元，支付的上述款项均取得汽车贸易公司开具的“机动车销售统一发票”和有关票据，则张某应缴纳车辆购置税(　　)元。

A. 85 470.09　　B. 85 658.12　　C. 100 220　　D. 100 000

11. 下列关于车辆购置税的说法中，错误的是(　　)。

A. 直接税　　B. 间接税

C. 征收环节单一　　D. 税率单一

12. 李某中奖得到1辆小汽车，已知举办有奖活动的公司开具的汽车销售统一发票不含税金额是80 000元。李某按照发票金额进行申报纳税时，经税务机关审核得知，国家税务总局对同类型的应税车辆核定的最低计税价格定为75 000元，则李某应缴纳车辆购置税(　　)元。

A. 7 750　　B. 7 500　　C. 7 000　　D. 8 000

二、多项选择题

1. 城建税是国家对缴纳(　　)的单位和个人就其实际缴纳的税额为计税依据而征收的一种税。

A. 增值税　　B. 营业税

C. 消费税　　D. 资源税

2. 下列有关城建税说法正确的是(　　)。

A. 城建税随"三税"的减免而减免

B. 城建税随"三税"的退库而退库

C. 进口货物征收增值税但不征收城建税

D. 出口货物退还增值税但不退还城建税

3. 车辆购置税应税行为有(　　)。

A. 购买使用国产应税车辆　　B. 购买使用进口应税车辆

C. 直接进口使用应税车辆　　D. 汽车经销商购进的待销售汽车

4. 下列各项中，属于车辆购置税应税行为的有(　　)。

A. 购买使用行为　　B. 进口使用行为

C. 受赠使用行为　　D. 获奖使用行为

5. 某机关2011年4月购车一辆，随购车支付的下列款项中，应并入计税依据征收车辆购置税的有(　　)。

A. 控购费　　B. 增值税税款

C. 零部件价款　　D. 车辆装饰费

6. 下列关于车辆购置税的相关特点，表述正确的有(　　)。

A. 车辆购置税属于直接税的范畴，属于特定目的税类

B. 车辆购置税，是以购置的特定车辆为课税对象，范围窄

C. 车辆购置税实行一次课征制

D. 车辆购置税根据纳税人购置应税车辆的计税价格实行从量定额，采用定额税率

7. 下列关于车辆购置税的征收范围说法正确的有(　　)。

A. 车辆购置税以列举的车辆作为征税对象，未列举的车辆不纳税

B. 车辆购置税征收范围的调整，由国家税务总局决定，其他任何部门、单位和个人无权擅自扩大或缩小车辆购置税的征税范围

C. 车辆购置税对同一课税对象的应税车辆不论来源渠道如何，都按同一比例税率征收

D. 车辆购置税的征税范围包括汽车、摩托车、电车、挂车、农用运输车

8. 下列选项中，符合车辆购置税计税依据的有(　　)。

A. 购买自用应税车辆时，支付的车辆装饰费不并入计税依据中计税

B. 免税、减税条件消失的车辆，超过使用年限的车辆，不再征收车辆购置税

C. 汽车销售公司使用本公司发票的代收款项并入计税价格计征车辆购置税

D. 非贸易渠道进口车辆的最低计税价格，为同类型新车最低计税价格

9. 纳税人办理车辆购置税纳税申报时，除填写《车辆购置税申报表》外，还应同时提供(　　)。

A. 车主身份证明　　B. 车辆价格证明

C. 保险缴纳证明　　D. 车辆合格证明

10. 下列关于车辆购置税的征收管理中，不正确的有(　　)。

A. 纳税人购置不需办理车辆登记注册手续的应税车辆，向车辆销售商所在地税机关申报纳税

B. 纳税人购置需办理车辆登记注册手续的应税车辆，向车辆登记注册地税务机关申报纳税

C. 纳税人购置自用的应税车辆，应自购买之日起 30 日内申报纳税

D. 纳税人进口自用的应税车辆，应自进口之日起 90 日内申报纳税

11. 已缴纳车辆购置税的纳税人在办理车辆登记注册手续前，发生下列情形，可以申请办理退还车辆购置税的有(　　)。

A. 应当办理车辆登记注册的车辆，公安机关车辆管理机构不予办理车辆登记注册手续的

B. 将购买的车辆又卖出的

C. 购买的车辆发生损毁的

D. 因质量原因退回所购车辆的

12. 车辆购置税征收管理，依照(　　)的规定执行。

A.《中华人民共和国税收征收管理法》

B.《中华人民共和国车辆购置税暂行条例》

C.《中华人民共和国车船税法》

D.《中华人民共和国车船税暂行条例实施细则》

三、判断题

1. 由受托方代扣代缴、代收代缴“三税”的单位和个人，其代扣代缴、代收代缴的城建税按受托方所在地适用税率执行。(　　)

2. 海关对进口产品代征的增值税、消费税，同时要征收教育费附加。(　　)

3.《中华人民共和国车辆购置税法》自 2001 年 1 月 1 日起实施。(　　)

4. 车辆购置税是对所有的车辆征税。(　　)

5. 车辆购置税税率的调整，由国务院决定并公布。(　　)

6. 对已经缴纳车辆购置税并办理了登记注册手续的车辆，其发动机或底盘发生更换，其最低计税价格按同类新车最低计税价格的 50%计算。(　　)

7. 车辆购置税纳税义务发生时间为车辆购置的当天。(　　)

8. 车辆购置税为地方税，由地方税务局负责征收。(　　)

9. 车辆购置税实行一车一申报制度，车辆购置税税款应当一次缴清。(　　)

10. 纳税人自产、受赠、获奖或者以其他方式取得并自用的应税车辆，计税价格由主管税务机关参照规定的最高计税价格核定。（　）

11. 车辆购置税征收范围的调整，由省、自治区人民政府决定。（　）

12. 计算应纳车船税时，贷记“固定资产”，借记“银行存款”。（　）

四、实务题

四通汽车贸易公司经批准从美国进口某种汽车两辆，到岸价格为3万美元，进口关税税率为30%，消费税税率为8%。该公司进行车辆购置税纳税申报当日，人民银行公布的基准价为1美元折合人民币6.80元。计算该公司应纳车辆购置税税额。

综合练习参考答案

第一章　企业纳税基础

一、单项选择题

1. A　2. C　3. C　4. D　5. B　6. C　7. D　8. B　9. A
10. C　11. C　12. D　13. A　14. D　15. D

二、多项选择题

1. CD　2. ABC　3. AC　4. ABC　5. ABC　6. ACD　7. CD　8. ABC
9. BCD　10. BC　11. ACD　12. ABD　13. BCD　14. ABCD　15. BC

三、判断题

1. ×　2. ×　3. √　4. ×　5. √　6. ×　7. √　8. ×　9. ×　10. √

四、实务题

1. 答案：王某是纳税义务人，甲公司是代扣代缴义务人。

2. 答：有问题。

根据《中华人民共和国税收征收管理办法实施细则》规定，从事生产、经营的纳税人应当自领取营业执照之日起30日内向所在地税务机关申请办理税务登记。税务机关应当自收到申报之日起30日内完成审核并发给税务登记证件。A企业应该但却未按规定期限申报办理税务登记，由税务机关责令其改正，可以处2 000元以下罚款；情节严重的，处2 000元以上10 000元以下的罚款。

A企业在纳税期内没有应纳税款，也应当按规定办理纳税申报。A企业如果享有税收减免待遇的，在减免期间应当按照规定办理纳税申报。因此，A企业应尽快到税务机关办理税务登记，并按照规定期限进行纳税申报。

第二章　增值税纳税实务

一、单项选择题

1. A　2. B　3. C　4. B　5. C　6. A　7. D　8. B　9. C
10. D　11. A　12. B　13. A　14. C　15. C　16. D　17. B　18. D
19. A　20. B　21. C　22. D　23. A

二、多项选择题

1. ABC　2. ABCD　3. ABC　4. CD　5. AC　6. AD　7. BC　8. AB　9. BD
10. ACD　11. BD　12. AC　13. ABD　14. ABD　15. ACD　16. BC
17. ABCD　18. AD

三、判断题

1. × 2. √ 3. × 4. × 5. × 6. × 7. × 8. √ 9. ×
10. √ 11. × 12. × 13. √ 14. √ 15. √ 16. ×

四、业务题

1. 解析：

收到A材料的发票账单

借：原材料 2 200
　　应交税费——应交增值税(进项税额) 306
　　贷：银行存款 2 506

2. 解析：

借：原材料 200 000
　　应交税费——应交增值税(进项税额) 34 000
　　贷：实收资本 160 000
　　　　资本公积 74 000

3. 解析：

借：在建工程 117 000
　　贷：原材料 100 000
　　　　应交税费——应交增值税(进项税转出) 17 000

4. 解析：

答案：应转出的进项税额＝(60 000 ＋ 100 000)×17％＝27 200(元)

借：待处理财产损溢 287 200
　　贷：原材料 60 000
　　　　库存商品 200 000
　　　　应交税费——应交增值税(进项税额转出) 27 200

五、综合业务题

1. 会计处理如下：

① 当期进项税额＝85 000(元)

借：材料采购 500 000
　　应交税费——应交增值税(进项税额) 85 000
　　贷：银行存款 585 000

② 当期销项税额＝8 000×50×17％＝68 000(元)

借：银行存款 468 000
　　贷：主营业务收入 400 000
　　　　应交税费——应交增值税(销项税额) 68 000

③ 视同销售销项税额＝6 000×(1＋10％)×20×17％＝22 440(元)

借：应付股利 154 440
　　贷：主营业务收入 132 000
　　　　应交税费——应交增值税(销项税额) 22 440

借：利润分配——应付现金股利或利润 154 440

贷：应付股利　　154 440

④ 当期进项税额转出＝(50 000＋2 000×8)×17%＝11 220(元)

借：在建工程　　58 500

贷：原材料　　50 000

应交税费——应交增值税(进项税额转出)　　8 500

借：待处理财产损溢　　18 720

贷：库存商品　　16 000

应交税费——应交增值税(进项税额转出)　　2 720

2. 会计处理如下：

① 借：物资采购　　76 000

应交税费——应交增值税(进项税额)　　12 920

贷：银行存款　　88 920

② 借：库存商品　　100 000

贷：物资采购　　76 000

商品进销差价　　24 000

③ 借：应交税费——应交增值税　　21 000

贷：银行存款　　21 000

④ 销项税额＝100 000÷(1＋17%)×17%＝14 529.91(元)

借：银行存款　　100 000

贷：主营业务收入　　85 470.09

应交税费——应交增值税(销项税额)　　14 529.91

六、案例题

案例1

案例分析：

企业会计人员计算增值税有误，其理由如下：

(1) 对于折扣销售，税法规定：如果是在同一张发票上分别注明的，按折扣后的余额作为销售额；如果折扣额另开发票，不论财务如何处理，均不得从销售额中减除折扣额。

对于销售折扣，由于发生在销货之后，属于一种融资行为，所以折扣额不得从销售额中减除。

(2) 对于以旧换新销售方式，税法规定：以旧换新销售，按新货同期销售价格确定销售额，不得扣减旧货收购价格(金银首饰除外)。

(3) 对于还本销售方式，税法规定：还本销售，销售额就是货物销售价格，不得扣减还本支出。

(4) 对于以物易物销售方式，税法规定：以物易物销售，双方均作购销处理，以各自发出的货物核算销售额并计算销项税额，以各自收到的货物核算购货额并计算进项税额。

案例2

案例分析：

税务机关认为企业少计收入、偷逃税款，要求企业补缴增值税。其认定是正确的。处罚应按《税收征管法》的相应规定执行。

家电商场销售电器并负责安装的行为属于增值税的混合销售行为，其提供安装劳务收取的劳务费应并入销售额计征增值税。其会计处理如下：

调整分录：

借：管理费用　　65 500

　　贷：银行存款　　65 500

借：银行存款　　65 500

　　贷：其他业务收入　　55 983

　　　　应交税费——应交增值税(销项税额)　　9 517

第三章　消费税纳税实务

一、单项选择题

1. B　2. B　3. D　4. D　5. D　6. D　7. A　8. B　9. C
10. C　11. C　12. B　13. B　14. A　15. B　16. B　17. D　18. B
19. A　20. C

二、多项选择

1. ABCD　2. ACD　3. BC　4. AD　5. ABCD　6. AB　7. AC　8. BD
9. BD　10. ABCD　11. ACD　12. ABC　13. BD　14. ABCD　15. BD

三、判断题

1. ×　2. ×　3. ×　4. ×　5. ×　6. √　7. √　8. √　9. √
10. √　11. √　12. √　13. √　14. ×　15. ×　16. √　17. √　18. √
19. √　20. √

四、实务题

1. 解答

(1) 销售化妆品应纳消费税税额＝70 200÷(1＋17%)×30%＝18 000 (元)

(2) 其他产品不纳消费税

2. 解答

(1) 计算应纳关税

关税完税价格＝1 740＋200＋10＋50＝2 000(万元)

应纳进口关税税额＝2 000×30%＝600(万元)

(2) 计算应纳消费税

组成计税价格＝(2 000＋600)÷(1－20%)＝3 250(万元)

应纳进口消费税税额＝3 250×20%＝650(万元)

(3) 计算应纳增值税

组成计税价格＝2 000＋600＋650＝3 250(万元)

应纳进口增值税税额＝3 250×17%＝552.5(万元)

3. 解答

组成计税价格＝(4 550＋1 400)÷(1－30%)＝8 500(元)

应纳消费税税额＝8 500× 30%＝2 550 (元)

4. 解：分析：

(1) 向小规模纳税人开具的普通发票上注明的销售金额是含税价，应换算成不含税价，然后再计算应纳的增值税和消费税。

(2) 拖拉机专用轮胎不属于消费税征税范围，故此项业务只征增值税，不征消费税。

(3) 向统一核算的门市部调拨自产的应税消费品，应以门市部的对外销售额为计税销售额；市部的零售价为含税价，应换算为不含税价计算纳税额。

(4) 销项税额＝[8.19÷(1＋17%)＋32.5＋60.84÷(1＋17%)]×17%＝15.56(万元)

(5) 应纳增值税税额＝15.56－12.1－55.4＝－51.94(万元)

本月销项税额不足抵扣进项税额，51.94万元的增值税结转到下月继续抵扣。

(6) 汽车轮胎应纳消费税税额＝[8.19÷(1＋17%)＋60.84÷(1＋17%)]×3%＝1.77(万元)

(7) 机专用轮胎不征消费税。

5. 解：分析：啤酒屋属于商业企业，外购的瓶装啤酒在啤酒厂出厂销售时已交了消费税，商业企业再销售时则不再征收消费税，即消费税只在生产环节征收；啤酒屋销售的自制啤酒因没有缴过消费税，所以应按规定缴纳消费税(啤酒屋适用高税额，见税目、税率表)。

答案：

应纳消费税税额＝0.45×250＝112.5(元)

6. 解：分析：

(1) 用应税消费品换取生产资料应视同对外销售并以纳税人同类应类应税消费品的最高销售价格作为计税销售额；

(2) 大轿车不属于消费税征收范围，不缴纳消费税。

答案：(1) 小轿车应纳消费税税额＝450×9%＝40.5(万元)

(2) 小客车应纳消费税税额＝13.2×5%×2＝1.32(万元)

(3) 该厂10月份应纳消费税税额＝40.5＋1.32＝41.82(万元)

7. 解：分析

(1) 委托加工的烟丝由受托方A厂代扣代缴消费税；

(2) 加工费属于应税劳务，应缴增值税；

(3) 用委托加工收回的烟丝为原料生产卷烟，其烟丝已纳的消费税准予抵扣；

(4) 委托加工收回的烟丝因已缴过消费税，故对外销售时不再缴税。

甲类卷烟每条50元，乙类卷烟每条40元，所以分别适用税率为56%和36%

(5) 甲类卷烟应纳消费税税额＝500×150＋6 250 000×56%＝3 575 000(元)

(6) 乙类卷烟应纳消费税税额＝280×150＋2 800 000×36%＝1 050 000(元)

(7) A厂代扣代缴烟丝的消费税税额＝[(304 000＋81 000)÷(1－30%)]×30%＝165 000(元)

(8) 烟厂准予抵扣的消费税税额＝165 000(元)

(9) 烟厂应纳消费税税额＝(3 575 000＋1 050 000)－165 000＝4 460 000(元)

(10) A厂加工费应纳增值税税倾＝81 000×17%＝13 770(元)

8. 解：分析：

(1) 进口应税消费品按组成计税价格计算清费税和增值税；

(2) 组成计税价格=关税完税价格×(1+关税率)÷(1-消费税率)

(3) 组成计税价格=20×8.3×(1+40%)÷(1-30%)=332(万元)

(4) 应纳增值税税额=332×17%=56.44(万元)

(5) 应纳消费税税额=332×30%=99.6(万元)

9. 解：组成计税价格=(600 000+72 000)÷(1-30%)=960 000(元)

增值税税额=960 000×17%=163 200 (元)

应纳消费税税额=960 000× 30%=288 000(元)

支付款项总额=600 000+72 000+163 200+288 000=1 123 200(元)

作会计分录如下：

借：库存商品	960 000	
应交税费——应交增值税(进项税额)	163 200	
贷：银行存款		1 123 200

10. 解：

组成计税价格=2 000×(1+20%)÷(1-20%) ×10=30 000 (元)

应纳增值税税额=30 000×17%=5 100(元)

应纳消费税税额=30 000×20%=6 000(元)

作会计分录如下：

借：营业外支出	35 100	
贷：主营业务收入		30 000
应交税费——应交增值税(销项税额)		5 100

同时,作会计分录如下：

借：营业税金及附加	6 000	
贷：应交税费——应交消费税		6 000

11. 解：

应纳消费税税额=100 000 ×(1+5%)÷(1-3%)×3%=3 247(元)

借：生产成本	103 247	
贷：原材料		100 000
应交税费——应交消费税		3 247

12. 解：根据上述业务,作会计分录如下：

(1) 用于销售的小汽车的核算：

借：银行存款	2 340 000	
贷：主营业务收入		2 000 000
应交税费——应交增值税(销项税额)		340 000
借：主营业务成本	1 500 000	
贷：库存商品		1 500 000
借：营业税金及附加	180 000	
贷：应交税费——应交消费税		180 000

(2) 自产自用的小汽车,属于销售：

借：固定资产	202 000	

贷：库存商品　150 000

应交税费——应交增值税(销项税额)　34 000

——应交消费税　18 000

(3) 赞助汽车比赛小汽车，属于会计销售：

借：营业外支出　468 000

贷：主营业务收入　400 000

应交税费——应交增值税(销项税额)　68 000

借：主营业务成本　300 000

贷：库存商品　300 000

借：营业税金及附加　36 000

贷：应交税费——应交消费税　36 000

第四章　营业税纳税实务

一、单项选择题

1. D　2. C　3. D　4. D　5. A　6. B　7. D　8. B　9. C
10. D　11. D　12. D　13. C　14. C　15. A

二、多项选择题

1. ABCD　2. ABD　3. ABD　4. ABC　5. ABC　6. CD　7. ABC　8. ABD
9. ABD　10. ABD　11. CD　12. AD　13. ABCD　14. ACD　15. BCD

三、判断题

1. √　2. √　3. ×　4. √　5. √　6. √　7. √　8. √
9. ×　10. √　11. ×　12. √　13. √　14. √　15. √

四、实务题

1. 力天建筑公司应纳的营业税税额＝(6 000－1 500－2 000＋150＋100)×3%＝82.5(万元)

2. (1) 货物运输应缴营业税税额＝(100＋2＋2)×3%＝3.12(万元)

(2) 联运业务应缴营业税税额＝(50－30)×3%＝0.6(万元)

(3) 跨境运输应缴营业税税额＝(20－10)×3%＝0.3(万元)

该企业3月份应缴营业税税额＝3.12＋0.6＋0.3＝4.02(万元)。

3. 广告收入适用服务业税目，税率为5%；有线电视收视费收入适用文化体育业税目，税率为3%；有线电视初装费收入适用建筑业税目，税率为3%。

该月应纳营业税税额＝200×5%＋200×3%＋100×3%＝19(万元)

4. 本月应纳营业税税额＝[43＋(250－220)＋8]×5%＝4.05(万元)

5. 本月应纳营业税税额＝(50－20)×5%＝1.5(万元)

6. 邮政收入适用邮电通信业税目，税率为3%；门面房出租收入适用服务业——租赁税目，税率为5%。

该邮政局当月应纳营业税税额＝80×3%＋10×5%＝2.9(万元)

7. 台球、保龄球和高尔夫球都适用娱乐业税目，税率为5%和20%；放相厅收入适用文化体育业税目，税率为3%。

应纳营业税＝4×20%＋(3＋11)×5%＋2×3%＝0.8＋0.7＋0.06＝1.56(万元)

8. 该公司本月应纳营业税＝(100－80＋20＋50) ×5%＝4.5(万元)

9. (1) 进口设备的关税＝150×20%＝30(万元)

进口设备的增值税税额＝(150＋30) ×17%＝30.6(万元)

设备的实际成本＝150＋30＋30.6＋3＋2＋5＝220.6(万元)

本期营业额＝(300－220.6)×3 ÷ (5 ×12)＝3.97 (万元)

应纳营业税税额＝3.97× 5%＝1.985(万元)

(2) 股票转让营业额＝(250＋1.2＋4)－(180－0.8－2.4)＝78.4(万元)

应纳营业税税额＝78.4×5%＝3.92(万元)

(3) 贷款和外汇转贷业务应纳营业税税额＝(160＋90＋10)×5%＝13 (万元)

(4) 转让房产＝(3 000－1 500)×5%＝75(万元)

共应纳营业税税额＝1.985＋3.92＋13＋75＝93.905(万元)

10. 会计处理如下：

(1) 将不动产转入清理时：

借：固定资产清理	7 000 000	
累计折旧	6 000 000	
固定资产减值准备	2 000 000	
贷：固定资产		15 000 000

(2) 确认收入时：

借：银行存款	8 500 000	
贷：固定资产清理		8 500 000

(3) 支付清理费用时：

借：固定资产清理	20 000	
贷：银行存款		20 000

(4) 计提营业税时：

应纳营业税＝8 500 000×5%＝425 000(元)

借：固定资产清理	425 000	
贷：应交税费——应交营业税		425 000

(5) 实际缴纳营业税时：

借：应交税费——应交营业税	425 000	
贷：银行存款		425 000

(6) 结转清理净收益时：

借：固定资产清理	1 055 000	
贷：营业外收入——处理固定资产净收益		1 055 000

第五章 关税纳税实务

一、单项选择题

1. D 2. A 3. B 4. C 5. C 6. B 7. B 8. A 9. C 10. B

二、多项选择题

1. ABCDE 2. ABCDE 3. ABCD 4. AC 5. ABD 6. BCD

7. ABD 8. ABC 9. CD 10. ABCD

三、判断题

1. √ 2. √ 3. √ 4. × 5. √

6. √ 7. √ 8. √ 9. × 10. ×

四、实务题

1. 答案：该货物关税完税价格＝5 000 000－400 000－200 000－300 000＋100 000

＝4 200 000(元)

应纳出口关税税额＝4 200 000×40％＝1 680 000(元)

借：营业税金及附加 1 680 000

贷：银行存款 1 680 000

2. 答案：关税完税价格＝300 000＋50 000＝350 000(元)

应纳关税税额＝350 000×20％＝70 000(元)

材料采购成本＝350 000＋70 000＝420 000(元)

代征增值税税额＝420 000×17％＝71 400(元)

作会计分录如下：

计提关税和增值税时：

收到委托单位划来进口货款时：

借：银行存款 500 000

贷：应付账款——B企业 500 000

向国外支付价款、运输费、保险费时：

借：借应付账款——××外商 350 000

贷：银行存款 350 000

支付进口关税和增值税时：

借：应收账款——B企业 141 400

贷：应交税费——应交关税 70 000

应交税费——应交增值税 71 400

借：应交税费——应交关税 70 000

应交税费——应交增值税 71 400

贷：银行存款 141 400

将进口商品交付委托单位并收取手续费时：

借：应收账款——B企业 8 500

贷：其他业务收入 8 500

将委托单位剩余的进口货款退回时：

借：应付账款 1 100

贷：银行存款 1 100

第六章　企业所得税纳税实务

一、单项选择题

1. D　2. A　3. D　4. D　5. B　6. B　7. D　8. D　9. B　10. A　11. A　12. D　13. A　14. C　15. C　16. C　17. C　18. B　19. A　20. D

二、多项选择题

1. AC　2. ABC　3. ABD　4. ABCD　5. ABC　6. BD　7. BCD　8. ABC　9. AD　10. ABC　11. ABCD　12. AB　13. ABCD　14. ACD　15. ABCD

三、判断题

1. √　2. ×　3. ×　4. √　5. ×　6. √　7. ×　8. √　9. ×　10. √　11. ×　12. ×　13. ×　14. √　15. ×

四、实务题

1. 答案：

(1) 企业应税收入总额＝2 000－100＝1 900(万元)

(2) 税前扣除项目金额＝1 000－(100－1 800×0.5%)－(50－200×14%)－(20－200×2.5%)－(10－200×2%)－10－100＝756(万元)

(3) 应纳税所得额＝1 900－756＝1 144(万元)

(4) 抵免税额＝500×10%＝50(万元)

(5) 应纳税额＝1 144×15%－50＝121.6(万元)

2. 答案：

(1) 会计利润总额＝2 500＋70－1 100－670－480－60－40－50＝170(万元)

(2) 广告、业务宣传调增所得＝450－2 500×15%＝75(万元)

(3) 业务招待费调增所得＝15－15×60%＝6(万元)

(4) 捐赠支出调增＝30－170×12%＝9.6(万元)

(5) “三费”应调增所得＝3＋29－150×18.5%＝4.25(万元)

(6) 应纳税所得额＝170＋75＋6＋9.6＋6＋4.25＝270.85(万元)

(7) 公司 2012 年度应缴纳所得税＝270.85×25%＝67.71(万元)

3. 答案：

(1) 转让专有技术属于营业税中的免税项目，出租专有技术取得的租金收入应缴纳营业税，应纳营业税＝30×5%＝1.5(万元)

(2) 会计利润＝1 625＋160－80＋30－700－25－326－3.5＋80－38＝722.5(万元)

(3) 业务招待费限额＝(1 625＋30＋80)×0.5%＝8.68 万元，实际发生额的 60%＝13×60%＝7.8(万元)准予扣 7.8 万元，业务招待费应调增应纳税所得额＝13－7.8＝5.2(万元)

(4) 广告费扣除限额＝(1 625＋30＋80)×15%＝260.25(万元)，企业实际发生 50 万元，所以可以全部扣除，无需调整的应纳税所得额

(5) 营业外支出中的交通罚款属于行政罚款，不得在税前扣除，税收滞纳金不得在税前扣除，故营业外支出中的这两部分都不得在税前扣除，所以应调增应纳税所得额 0.2＋2＝2.2(万元)

(6) 应纳税所得额＝722.5＋5.2＋2.2－(160－80)＝649.9(万元)

(7) 应纳所得税税额＝649.9×25％＝162.48(万元)

4. 答案：

(1) 计算当年应纳的增值税：

应纳增值税税额＝(150＋58.5÷1.17＋20)×17％－50×17％－6×6％－10×17％＝26.84(万元)

(2) 计算所得税税前可以扣除的税费

营业税：10×5％＝0.5(万元)

城市维护建设税：(26.84＋0.5)×5％＝1.37(万元)

教育费附加：(26.84＋0.5)×3％＝0.82(万元)

(3) 所得税税前可以扣除的销售费用

业务宣传费扣除限额＝(150＋58.5÷1.17＋20＋10)×15％＝34.5(万元)，企业未超标

自制凭证支付给销售员佣金2万元，不得在税前扣除

可以扣除的销售费用为60－2＝58(万元)

(4) 所得税税前可以扣除的管理费用

业务招待费扣除限额＝(150＋58.5÷1.17＋20＋10)×0.5％＝1.15(万元)，实际发生额的60％＝5.5×60％＝3.3(万元)，应按1.15万元为限额，所得税前可以扣除的管理费用为20－5.5＋1.15＝15.65(万元)

(5) 应纳税所得额

150＋58.5÷1.17＋20＋10－120－0.5－1.37－0.82－58－15.65－5＝28.66(万元)

(6) 应纳所得税税额

应纳所得税税额＝28.66×20％＝5.73(万元)

5. 答案：

(1) 会计期末确认公允价值变动额

626－546＝80(万元)

借：可供出售金融资产　　800 000

　　贷：资本公积——其他资本公积　　800 000

(2) 确认应纳税暂时性差异的所得税影响

80×25％＝20(万元)

借：资本公积——其他资本公积　　2 000 000

　　贷：递延所得税负债　　2 000 000

6. 解答：

(1) 应纳税所得额和应交所得税税额

应纳税所得额＝2 840＋(200－100)＋300－600＋200＋60＝2 900(万元)

应交所得税税额＝2 900×25％＝725(万元)

(2) 年度递延所得税

递延所得税资产＝160×25％＝40(万元)

递延所得税负债＝600×25％＝150(万元)

递延所得税税额＝150－40＝110(万元)

(3) 利润表中应确认的所得税费用

所得税费用＝725＋110＝835(万元)

借：所得税费用　　　　8 350 000
　　递延所得税资产　　　　400 000
　　贷：应交税费——应交所得税　　　　7 250 000
　　　　递延所得税负债　　　　1 500 000

7. 答案：

(1) 营业利润为 2 319 400 元；

(2) 利润总额为 3 033 400 元；

(3) 应纳税所得额为 3 088 800 元；

(4) 应纳所得税税额为 772 200 元；

(5) 应纳税额为 725 000 元；

(6) 实际应纳所得税税额为 890 000 元；

(7) 本年应补退的所得税税额为 159 000 元。

第七章　个人所得税纳税实务

一、单项选择题

1. D　2. A　3. D　4. D　5. C　6. C　7. C　8. D　9. B　10. C　11. B
12. C　13. C　14. D　15. B　16. A　17. D　18. C　19. B　20. B

二、多项选择题

1. ACD　2. CD　3. ACD　4. AC　5. ACD　6. ABCD　7. ACD　8. ACD
9. CD　10. BCD　11. AD　12. ABC　13. ABC　14. ABCD　15. ABD

三、判断

1. √　2. √　3. ×　4. √　5. ×　6. ×　7. √　8. √　9. ×
10. ×　11. √　12. ×　13. ×　14. √　15. ×

四、计算

1.

(1) 境内年薪应纳个人所得税额＝[(120 000/12－3 500)×20%－555]×12＝8 940(元)

(2) 租赁所得应纳税额＝(36 000/12－800)×20%×12＝5 280(元)

(3) 转让特许权使用费应纳税额＝(3 000－800)×20%＋8 000×(1－20%)×20%＋40 000 ×(1－20%)×20%＝8 120(元)

(4) 稿费所得应纳税额＝(1 500＋1 400＋900＋700)×(1－20%)×20%
×(1－30%)＋30 000×(1－20%)×20%
×(1－30%)＝3 864(元)

(5) 授课所得应纳税额＝(18×300/5－800)×20%×5＝280(元)

该公民 2012 年度共缴纳个人所得税＝8 940＋5 280＋8 120＋3 864＋280＝26 484(元)

2.

(1) 捐赠农村义务教育可全额扣除。

出场费应纳个人所得税＝[(3 000－800)－2 000]×20%＝40(元)

(2) 讲学收入应纳个人所得税：

A 国收入按我国税法计算应纳税额：

应纳税所得额＝50 000×(1－20％)＝40 000(元)

应纳税额＝40 000×30％－2 000＝10 000(元)

李某在 A 国缴纳了 8 000 元,应补缴 2 000 元；

(3) 特许权使用费应纳个人所得税＝(3 200－800)×20％＝480(元)

李某共缴纳个人所得税＝40＋2 000＋480＝2 520(元)

3.

(1) 演讲应纳个人所得税税额＝5 000×(1－20％)×20％＝800(元)

(2) 发表论文应缴纳个人所得税税额＝(3 200—800) ×20％×(1－30％)＋4 500×(1—20％)×20％×(1－30％)＝840(元)

(3) 出版权应缴纳个人所得税税额＝62 000×(1—20％)×20％－5 600＝4 320(元)

(4) 发票中奖应缴纳个人所得税税额＝1 000×20％＝200(元)

张某共缴纳个人所得税税额＝800＋840＋4 320＋200＝6 160(元)

4.

(1) 稿酬所得应缴纳个人所得税税额＝(1 200－800)×20％×(1－30％)＝56(元)

700 元未达到扣除标准,不纳税。

(2) 专业教材取得稿酬收入：

应税所得额＝12 000×(1－20％)＝9 600(元)

公益捐赠限额＝9 600×30％＝2 880(元)

应纳个人所得税税额＝(9 600－2 880)×20％×(1－30％)＝940.8(元)

(3) 讲学收入应纳个人所得税：

A 国收入按我国税法计算应纳税额：

应税所得额＝30 000×(1－20％)＝24 000(元)

应纳税额＝24 000×30％－2 000＝5 200(元)

王某已在 A 国缴纳了 2 000 元,因此,应补缴 5 200－2 000＝3 200(元)

王某共缴纳个人所得税税额＝56＋940.8＋3 200＝4 196.8(元)

5.

(1) 工程设计费所得

应纳税所得额＝30 000×(1－20％)＝24 000(元)

应纳税额＝24 000×30％－2 000＝5 200(元)

(2) 中奖所得应纳个人所得税额额＝200×20％＝40(元)

(3) 出租房屋租金收入所得：

应纳营业税税额＝2 000×3％＝60(元)

应纳城建税及教育费附加＝60×(7％＋3％)＝6(元)

应纳房产税税额＝2 000×4％＝80(元)

应纳个人所得税税额＝(2 000－60－6－80－800)×10％＝105.4(元)

刘某共缴纳个人所得税税额＝5 200＋40＋105.4＝5 345.4(元)

6.

(1) 该企业当年应纳税所得额＝850－5－500－225＝120(万元)

(2) 该企业当年应纳所得税税额＝120×25%＝30(万元)
(3) 林某分得的经营利润＝(120—30)×80%＝72(万元)
(4) 林某当年取得的承包经营所得应纳税所得额＝720 000＋(2 000＋500) ×12
－3 500×12＝708 000(元)
(5) 林某全年应缴纳个人所得税税额＝708 000×30%－9 750＝202 650(元)

第八章 资源税类纳税实务

一、单项选择题

1. B 2. B 3. B 4. A 5. D 6. D 7. A 8. B 9. C
10. D 11. A 12. B 13. C 14. D 15. A

二、多项选择题

1. ABD 2. ABD 3. AB 4. ACD 5. ABD 6. BC 7. ABC 8. ABC
9. ABCD 10. ABCD 11. BD 12. AD 13. ABCD 14. BC 15. ACD

三、判断题

1. × 2. √ 3. √ 4. × 5. √ 6. √ 7. × 8. ×
9. √ 10. × 11. × 12. × 13. √ 14. ×

四、实务题

1. 解答：应纳税额＝(4 000＋1 000)×6 000×8%＝240(万元)
2. 解答：应纳资源税额＝26 000×50－50 000×8＝90(万元)
应纳增值税税额＝1 320÷(1＋13%)×13%－120＝31.86(万元)
3. 解答：
(1) 准许扣除项目金额＝3 700＋277.5＝3 977.5(万元)
(2) 土地增值税税额＝5 000－3 977.5＝1 022.5(万元)
(3) 土地增值额与扣除项目比率＝1 022.5÷3 977.5＝26%，适用税率为 30%，扣除率为 0
(4) 应缴纳土地增值税税额＝1 022.5×30%＝306.75(万元)
根据上述计算，会计处理如下：
(1) 取得转让收入时：

借：营业税金及附加	3 067 500	
贷：应交税费——应交土地增值税		3 067 500

(2) 实际交纳时：

借：应交税费——应交土地增值税	3 067 500	
贷：银行存款		3 067 500

4. 解答：
转让存量房地产按法定评估机构评估价计算扣除。因此，
(1) 该办公楼评估价＝1 000×0.6＝600(万元)
(2) 增值率＝(700－600)÷600×100%＝16.7%，适用税率为 30%，扣除率为 0
(3) 应缴纳的土地增值税税额＝100×30%＝30(万元)

5. 解答：

直接从事种植、养殖、饲养的专业用地免税。农副产品加工厂占地和从事农、林、牧、渔业生产单位的生活、办公用地不包括在免税范围内。企业内的道路和绿化占地不属于社会性公共用地，照章征税。因此，

该企业应缴纳城镇土地使用税税额＝(40 000－20 000)×5＝100 000(元)

根据上述计算，会计处理如下：

(1) 计算出应缴的土地使用税时

借：管理费用　　100 000

　　贷：应交税费——应交土地使用税　　100 000

(2) 实际将土地使用税款上缴税务机关时

借：应交税费——应交土地使用税　　100 000

　　贷：银行存款　　100 000

第九章　财产行为税类纳税实务

一、单项选择题

1. C　2. A　3. A　4. D　5. D　6. A　7. C　8. D　9. A

10. D　11. A　12. A　13. C　14. D　15. B　16. A　17. C　18. A

二、多项选择题

1. AC　2. ACD　3. ABCD　4. BD　5. AB　6. BC　7. ABCD　8. AC

9. CD　10. ABD　11. CD　12. ACD　13. ABCD　14. ABD　15. AC

16. BD　17. ABCD　18. AD

三、判断题

1. ×　2. ×　3. ×　4. √　5. √　6. ×　7. ×　8. ×　9. √　10. √

11. √　12. ×　13. ×　14. ×　15. ×　16. ×　17. ×　18. ×

四、实务题

1. 解答：

应纳车船税税额＝20×180×3＋10×600×4＋10×4 000×5＋2×12 000×6

＝10 800＋24 000＋200 000＋144 000

＝378 800(元)

2. 解答：

乙公司2012年应缴纳印花税：

(1) 领受权利、许可证照应纳税额＝5×3＝15(元)

(2) 资金账簿应纳税额＝15 000 000× 0.5‰＝7 500(元)

(3) 营业账簿应纳税额＝5×7＝35(元)

(4) 购销合同应纳税额＝5 000 000×0.3‰＝1 500(元)

(5) 借款合同应纳税额＝1 000 000×0.05‰＝50(元)

(6) 2012年应交纳印花税税额＝15＋7 500＋35＋1 500＋50＝9 100(元)

第十章　特定目的税类纳税实务

一、单项选择题

1. C　2. D　3. A　4. B　5. D　6. D　7. C　8. A　9. A
10. B　11. B　12. D

二、多项选择题

1. ABC　2. ABCD　3. ABC　4. ABCD　5. CD　6. ABC　7. ACD
8. BCD　9. ABD　10. ACD　11. AD　12. AB

三、判断题

1. √　2. ×　3. ×　4. ×　5. √　6. ×　7. √
8. ×　9. √　10. ×　11. ×　12. ×

四、实务题

应纳税额的计算：

(1) 关税完税价格＝30 000×6.80＝204 000(元)

关税税额＝204 000×30%＝61 200(元)

消费税税额＝[(204 000＋61 200)÷(1－8%)]×8%＝23 060.87(元)

计税价格＝204 000＋61 200＋23 060.87＝288 260.87(元)

应纳税额＝288 260.87×10%＝28 826.09(元)

(2) 业务的会计处理：

借：固定资产　　28 826.09

　　贷：银行存款　　28 826.09

参考文献

1. 中华人民共和国财政部.企业会计准则[M].北京:经济科学出版社,2006.
2. 中华人民共和国财政部.企业会计准则讲解[M].北京:人民出版社,2007.
3. 财政部会计准则委员会.所得税会计[M].大连:大连出版社,2005.
4. 中国注册会计师协会.注册会计师统一考试教材——税法[M].北京:经济科学出版社,2012.
5. 中国注册会计师协会.注册会计师统一考试教材——税法[M].北京:经济科学出版社,2013.
6. 毛夏鸾,叶青.税务会计学(修订第4版)[M].北京:首都经济贸易大学出版社,2012.
7. 郭思智,周银燕.新编纳税会计实务[M].北京:北京交通大学出版社,2012.
8. 寇娅雯,石光乾.税法与税务会计[M].北京:清华大学出版社,2012.
9. 王红云,赵永宁,刘长奎.纳税会计程[M].北京:机械工业出版社,2013.
10. 盖地.税务会计学(第4版)[M].北京:中国人民大学出版社,2012.